Stefan Wilsmann

Individuelle Förderung im Kunstunterricht

Anregungen zum Umgang mit Heterogenität und Vielfalt

Klett | Kallmeyer

Für Helga, Karla, Leo

Unter **www.friedrich-verlag.de** finden Sie Materialien zum Buch als Download.
Bitte geben Sie den achtstelligen Download-Code in das Suchfeld ein:
d31328fk

Bibliografische Information der Deutschen Nationalbibliothek
Die Deutsche Nationalbibliothek verzeichnet diese Publikation in der Deutschen Nationalbibliografie; detaillierte bibliografische Daten sind im Internet über http://dnb.d-nb.de abrufbar.

Impressum

Stefan Wilsmann
Individuelle Förderung im Kunstunterricht
Anregungen zum Umgang mit Heterogenität und Vielfalt

2. Auflage

Friedrich Verlag GmbH
Luisenstraße 9
D-30159 Hannover

www.friedrich-verlag.de

Redaktion: Stefan Hellriegel, Berlin
Druck: Beltz Grafische Betriebe GmbH, Bad Langensalza
Printed in Germany

ISBN (Print): 978-3-7727-1328-6
ISBN (E-Book): 978-3-7727-1329-3

Stefan Wilsmann

Individuelle Förderung im Kunstunterricht

Anregungen zum Umgang mit Heterogenität und Vielfalt

Klett | Kallmeyer

Inhalt

Einführung

Seit einigen Jahrzehnten registriert man einen rasanten und auf alle gesellschaftlichen (und unterrichtlichen) Belange ausstrahlenden innergesellschaftlichen Wandel, der die vielen über Jahrhunderte gültigen Loblieder auf all die Vorteile von Standardisierung, Formalisierung und Generalisierung zum Verklingen gebracht hat. Selbst wenn man einrechnet, dass die neuen pluralen Formen gesellschaftlichen Lebens von bestimmten, rückwärts gerichteten Strömungen immer wieder aufs Neue zur Disposition gestellt werden, so muss doch festgehalten werden, dass sich offenbar der überwiegende Teil der Gesellschaft auf diese neue Perspektive eingestellt zu haben scheint. Diese neue Perspektive nun besteht maßgeblich darin, Differenz nicht mehr gleichzusetzen mit Anomie. Vielmehr scheint sich eine genau gegenteilige Lesart des Phänomens etabliert zu haben: die Sichtweise, dass eben das Differente und irgendwie Andere von Wert ist und man dieses Eigene und Besondere gar als eine Art positives Treibmittel des sozialen Geschehens zu betrachten habe (Reckwitz 2017, S. 34 ff.).

Noch bis weit in die 1970er-Jahre hinein konnte von einer solchen Blickrichtung keine Rede sein, noch in meinen eigenen Kindheitstagen galt die Normalbiografie als „der" anzustrebende Ausgangs- und Endpunkt menschlichen Strebens, das heißt, es war allem voran die „Gleichförmigkeit der Subjekte" (ebda., S. 45), die als allgemeine Richtmarke gesellschaftlichen Lebens eine beinahe universelle Gültigkeit zu besitzen schien. Mehr noch schien dieses Ideal auch über einem Großteil der damals vorhandenen und in der (unterrichtlichen) Praxis umgesetzten erzieherischen Konzepte auf, im Verein natürlich mit einer „Pathologisierung von Besonderheiten" (ebda., S. 46), einer kaum zu verhindernden Komplementärseite solcher Homogenitätshuldigungen.

Heute hingegen scheint alles ganz anders zu sein. *Doing singularity* (ebda., S. 51) nämlich ist angesagt. Und so kommen Selbstinszenierung, Individualisierung und Selbstausdruck bereits seit einiger Zeit nicht mehr als Teufelszeug daher. Aus dem ehedem Verpönten ist in gewisser Weise etwas Gutes geworden, darunter: „das Außergewöhnliche, Außerordentliche und Außeralltägliche, die Individualität und das Individuum, der oder das Einzelne und die Eigenheit, das Einzigartige und das Einmalige, die Partikularität, das Unikat und die Idiosynkrasie, das Originelle und die Originalität, das Exzeptionelle, der Einzelfall und das Exklusive" (ebda., S. 48).

Nicht das „Passt euch an!" oder das „Duckt euch nicht weg!" ist demzufolge gegenwärtig der wohl wichtigste Imperativ an alle sich Entwickelnden dieser Welt, sondern das genaue Gegenteil, was auf die Schule bezogen etwa zur Losung führt: „Schülerinnen und Schüler aller Länder, vertuscht nicht, wer ihr seid! Macht euch vielmehr sicht- und bemerkbar! Und: *Seid schlicht ihr selbst!*“ Was für eine wunderbare Ausgangslage für ein Schulfach, dem die Stärkung dieses Selbstseinkönnens immer schon gedankliches Fundament war.

Dieser fundamentale gesellschaftliche Wandel hin zu einem Mehr an Individualisierung fand parallel zu einem allgemein stattfindenden Change-Prozess im Bereich der Organisation der gesellschaftlichen Funktionssysteme statt. Eben noch als bürokratische Monster wahrgenommene Funktionsgebilde wurden mehr und mehr zu selbstverantworteten Kleineinheiten, klare und hierarchisch organisierte Rieseneinheiten begannen sich in kleinere, eher selbstgesteuerte Teilsysteme auszudifferenzieren. Es versteht sich, dass Individualisierungs-, Pluralisierungs- und Dezentrierungsvorgänge der beschriebenen Art natürlich keineswegs vor den Toren der Schulen haltmachten. Und so kam es im Verlauf dieses gesamtgesellschaftlichen Prozesses dazu, dass sich viele der ehedem festen Containergebilde von Schule und Unterricht sukzessive zu öffnen begannen. Aus gestern noch als Lehr-Lerninhalten bekannten kompakten Stoffpaketen wurden modularisierte und sich modularisierende Inhaltsfelder und anzustrebende Teilkompetenzen. Und Schülerinnen und Schülern waren nun nicht mehr das Gefäß spezifischer Inhalte, sondern wurden zu Subjekten ihres eigenen Lernens. Man traute ihnen etwas zu. Ein allmählicher Wandel von einer „belehrenden“ hin zu einer „lernenden“ Schule bahnte sich an. Mit nachhaltigen Folgen für altgediente Formate wie Schule und Unterricht, wie an folgenden Punkten erkennbar:

- Lernen findet in unterschiedlichen Räumen statt,
- der „Gleichschritt“ ist zugunsten eines individualisierenden Lernens allein und in kleinen Gruppen zu überwinden,
- individualisiert bedeutet, dass Lernende Raum und Zeit für ihre eigenen Entwicklungsvorhaben benötigen und differenziert vorgegangen wird,
- die Rolle des Lehrers und der Lehrerin verschiebt sich vom Instrukteur einer Gruppe zur aktiven Lernbegleitung von Individuen. (Reich 2014, S. 180)

Heterogenität konnte in dieser Phase gesellschaftlicher Verschiebungen zu „dem“ Stichwort der Stunde werden, was die Lehrerinnen und Lehrer in die Pflicht nahm, entsprechend reagieren zu müssen. Denn wo nun die Schülerinnen und Schüler als unterschiedlich anerkannt waren, da konnten die schulischen Angebote nicht mehr derart einheitlich bleiben wie in den Tagen zuvor. Also wurden Möglichkeiten gesucht, mit Heterogenität umzugehen, wobei sich folgende Optionen anboten:

- die Anpassung des Lernziels (je nach Lerner unterschiedliche Ziele vorgeben),
- die Anpassung der Lehrmethode (Unterrichtsangebot an die Voraussetzungen der Lernenden anpassen),
- die Anpassung der Zeit (den Lernenden unterschiedliche Bearbeitungszeiten gewähren) (Helmke 2015, S. 25 f.)

Differenzieren Sie Ihre Lehr-Lernangebote aus, so lautete folglich die als Bitte verkleidete Dienstverpflichtung an die Lehrerinnen und Lehrer, was von politischer Seite aus bereits über prominent platzierte Paragrafen gleich zu Beginn der jeweiligen Landesschulgesetze kenntlich gemacht wurde. Und: Bemühen Sie sich als Fachlehrkraft künftig intensiver als bisher um die Implementation geeigneter Maßnahmen zu einer nachhaltigen Verbesserung der *Passung zwischen Ihrem Lehr-Lernangebot und den individuellen Lernvoraussetzungen* Ihrer Schülerinnen und Schüler; möglich sei das etwa über

- Zusatzangebote oder Zusatzunterricht,
- eine Erhöhung von Lernmotivation und Lernvoraussetzungen,
- oder über eine verstärkte Einbeziehung von Stärken und Vorlieben der Lernenden.

Die Chiffre „individuelle Förderung" konnte also in diesen letzten Jahren zu „der" neuen Maxime werden. Und Differenzierung, vor allem innere Differenzierung, vermochte so zu „dem" neuen Leitstern pädagogischen Handelns am Firmament aufzusteigen. Lehrkräfte, die individuell fördern wollten, müssten dabei, so halfen uns Expertinnen und Experten aus den Universitäten und Fachhochschulen beim Kategorisieren, insbesondere

- um Ressourcen wissen (Diagnostik),
- Klarheit schaffen (Ziel- und Ablauftransparenz),
- die Menschen ernst nehmen (Potenzialorientierung),
- Erfahrungen ermöglichen (Handlungsorientierung).

Nun wissen mit Praxiserfahrung ausgestattete Leserinnen und Leser dieser Zeilen, dass dieser hier wie in vielen Büchern unserer Zeit als ein reibungsloser Vorgang präsentierte Transformationsprozess von einem nicht unerheblichen Teil der Lehrenden keineswegs nur mit donnerndem Applaus begrüßt wurde. Ich denke dabei nicht nur an die hautnah erlebte Erfahrung, dass sich ganze Kollegien querstellten, auch so manche Kunstfachschaft haderte mit diesem neuen Dienstauftrag – und das nicht ganz zu Unrecht. Denn schließlich gab es da doch diese eine, ebenso unausrottbare wie unbeantwortete Frage:

> Ist ein individuelles Fördern nicht eine Überlastung der Kunstpädagogin bzw. des Kunstpädagogen und bedeutet eine individuelle Förderung – neben der omnipräsenten Kompetenzorientierung – nicht nur eine Sorge mehr? (Mayer 2017, S. 15)

„Individuelle Förderung": meiner Erfahrung nach gilt dieses Stichwort noch heute sehr vielen Kunstlehrerinnen und Kunstlehrern eher als Synonym für zeitfressende Korrekturzeiten, für große Berge an oft oberflächlich ausgefüllten Zetteln aus freien Lernzeiten, es steht für nächtliches Frickeln, das zum Erstellen schwierigkeitsdifferenzierter Arbeitsblätter notwendig ist. Manche dieser Kunstkolleginnen und -kollegen mögen auch an überbordende zusätzliche Planungsnachmittage denken, an zähe, jedenfalls zeitfressende Absprachen mit Förderschullehrerinnen und -lehrern. Das macht „individuelle Förderung" zugegebenermaßen nicht unbedingt zu einem Selbstläufer, betrachtet man die Rangliste an neuen Ansprüchen an Schule und Unterricht. Andere Kolleginnen und Kollegen wiederum ziehen die Stirn beim Gedanken an das Schreiben von Förderplänen und Individualempfehlungen in tiefe Falten.

Auch machen in den letzten Jahren immer wieder Befürchtungen die Runde, individuelle Förderung könne am Ende gar ein Instrument zur Beförderung des genauen Gegenteils sein. Es sei ein Mittel der dem Musischen und Ungreifbaren gegenüber traditionell eher skeptisch gestimmten Ministerialbürokratie, uns die Individualität in unserem Fach sogar ganz auszutreiben. Skeptikerinnen und Skeptiker dieser Richtung erinnern daran, dass Schülerinnen und Schülern auch in neuen Theorien auf der Grundlage eines primär auf Zielgleichheit fokussierten Lehr-Lernmodells lernen sollen. Ist das so, sind aber Hilfekarten und Infoboxen nur Mittel zu dem unrühmlichen Zweck, im Unterricht zu *einem* von der Lehrperson antizipierten Stundenergebnis zu gelangen. Die Furcht geht um vor einem Rückfall in die Zeiten des formalen Kunstunterrichts, wie in der unmittelbaren Nachkriegszeit üblich (Peez 2012, S. 49). Ein Rückfall in eine Zeit, in der die Aufgabe von Kunstlehrerinnen und Kunstlehrern vor allem darin bestand, Schülerinnen und Schülern ihre Unterstützung anzubieten bei der fließbandartigen Produktion von 30 in Form- und Farbgebung beinahe identisch aussehenden Blumenbildern.

Nun: Individuelle Förderung, so verstanden, wäre tatsächlich eine Mogelpackung. So konfiguriert, wäre sie am Ende geradezu das Gegenteil dessen, was sie zu sein behauptet. Dieses Buch nun vertritt aber eine andere Auffassung von individueller Förderung. Denn statt Methoden zur Generierung von 30 in Form- und Farbgebung sehr ähnlichen Bildern anzubieten, möchte ich Möglichkeiten ins Auge fassen, wie es Ihnen als Lehrerin oder Lehrer gelingen könnte, im Mittel einer problemorientierten und strukturierten Aufgabenkultur eine offene und konstruktiv-kritisch begleitete Kreativarbeit anzuschieben – mit dem Ergebnis, am Ende des Geschehens 30 vollends unterschiedliche Ergebnisse in der Hand zu halten (vgl. hierzu Schoppe/Rompel 2017, S. 10 f.). Dann brauchen wir nicht unbedingt eine Vielzahl an im Raum verteilten Tippkarten und können in vielerlei Hinsicht auf das vertrauen, was wir im Unterricht ohnehin immer schon und zwar ganz „automatisiert" (Schoppe 2019, S. 129) zu tun pflegen.

Ohnehin ist die Förderung individuellen Ausdrucks ohnehin ein Kernanliegen unseres Faches, worauf kürzlich noch einmal die große Kunstdidaktikerin Constanze Kirchner verwies:

> Der Kunstunterricht ist in besonderer Weise geeignet, zum einen die körperliche, sprachliche, kulturelle Heterogenität der Kinder etwas aufzufangen und zum anderen Heterogenität als Chance für die Weiterentwicklung der Persönlichkeit produktiv zu nutzen. Denn im bildlichen Tun zeigen sich keine Differenzen der Sprache, es zeigen sich weder soziale noch religiöse Unterschiede und auch das intellektuelle Vermögen spiegelt sich kaum in den gestalterischen Ergebnissen. Die Kinder haben die Möglichkeit, ihre Befindlichkeiten, Träume, Wünsche und Ängste bildnerisch zum Ausdruck zu bringen. Das Bild ist ein universell verständliches Kommunikationsmittel, die Gestaltgebung weitgehend unabhängig von Herkunft und familiärer Prägung. (Kirchner 2018, S. 92)

Und wirklich sind bereits viele unserer alltäglichen Routinehandlungen im Kunstunterricht auf der Habenseite individueller Förderung verbuchbar. Man denke nur daran, dass
- kein anderes Fach so sehr auf sinnliche und ästhetische Erfahrung (als Formen individuellen Zugangs) setzt,
- kein anderes Fach statt auf die Glaubwürdigkeit generalisierter empirischer Befunde aufs Be- und Durchleuchten des Singulären und Phänomenalen baut,
- kein anderes Fach auf nichtsprachliche und universale Ausdrucksformen, Inklusionsmöglichkeiten für Menschen anderer Zugänge, Talente, Länder aufbauen kann.

Und auch an den im Folgenden von Barbara Wichelhaus für unser Fach zusammengestellten relevanten Förder- und Forderaspekten erkennt man meines Erachtens sehr gut die urtümliche Nähebeziehung von individueller Förderung und den explizit auf die Förderung des Individuellen bedachten Grundanliegen eines modernen Kunstunterrichts. Ein individuell fördernder Kunstunterricht sei

- ästhetisch, sinnesbasal: wahrnehmungs- und ausdrucksfördernd;
- ganzheitspsychologisch, erlebnis- und erfahrungsorientiert: persönlichkeitsfördernd;

- sozialisationsorientiert: entwicklungsfördernd; gesellschaftlich und emanzipatorisch orientiert: kritikfördernd;
- künstlerisch orientiert: kunst- und kreativitätsfördernd;
- gesellschaftlich-kompensatorisch orientiert: entlastend, ausgleichsfördernd;
- rehabilitativ, präventiv, therapeutisch orientiert: multifaktoriell fördern (Entwicklung, Selbstbild usw.);
- medial-postmodern orientiert: kompetenzfördernd (Wichelhaus 2006, S. 4)

Aspekte dieser Liste, in der ganz unverkennbar das Subjekt und seine spezifischen, seine individuellen Fähigkeiten und Fertigkeiten im Fokus stehen, tauchen auch in der folgenden Aufzählung von Förder- und Forderaspekten aus der Feder von Joachim Penzel auf. Hier werden genannt:

Aspekte des psychischen Subjekts
- ein persönliches Bildgedächtnis entwickeln
- Fantasie und individuelle Vorstellungen gestalterisch ausdrücken
- persönliche Erinnerungen bildhaft gestalten
- Empfindungen und Gefühlen einen individuellen Bildausdruck verleihen
- verschiedene Gestaltungsabsichten subjektiv formulieren und eigenständig umsetzen

Aspekte des körperlichen Subjekts
- den eigenen Körper in gestalterischen und rezeptiven ästhetischen Situationen erleben
- multisensorisch Wahrnehmung für die Umwelt und für sich selbst entwickeln
- synästhetisches Empfinden erleben
- fein- und grobmotorische Fähigkeiten in Gestaltungsprozessen entwickeln und sukzessive verbessern
- Bewegungssicherheit und Raumorientierung schulen
- Ausdauer, Konzentration und Zielorientierung trainieren
- intermodale Verknüpfungsleistungen kognitiver, sensitiver und motorischer Fähigkeiten entwickeln

Aspekte des kulturellen Subjekts
- Entwicklung eines kulturellen Bild- und Symbolgedächtnisses
- produktiver und rezeptiver Umgang mit Bildbedeutungen, insbesondere mit kulturellen, massenmedialen und künstlerischen Symbolen
- Entwicklung eines Bewusstseins für die Kontingenz, die Variabilität und Kontextualität symbolischer Zeichen
- mit Bildern und Symbolen eigenständig kommunizieren lernen
- Bilder und Kunstwerke analytisch und kritisch betrachten

Aspekte des materiell-technischen Subjekts
- unterschiedliche Gestaltungsmaterialien, -techniken und Bildmedien kennen und handhaben lernen
- Erarbeiten eines spezifischen handwerklich-technischen Bezugswissens

- Kennenlernen und Anwenden von gestalterischem Bezugswissen (z. B. Form-, Farb-, Kompositions- und Schriftlehre)
- eigene Gestaltungsergebnisse präsentieren und diskutieren (Penzel 2015, S. 4 f.)

Ist Kunstunterricht also möglicherweise gar identisch mit individueller Förderung? Jedenfalls, so schreiben es Judith Hilmes und Fritz Seydel in ihrem Versuch einer Komprimierung ganz grundlegender Qualifikationsziele unseres Faches, schule der Kunstunterricht wie kaum ein anderes Fach

- unterschiedliche Wahrnehmungsintensitäten,
- unterschiedliche Vorstellungs- und Abstraktionsvermögen,
- unterschiedliche Geschicklichkeit in der Feinmotorik,
- unterschiedliche Arbeitsgeschwindigkeiten,
- ausdauerndes oder flüchtiges Arbeiten,
- Jungen- oder Mädchen-Sozialisation,
- handwerkliche Erfahrung und Erfahrung mit verschiedenen bildnerischen Verfahren,
- Kunstnähe oder Kunstferne im Elternhaus,
- fachsprachliche Voraussetzungen,
- soziale und emotionale Verfasstheit,
- unterschiedliche Lerngeschichte (Hilmes/Seydel 2018, S. 4)

Und dann gibt es auch noch den Bildbezug, Kernelement unseres Faches und Globalkompetenz. Vergessen wir nicht, dass Bilder ihrerseits immer schon Individuen sind. So ist ein Bild von einem Baum anders als das Wort „Baum“ und im Unterschied auch zu den in Fächern wie Physik, Biologie, Politik und Sport genutzten Bildern, die eher Schildern, Schaubildern, Emblemen eines Baumes gleichen, immer etwas Spezifisches. Immer haben wir es im Falle eines Baumbildes mit einem sehr konkreten Gehölz zu tun, mit individuellem Wuchs und einem sehr besonderem, da einzigartigen Blattbestand.

Manche der aktuell auf dem Schulbuchmarkt erhältlichen Produkte wie zum Beispiel *Kunst … in drei Niveaustufen* (Berger 2016) enthalten mit sprachlich leicht ausdifferenzierten monoaspektiven Grundaufgaben also im Grunde das Gegenteil von dem, was in diesem Buch unter individueller Förderung verstanden wird. Stattdessen soll an die jüngst wieder in Erinnerung gebrachte These Paul Klees erinnert werden, dass es wirklich an individuellen Bildschöpfungen interessierten Lehrerinnen oder Lehrern in bestimmten Unterrichtsphasen anzuraten ist, auf Hilfestellungen aller Art sogar bewusst ganz zu verzichten. Dabei rede ich an dieser Stelle gewiss nicht der von Hubert Sowa seit Jahren zu Recht kritisierten skandalösen Praxis mancher an Kunsthochschulen und Akademien beschäftigter Professorinnen und Professoren das Wort, ihre Schützlinge über Monate beratungsfrei ins Offene schwimmen zu lassen (Sowa 1999, S. 43; 2003, S. 224). Klee entließ seine Eleven nicht stundenlang und völlig auftragslos in Schlickgruben, um sie in und an einen okkulten „Grenzzustand“ (Sowa 1999, S. 43) zu versetzen. Was Klee vielmehr veranstaltete, waren in klassischen Räumlichkeiten stattfindende, terminierte und aufgabenbasierte Kurse, nur dass in ihnen die erkenntnisleitende Philosophie lebendig war, dass nach der Verabreichung einer hinreichend komplexen Problemstellung nur dann Produkte sehr individueller Prägung zu entstehen vermöchten, wenn der Lehrende keine weiteren Ratschläge mehr verabreicht. Auf diese Weise wurden Klees Schülerinnen und Schüler, mit Aufgaben ganz ohne Anleitung konfrontiert, dazu angehalten, auf dem Wege des „learning by doing“ (Wick 2017, S. 83) eigene Formlösungen zu finden. Klee realisierte mit dieser Art von bewusst offen konzipierten „poetischen“ Aufgaben nach meinem Empfinden insofern eine Art von individueller Förderung, als dass es mit dieser Form von unterlassener Hilfeleistung unmöglich wurde, Lösungen vorwegzunehmen (Klee 1990, 1991; Schmidt Nonne 1991; Otto 1964).

Nun mag die Klee'sche Free-Style-Lehre trotz mancher oben erwähnter Konzessionen nur bedingt als Vorbild für den schulischen Kunstunterricht taugen. Denn die Basis eines guten und individuell fördernden Kunstunterrichts besteht natürlich aus einem strukturierten, gegliederten Aufgabenmaterial, das von dosiert beigegebenem Hilfematerial flankiert und gestützt werden muss. Was aber aus meiner Sicht sehr wohl aus Klees Gedankenkosmos in die Gegenwart übertragbar ist, das dürfte die Überzeugung sein, dass jedes unterrichtlich eingesetzte Aufgabenmaterial in jedem Fall ganz unbedingt daraufhin überprüft werden sollte, ob es mit ihm möglich ist, ein Maximum an verschiedenen Ergebnissen und individuellen Angängen zu erzeugen.

Das folgende Beispiel aus dem Unterricht des in Köln lehrenden Kollegen Gerd Hötter soll zeigen, dass die Vorgabe an die Lehrkraft, eine zielgenaue und problemorientierte Aufgabe zu entwickeln (mit vorher offengelegten Kriterien und deutlichem Fokus auf spezifischen Lernzuwachs), keineswegs zu einer Einengung und gar Gängelung von individueller Kreativität führen muss, ganz im Gegenteil. Denn von den Kolleginnen und Kollegen bewusst mit Blick auf individuelle Lösungswege klug konzipierte Aufgaben sind aus meiner Sicht sogar ganz ausdrücklich vielfalts(-be-)fördernd. Unzweifelhaft nämlich sind es Hötters über die Grundaufgabe kommunizierten Schienungen und Akzentuierungen, die als hauptverantwortlich dafür angesehen werden müssen, dass es in seinem Unterricht zu einer regelrechten „Explosion“ sehr individueller Lösungswege kommen konnte. Als gewissermaßen Klee'sches Erbe bleibt, die Lernenden nicht aus der Schwierigkeit zu entlassen, einen eigenen, nämlich *ihren* Weg zu finden. Ist ein derart in die Pflicht genommener Lernender erst einmal unterwegs, hat die Lehrperson dann gegebenenfalls nur noch im Hinblick auf den Weg und die medialen Möglichkeiten zu begleiten. Und das alles zu dem Zweck, die Lernenden zu einem Höchstmaß an individueller Exzellenz zu führen.

Diese Aufgabe zeigt, dass es trotz einer existierenden Verschränkung des formulierten Auftrags mit curricular vordefinierten Kompetenzzielen und trotz des Vorhandenseins einer klaren Rahmung nicht zu einer Einengung möglicher Ausdrucksfreiheit kommen muss, sondern ganz im Gegenteil zu einer gezielten Freisetzung individueller Potenziale (sowie zu einer massiven Erweiterung bestehenden bildsprachlichen Vokabulars) führen kann. Hötter fördert nichts weniger als das, was man in der Fachsprache allgemeinhin auch als heuristische Gestaltungskompetenz der Schülerinnen und Schüler bezeichnet: Von einer kognitiv anregenden Fragestellung angestoßen und von vielen Hilfestellungen und konkreten Anregungen begleitet, gelangen die Lernenden im Kunstunterricht zu einem noch nie dagewesenen Artefakt.

Bleibt ganz am Ende dieser Einführung noch angemerkt, dass es sowohl, was das Ziel individueller Förderung betrifft als auch die Frage, was eigentlich individuell gefördert werden solle, keine Einigkeit gibt in unserem Fach. Denn es stehen sich da Poetiker – so möchte ich die Vertreterinnen und Vertreter der einen Richtung nennen – Ästhetikern gegenüber. Beide Fraktionen befinden sich dabei in feindlicher Lauerstellung, sie beäugen sich gegenseitig mit äußerster Skepsis, immerzu dazu bereit, zu beißen. Die Poetiker setzen vornehmlich auf „Könner- und Kennerschaft“ (Khurana u. a. 2018, S. 18) und behaupten, Kunstunterricht habe es im Kern um einen spiralcurricularen Aufbau von Fähigkeiten vor allem „auf drei Feldern“ zu gehen:

- Handwerkliches Können und Wissen,
- Gestalterisches Können und Wissen,
- Können und Wissen im Bereich inhaltlicher Sinndeutung und Sinngebung

(Sowa 2015, S. 493)

Individuelle Förderung meint hier, dass Lehrerinnen und Lehrer ihre Schülerinnen und Schüler im Bereich der fach- und sachgerechten Umsetzung eines eigenen bildlichen Mitteilungswunsches fördern; oder dass sie ihnen helfen beim perspektivischen Abzeichnen beispielsweise eines Fahrrades, das mitten im Kunstraum steht. Ziel individueller Förderung ist: „das genaue Erfassen und Verstehen der Schüler, ihres Lernstands und ihrer Lernprobleme, um individuelle und zielgerichtete Förderung zu ermöglichen“ (Krautz/Sowa 2015, S. 467). Konkret bedeutet es ein direktes Eingreifen und

Prakt. Aufg.: **Der Schlaf der Vernunft gebiert Ungeheuer**

Die Aufgabe besteht darin, die berühmte Radierung von Goya zu aktualisieren und persönlich zu interpretieren.
Der Bezug zu Goya soll dadurch verdeutlicht werden, dass die schlafende Gestalt im Vordergrund (Selbstportrait Goya?) zitiert wird. Sie soll etwa den linken oder rechten unteren Quadranten einnehmen.

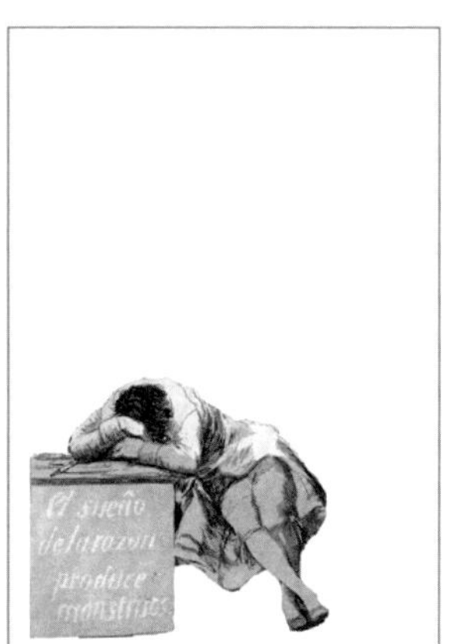

Format: Din A 2
Technik: Kugelschreiber oder Fineliner/Stabilostift
Vorgehensweise: Entwürfe Art Book, Bildrecherche, Realisation/gr. Format

Leitende Fragen bei der Konzeptentwicklung:

- Welche Monster produziert der Mensch heute, wenn die Vernunft schläft?
- Auf welche Ereignisse nehme ich Bezug? – Wie kann ich sie bildlich deutlich machen?
- Wie lassen sich die dunklen Fantasien allegorisch darstellen?
- Wie kann ich Allegorien und bildliche Darstellungen von Ereignissen in einen kompositorischen Zusammenhang bringen?

„Schlaf der Vernunft": Aufgabenstellung (aus dem Unterricht von Gerd Hötter)

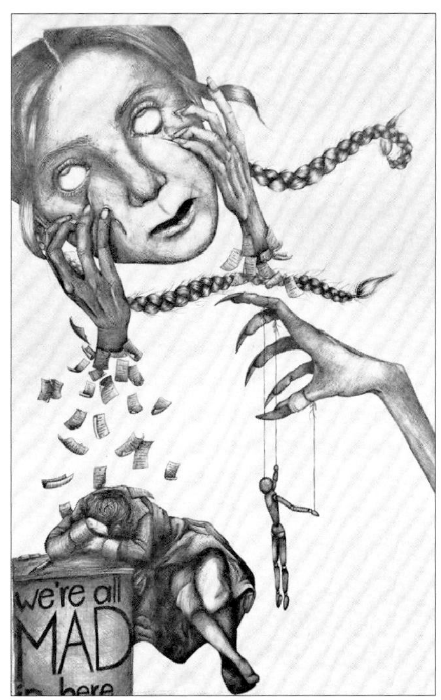

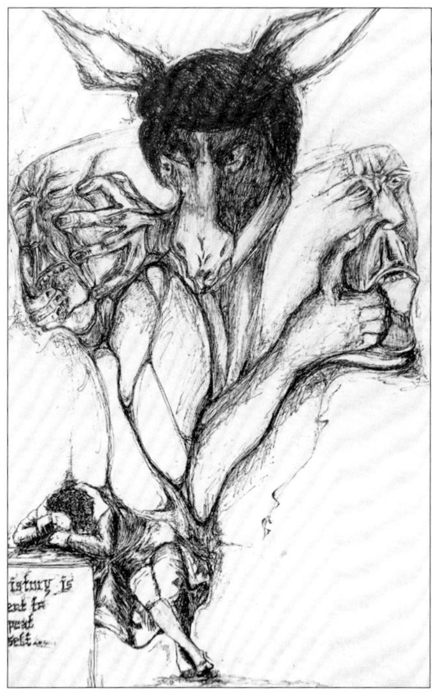

„Schlaf der Vernunft": Schülerarbeiten (aus dem Unterricht von Gerd Hötter)

Helfen der Lehrperson, die, leiblich anwesend, zeigt, misst, berichtigt. Sind die Fahrradpedale perspektivisch richtig getroffen? Und was musst du tun, wenn nicht?

> Das durch die Aufgabe gesteckte Ziel ist ein vollständig ausgearbeitetes Bild mit allen funktionalen Details in ihren richtigen Gestaltzusammenhängen. An diesem Punkt des Zeichenprozesses, da die Schülerin mit der nötigen Einteilung der Höheverhältnisse Probleme bekommt, tritt die Lehrerin hinzu, beobachtet den Arbeitsstand und den Zeichenprozess und verhandelt mit Hilfe ihrer zeigenden und messenden Hand im Gespräch mit der Schülerin über die nun zu zeichnende Höhe des Lenkerrohres. (Sowa 2015, S. 417)

Ästhetiker hingegen werden beim Lesen solcher Sätze rasch von Übellaunigkeit befallen. Dies liegt, wie ich meine, vor allem darin begründet, dass ihnen das Gegebene gar nicht unbedingt im Außen liegt, also das Gegebene vielmehr die Gegebenheit des Subjekts selber ist. Kunstunterricht in diesem paradigmatischen Rahmen dient demgemäß auch eher der Produktion einer möglichst großen Vielfalt zweckentbundener, freier Gestaltung. Auf das Feld der individuellen Förderung bezogen bedeutet das, dass es im unterrichtlichen Tun einer Lehrkraft vorrangig darum gehen muss, diese Vielfalt aus den Kindern herauszukitzeln, das heißt die Subjekte in ihrer Subjektivität zu bestärken und hieraus resultierende Prozesse und Produkte resonant und empathisch zu begleiten und zu unterstützen (Wilsmann 2020b).

Dabei schwebt auch ein kreativitätsfördernder Kunstunterricht, der auf eine möglichst große Vielzahl an Verfahren abzielt (Schoppe 2023b) und der zudem durch eine gute Materialsteuerung auch die weniger zeichnerisch begabten Schülerinnen und Schüler abholen möchte (Gockel-Nelißen/Landmann, Viera da Silva, Emanuel 2023; Wilsmann 2023b, 2023c), keinesfalls referenzlos im bewertungsfreien Raum: Denn die Frage nach der Passung von individueller Interpretation einer Schülerinnen- und Schülerarbeit in Bezug auf die problemorientierte Aufgabe ist auch in offenen Prozessen nicht vom Tisch – genauer gesagt: die auch in bewertungsfreien Lernphasen die Grundlage für ein ästhetisches Urteil bildende Übereinstimmung von Intention und einer absichtsvollen Gestaltung von Material und bildnerischer Form.

Trotz dieser Rahmenbedingungen, die uns auch curricular gesetzt sind, besteht das Handwerk von Kunstlehrerinnen und -lehrern darin, widersinnigerweise Anleitende des Schöpferischen zu sein. Ich bin sogar überzeugt davon, dass uns die Heterogenität anzustrebender Kompetenzen geradezu zu dieser Vielfalt zwingt. Denn ein Kunstunterricht, der um die Anerkennung einer pluralen Schülerinnen- und Schülerschaft ringt, sollte selber, auch was seine Methoden und Zielfokussierungen anbetrifft, plural aufgestellt sein.

In diesem Buch ist jedes Kapitel mit einem Block an allgemeinen Überlegungen und didaktischen Erläuterungen zum jeweiligen Sachbereich eingeleitet. Es folgt ein Praxisteil mit alltagsnahen unterrichtspraktischen Tipps und Übungsvorschlägen. Verweise zu dazugehöriger Literatur ermöglichen Orientierung und Vertiefung. Manche Thematik ist dabei gewiss nur angerissen und skizzenhaft. Doch vertraue ich der uns allen eigenen Kompetenz, die Impulse für sich und bezogen auf die eigene konkrete Lerngruppe zu übersetzen, eigene passende Aufgaben daraus zu bauen.

Meine Überlegungen und Praxisvorschläge sind am SELBST-Modell mit seinen spezifischen Leitfragen orientiert:

- **S** – Wie initiiere ich selbstbezogene gestalterische Lösungen?
- **E** – Wie ermögliche ich Leistung?
- **L** – Wie binde ich Kunst ans Leben an?
- **B** – Wie erzeuge ich positive Bindungen im Kunstunterricht?
- **S** – Wie strukturiere ich Lehr-Lerneinheiten?
- **T** – Wie schaffe ich Transparenz?

Berger, Eckhard (2016): Kunst … in drei Niveaustufen/Sekundarstufe: Kreativität fördern und fordern, Kerpen.

Buschkühle, Carl-Peter (2017): Künstlerische Bildung. Theorie und Praxis einer künstlerischen Kunstpädagogik, Oberhausen.

Fischer, Christian u. a. (Hrsg.) (2014): Individuelle Förderung als schulische Herausforderung, Berlin; hier nach: http://library.fes.de/pdf-files/studienfoerderung/10650.pdf.

Helmke, Andreas (2015): Unterrichtsqualität und Lehrerprofessionalität. Diagnose, Evaluation und Verbesserung des Unterrichts, Seelze-Velber.

Hilmes, Judith/Seydel, Fritz (2018): Differenzierungsprozesse im Kunstunterricht. Wahrnehmen, Steuer, Bewerten, in: Kunst + Unterricht 423/424, S. 4–11.

Kirchner, Constanze (2018): Verbindlichkeit, Verantwortung, Vertrauen. Konflikte im Kunstunterricht kompetent lösen, in: Billmayer, Franz (Hrsg.), Schwierige Schülerinnen und Schüler im Kunstunterricht, Hannover, S. 87–93.

Khurana, Thomas/Quadflieg, Dirk/Raimondi, Francesca/Rebentisch, Juliane/Setton, Dirk (2018), Einleitung, in: Dies. (Hrsg.), Negativität. Kunst, Recht, Politik, Berlin, S. 11–42.

Klee, Paul (1990): Das bildnerische Denken (Form- und Gestaltungslehre Bd. 1), Basel.

Klee, Paul (1991): Kunst-Lehre, Leipzig.

Krautz, Jochen/Sowa, Hubert (2015): Lernen, Üben, Können und Wissen im Kunstunterricht. „Ich muss können, was ich will“, in: Sowa, Hubert u. a. (Hrsg.), Kunstunterricht verstehen. Schritte zu einer systematischen Theorie und Didaktik der Kunstpädagogik, München, S. 459–471.

Mayer, Stefan (2017): Individuelle Förderung bildnerischer Kompetenzen im Kunstunterricht, in: BDK-Mitteilungen 4.2017, S. 15 ff.

Peez, Georg (2012): Einführung in die Kunstpädagogik, Stuttgart.

Penzel, Joachim (2015): Integrale Kunstpädagogik. Fachziele ganzheitlich denken, in: http://www.integrale-kunstpaedagogik.de/assets/ikp_ikp_h1_fachziele_2015.pdf, S. 1–6 (letzter Aufruf 29.05.2019).

Schoppe, Andreas (2019): Schritt für Schritt zum guten Kunstunterricht. Praxisbuch für Studium, Referendariat und Berufseinstieg, Seelze.

Schoppe, Andreas (2023b): Kreativität einplanen! Das Modell von Peter Nilsson als Leitlinie für die Planung von Kunstunterricht, in: Kunst+Unterricht. Heft 449/470, S. 16–23.

Sowa, Hubert (1998): Topik der Kunstlehre. Über dogmatische, skeptische und gnostische Begründungsmuster im Bereich der Kunstvermittlung, in: Kettel, Joachim (Hrsg.), Kunst lehren? Künstlerische Kompetenz und kunstpädagogische Prozesse-Neue subjektorientierte Ansätze in der Kunst und Kunstpädagogik in Deutschland und Europa, Stuttgart, S. 33–47.

Sowa, Hubert (2003): Ethische Implikationen kunstpädagogischer Prozesse – Vorbemerkungen zu einer künftigen kunstpädagogischen Handlungstheorie, in: Buschkühle, Carl-Peter (Hrsg.), Perspektiven künstlerischer Bildung, Köln, S. 213–233.

Sowa, Hubert (2011): Grundlagen der Kunstpädagogik – anthropologisch und hermeneutisch, München, in: ders. u. a. (Hrsg.), Kunstunterricht verstehen. Schritte zu einer systematischen Theorie und Didaktik der Kunstpädagogik, München, S. 481–517.

Wilsmann, Stefan (2020b): Gut ist's nur, wenn's gut gemacht ist. Chancen einer Bottom-up-Perspektive zur Bestimmung guten Kunstunterrichts, in: Bering, Kunibert (Hrsg.), Kunstunterricht und Bildung. Kulturelles Gedächtnis – Globalität – innovative Perspektiven, Bielefeld, S. 185–206.

SELBST-Konzept I: Kunstunterricht sollte selbstbestärkend sein

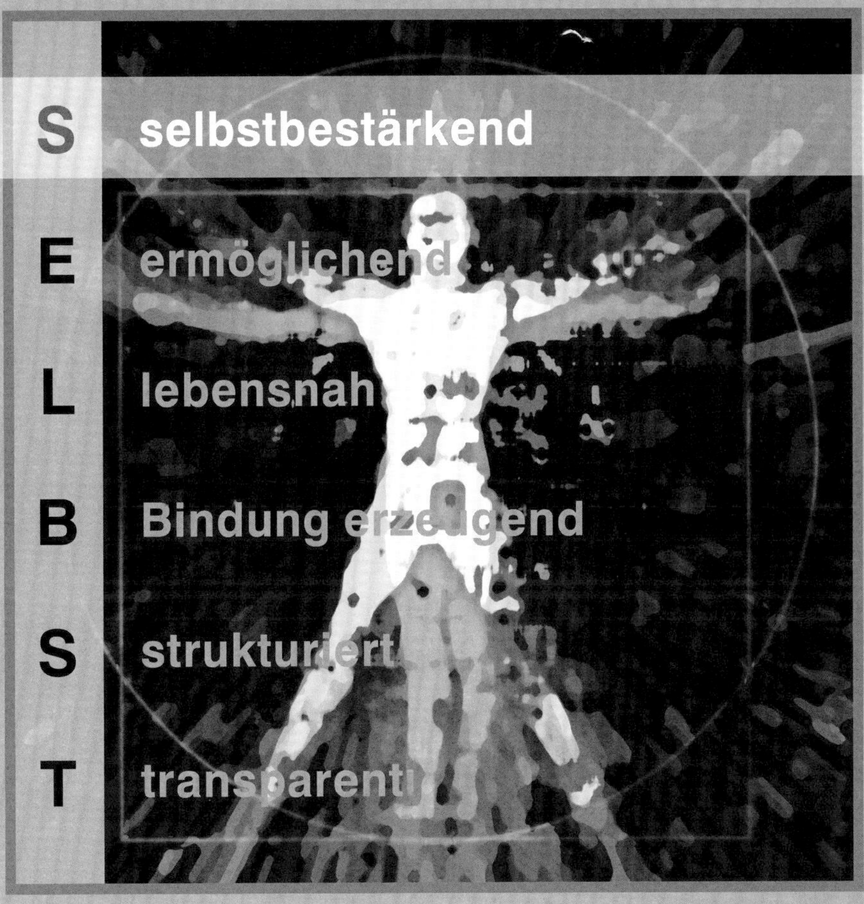

Vorüberlegungen

Kaum eine allgemeine Fachdidaktik kommt heute ohne die Vorsilbe *Selbst-* aus. Und das nicht zuletzt deshalb, weil zentrale personale Kompetenzen, worunter auch die Fähigkeit zur Selbstreflexion zu rechnen ist, unschwer auch als Selbst-Kompetenzen beschrieben werden können. Wenig verwunderlich daher, dass es gerade auch innerhalb unserer Zunft, der Kunstdidaktik, an Begriffen wie „Selbstreferentialität", „Selbstbewusstsein", „Selbstwirksamkeit", „Selbstwahrnehmung" nicht mangelt. Und so sind viele Grundkonzepte mit Wörtern wie „Selbstbestimmung" (Manfred Blohm), „Selbstvergewisserung" (Selle), „Selbstfremdheit" (Kettel) (Dreyer 2005, S. 65, 73; Kettel 2001) oder „Selbstkompetenz" (Schoppe 2008, S. 4) übertitelt. Dem Kunstunterricht, so schreibt zum Beispiel die Didaktikerin Stefanie Marr, komme insgesamt die Aufgabe zu, einen Prozess des „Sich-Bilden[s]" (Marr 2014, S. 95) anzustoßen. Ist vielleicht das künstlerische Tun sogar an sich gewissermaßen individuelle Förderung?

> Die künstlerische Tätigkeit umfasst grundsätzlich zwei Handlungen: Die Aneignung und die Gestaltung. In der aneignenden Tätigkeit setzt sich der Mensch selbstbestimmt, eigeninitiativ, bedürfnisorientiert, interessegeleitet und selbsttätig mit der Lebenswelt und sich selbst auseinander. Aus diesem macht er sich sein eigenes Bild. Sein gewonnenes Vorstellungsbild bringt er dann in der Gestaltung zum Ausdruck. In der gestaltenden Tätigkeit gibt er seiner Sicht auf die Dinge eine materialisierte Form. Jede Darstellung spiegelt demnach stets den individuellen Blickwinkel des Gestalters auf die Welt und sich selbst. Am Bild können andere seine Wahrnehmung der Dinge ablesen. Zu gestalten verhilft dem Menschen, sich seiner selbst zu vergewissern, sich in seinem Leben zu orientieren und sich in der Welt zu verorten. Freie Gestaltung fordert und fördert kulturelle Teilhabe. Freie Gestaltungsprozesse beruhen auf Selbsttätigkeit und zielen auf Selbstbestimmung ab. (Marr 2017, S. 18f)

Nach meinem Verständnis macht es zu Beginn eines Kapitels zum Thema „Selbst" Sinn, in aller Kürze ein paar Worte zu den klassischen Ansätzen, die sich der Erklärung der Genese von Selbst*bewusstsein* gewidmet haben, zu verlieren. Dabei gilt es eingangs insbesondere die Konzepte Kants und Fichtes zu erwähnen, in deren Mittelpunkt das individuelle Nachdenken steht: Es sei diese Befähigung zum individuellen Nachdenken und Kategorisieren, die den Menschen zu sich selbst kommen lasse und es sei, mehr noch, gerade diese Kompetenz, die die Möglichkeit in sich berge, dass der Mensch über sich und seine beschränkte Welt hinausrage. Dieses den subjektiven Ausgangspunkt all unserer Welterkenntnis betonende „Ich denke" schwingt in impliziter Weise noch in manch konstruktivistischen Lerntheorien mit, etwa, wenn der Fokus auf das Selbst wie folgt ausformuliert ist:

- Jeder ist Konstrukteur der Bedeutung seiner Wahrnehmung.
- Jeder ist Konstrukteur der Verknüpfung von Wahrnehmungen und den darauf aufbauenden Gefühlen.
- Jeder konstruiert die Sinngebung und die Bedeutung seiner Wahrnehmung.
- Jeder ist daher selbst verantwortlich für die Konstruktion von Lösungshaltungen und Problemhaltungen (Herrmann 2018, S. 35)

Reflektierendes Beisichsein wird heutzutage im Kunstunterricht vor allem in den *Think*-Phasen relevant. Es findet sich primär in Erarbeitungszeiten, in denen konzentriertes Analysieren, Benennen, Beschreiben, Interpretieren und Kritisch-Stellung-Beziehen im Zentrum unterrichtlichen Tuns steht.

Genau diese Grundannahme, dass der einsame und tief in sich versunkene Denker je zu echter Selbsterkenntnis befähigt sein würde, wagte Hegel zu bestreiten. Dabei verwies er auf die zu einer richtigen Entwicklung notwendige Reibungsenergie, wie sie etwa in Form von anregenden Auseinandersetzungen entstehe: auf den, wie man heute sagen würde, Faktor Interdependenz. Dieser Faktor sei wichtig, damit ein Individuum zu sich selbst gelangen könne. Nur auf diese Weise sei es möglich, dass sich Selbst-Bewusstsein zu entwickeln vermöge. In curricularen Formeln wie: „Die Schülerinnen und Schüler realisieren Gestaltungen zu bildnerischen Problemstellungen im Dialog zwischen Gestaltungsabsicht, unerwarteten Ergebnissen und im Prozess gewonnenen Erfahrungen“, bildet sich, wie ich meine, noch in heutigen Tagen indirekt etwas von dem Hegel'schen Votum für den dialektischen und kooperativen Charakter von Lernen ab. *Selbstständigkeit* im Sinne von Selberdenken (aber auch von Haltung und Rückgratzeigen – auch dies eine wichtige Eigenschaft, gerade für Kunstlehrende; Lenk/Wetzel 2013), das ist die eine Seite der Medaille unserer Selbstentfaltung. Doch gelte es darüber hinaus, so behaupten es direkt oder indirekt von Hegel inspirierte Menschen, auch noch die Qualitäten von *Selbstbewegung* und *Selbstbestimmung* zu beachten. Denn erst sie machten uns Menschen zu Menschen:

> Selbstbewegung meint die Selbstbestimmung in Bezug auf die Bewegungen, die im Raum der heterogenen Realitäten vorgenommen werden, Selbstverortung die Leistung, an Ort und Stelle in Auseinandersetzung mit dem Begegnenden und seinen Bezügen zu treten. (Buschkühle 2007, S. 73)

Über Hegel hinausgehend und ihm zeitlich nachfolgend wagte es schließlich ein Mann wie Novalis, den Menschen vor allem als einen *Homo hapticus* zu begreifen (Grunwald 2017). Selbstbewusstsein sei nicht Resultat mentaler Selbstbewegung, sondern gründe im Selbst*gefühl* (Frank 2002). Demgemäß galt auch der im englischen Sprachraum als *the taste* genannte Ausdruck weniger als ein Synonym für Geschmack als vielmehr eine Bezeichnung für hartes Er*tasten*. Der eigene Stil des Menschen sei weniger als eine Art Denkstil, sondern vielmehr als das Resultat eines vor allem korporal und damit sinnlich verfassten Prozesses der *Selbst*bildung zu begreifen. Der romantische Impuls ist für unser Fach ohne Frage noch immer von größter Bedeutsamkeit, schließlich wurde mit ihm körperliches Erspüren zu einem Grundstock von Selbstbildung. Und noch heute bilden die Qualitäten des Fühlens, Schmeckens, Riechens, Sehens und Hörens den Kernbereich *ästhetischer Erfahrung*.

Das Selbst als Produkt von Denken? Oder Fühlen? Karl Marx bestritt beides. Und behauptete vielmehr, der Mensch entwickle sich erst in und durch Arbeit – und erfand in diesem Kontext das Konzept des *homo laborans*. Auch hierfür gibt es, wenngleich indirekt, ein Pendant in der aktuellen Bildungsforschung. Man nehme nur die Grundthese Josef Leisens, dass ohne eine kalkulierte fachliche Herausforderung, also durch Arbeit, Anstrengung, ein echter Kompetenzzuwachs nicht gewährleistet sei (vgl. Praxis-Tipp #1).

Ich denke, dass der eng mit dem Vertrauen in die Selbststeuerungskompetenz der einzelnen Schülerinnen und Schüler verbundene Selbst-Bezug auch heute noch „das" Zentrum eines guten Kunstunterrichts mit einem besonderen Fokus auf individuelle Förderung bilden sollte. Ob mit Blick auf personale, materiale und soziale Aspekte der Unterrichtssteuerung, der jeweils anzuvisierenden Methodenkompetenzen oder spezifischer sachlich-fachlicher Planungsfragen: die Hauptaufgabe der Kunstlehrenden besteht immer darin, einen Mix aus selbstständigem Nachdenken, kooperativem Auseinandersetzen, Fühlen und hartem Erarbeiten zu finden. Kunstunterricht zielt insofern, wie im Übrigen jeder andere Fachunterricht auch, vor allem auf die Stabilisierung und Ausweitung persönlicher Autonomie. Denn was wir wollen, sind starke Selbst-Beweger, junge Menschen, die in der Lage sind, sich in einer zuweilen übergriffigen Welt voll von Fremdansprüchen behaupten zu können. Dazu ein abschließender Gedanke von Johannes Bielstein aus einem Text mit dem Titel *Sich Bilden:*

> Und immer liegt der Akzent auf der Selbst-Bildung. Die Sich-Bildenden, das sind Herrgottschnitzer am eigenen Leib: Bildhauer ihrer selbst, die jeden Morgen vor dem Spiegel stehen und sich überlegen, wie sie heute sein sollen. Dies ist keineswegs eine altertümliche oder veraltete oder skurrile Vorstellung. Das machen wir tatsächlich ganz regelmäßig in unserem ganz normalen Alltagsleben. Wir alle arbeiten an uns selbst als Kunstwerk. (Bielstein 2018, S. 84)

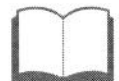

Bianchi, Paolo (2018): Einen Kunstsinn suchen und finden. Wir könnten porös sein wie ein Schwamm, in Kunstforum (35), S. 45–57.

Bielstein, Johannes (2018): Sich-Bilden, in: Westphal, Kristin/Bogerts, Teresa/Uhl, Mareike/Sauer, Ilona (Hrsg.): Zwischen Kunst und Bildung. Theorie, Vermittlung, Forschung in der zeitgenössischen Theater-, Tanz- und Performancekunst, Oberhausen, S. 75–87.

Buschkühle, Carl-Peter (2017): Künstlerische Bildung. Theorie und Praxis einer künstlerischen Kunstpädagogik, Oberhausen.

Dreyer, Andrea (2005): Kunstpädagogische Professionalität und Kunstdidaktik. Eine qualitativ-empirische Studie im kunstpädagogischen Kontext, München.

Frank, Manfred (2002): Selbstgefühl, Frankfurt/Main.

Grunwald, Martin (2017): Homo hapticus: warum wir ohne Tastsinn nicht leben können, München.

Herrmann, Peter (2018): Konflikte bewältigen, Blockaden überwinden. Systemische Lösungen für die Schule, Weinheim und Basel.

Kettel, Joachim (2001): SelbstFREMDHEIT-Elemente einer anderen Kunstpädagogik, Oberhausen.

Krautz Jochen/Sowa, Hubert (2015): Lernen, Üben, Können und Wissen im Kunstunterricht, in: Dies. u. a. (Hrsg.), Kunstunterricht verstehen. Schritte zu einer systematischen Theorie und Didaktik der Kunstpädagogik, München, S. 459–471.

Marr, Stefanie (2014): Kunstpädagogik in der Praxis. Wie ist eine wirksame Kunstvermittlung möglich? Eine Einladung zum Gespräch, Bielefeld.

Penzel, Joachim (2010): Gestalten als ganzheitliche Bildung. Perspektiven einer integralen methodologischen Pluralität eines neuen Unterrichtsfachs; in: Penzel, Joachim/Meinel, Frithjof (Hrsg.): Gestalten und Bilden. Methodendiskurs als Impuls für den Unterricht. München, S. 17–35.

Penzel, Joachim (2011): Integrale Kunstpädagogik. Perspektiven einer ganzheitlichen Persönlichkeitsförderung im Fach Kunst. Didaktisches Forum im Schroedel Kunstportal. April 2011. http://www.schroedel.de/kunstportal/didaktik_archiv/2011-04-penzel.pdf.

Reckwitz, Andreas (2017): Die Gesellschaft der Singularitäten, Berlin.

Reich, Kersten (2014): Inklusive Didaktik. Bausteine für eine inklusive Schule, Weinheim und Basel.

Rittersbacher, Christa/Buck, Peter (2009): Kunst als Instrument der Erkenntnis im multifokalen Unterricht, in: Buschkühle Carl-Peter/Kettel, Joachim/Urlaß, Mario (Hrsg.), Horizonte. Internationale Kunstpädagogik Beiträge zum Internationalen InSEA-Kongress „horizons/horizonte – insea2007 germany“. Oberhausen, S. 79–97.

Schoppe, Andreas (2008): Kompetenzorientierter Unterricht, in: BDK-Mitteilungen, 2/2008, S. 4–7.

Wellenreuther, Martin (2015): Lehren und Lernen – aber wie? Empirisch experimentelle Forschungen zum Lehren und Lernen im Unterricht, Baltmannsweiler (8. Aufl.).

Wichelhaus, Barbara (2006): Fördern im Kunstunterricht. Prinzipien, Perspektiven und Probleme, in: Kunst+Unterricht 307/308, S. 3–10.

Praxis-Tipps

#1 Selbst-Ausdrucksmöglichkeiten fördern

Beim Auftrag einer verstärkten Beachtung der altersadäquaten Ausdrucksinteressen und der lebensweltlichen Belange der Kinder und Jugendlichen spielt uns das sich im Kindheits- und Jugendalter erhöhende Interesse an einer Auseinandersetzung mit dem eigenen Selbst in die Karten (Glas 2016, S. 52). Dabei zeigen beispielsweise Aufgaben wie das *Biografische Stillleben* (Niehoff 1984) ideale Möglichkeiten einer adressaten-, weil altersgerechten Verbindung zweier Grundinteressen von Jugendlichen. Denn in solchen Aufgabenformaten verbindet sich zum einen die Lust jugendlicher Lernerinnen und Lerner an mimetisch-naturalistisch konzipierten Aufgaben mit dem in dieser Entwicklungsstufe typischen Interesse einer Darstellung von Aspekten *ihrer selbst*. Teile des eigenen Lebens können verbildlicht werden, wobei sich ureigene Intentionen, Belange und Träume zu komplexen Gestaltungsgefügen verdichten. Solche Aufgaben berühren insbesondere die biografische Dimension der Bildkompetenz (Niehoff 2014, 2017).

Animieren Sie die Schülerinnen und Schüler in Ihrem Kunstunterricht zu einer fantasievollen Verwendung metaphorischer, symbolischer oder allegorischer Bildzeichen. Schülerinnen und Schüler sollten im Kunstunterricht eine Möglichkeit erhalten, den eigenen Gefühlen und Vorstellungen einen Ausdruck geben zu können. Bei der Auswahl der von Schülerinnen- und Schülerseite aus gebrauchten *„visuelle[n] Metaphern"* (Glas 2016, S. 53) bedarf es dabei gerade in der anfänglichen Konzeptionsphase ganz unbedingt einer feinfühligen Begleitung durch den Lehrer und die Lehrerin, weil sich mit dieser Art von Aufgaben die Gefahr verbindet, dass die Lernenden auf formsprachlich unterkomplexe Übersetzungen ihrer Wünsche und Seh(n)süchte zurückgreifen. Hier sollte uns Lehrenden sehr deutlich bewusst sein, dass ein auf die Ausbildung der bildnerischen Intelligenz fokussierter Unterricht wie jeder andere Fachunterricht auch ohne das, was der Didaktiker Josef Leisen in seinen Publikationen stets „eine kalkulierte Herausforderung" nennt, nicht auskommen kann, selbst wenn es in unserem Bereich freilich statt um die Suche nach einem adäquaten Rechenweg um die nach einer formalen Bildlösung geht (Leisen 2016). Individuelle Förderung ist, so verfahrend, nicht nur gleichbedeutend mit einer Förderung der individuellen Ausdrucksweisen und Zugangswege zu einem Problem, sie ist vielmehr *Förderung der Individuen selbst*. Was vor allem vor dem Hintergrund der Erkenntnis darüber Sinn macht, dass Kinder und Jugendliche Bilder meist weniger aus „Kunstgründen" fertigen, sondern aus dem Wunsch heraus, *sich* mitzuteilen. Dazu Schoppe:

> Kindliches Gestalten ist eher durch eine kommunikative als durch eine ästhetische Intentionalität geprägt – dementsprechend muss sich der Erwachsene davor hüten, der Kinderzeichnung vorrangig ästhetische Komponenten rezeptorisch aufzuerlegen [...]. Man kann davon ausgehen, dass formale Harmonie und Prägnanz niemals Selbstzwecke der Kinderzeichnung sind, sondern stets Mittel zum Zweck – nämlich zu dem Zweck, sich mit der Lebenswelt auseinanderzusetzen und deutliche Aussagen hierüber zu machen.
>
> (Schoppe 1991, S. 182)

Die Abbildung zeigt ein hervorragendes Beispiel für eine äußerst gelungene Förderung solcher zum einen biografisch verankerter und dennoch in einem hohen Maße reflektierter Formen individuellen Ausdrucks. Viola Weigmanns Zeichnung kann getrost als ein Paradebeispiel dafür bezeichnet werden, wie über die ganz nebenbei vermittelten Fähigkeiten zeichnerischer Richtigkeit und einer gelungenen Perspektivkonstruktion persönliche Imaginationen freigelegt werden können. Darüber hinaus zeigt sich an dieser Arbeit, wie wir als Lehrerinnen und Lehrer gezielt die Fantasien der Kinder und Jugendlichen fördern können. Sie zeigt aber anderenteils auch, und hier haben wir es mit einem im Kontext der individuellen Förderung oft vernachlässigten, dabei aber zentralen Moment zu tun, dass und wie es im Kunstunterricht möglich ist, zu exquisiter Qualität zu gelangen.

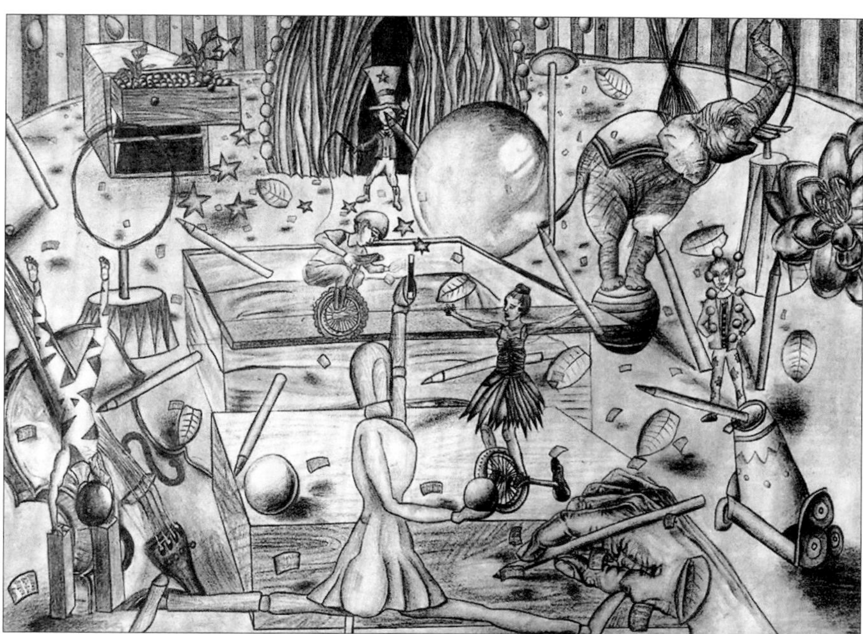

Schülerzeichnung

Leisen, Josef (2016): Ein Lehr-Lern-Modell für personalisiertes Lernen durch Ko-Konstruktion im adaptiven Unterricht in heterogenen Lerngemeinschaften, in: http://www.josefleisen.de/downloads/heterogenitaet/01%20Heterogene%20Lerngruppen.pdf (zuletzt 27.05.2019).

#2 Selbst Formen finden helfen

Auf dem langen Weg der Schülerinnen und Schüler hin zu komplex gestalteten Bildgefügen ist oft viel an Beratung nötig. Bei einer solchen Beratung trifft man im kunstunterrichtlichen Zusammenhang üblicherweise immer wieder auch mal auf Klischees. Neben immer wieder auftauchenden harmlosen Mangas, Miezekatzen und Minions bilden dabei vor allem nicht gendergerechte, gewaltförmige und „falsche" Bildwelten ein echtes Problem. Denn solcherart Bildsprachen erweisen sich bei genauem Hinsehen ja weniger als Ausweis eines individuell klug angewandten oder übersetzten Formvokabulars. Vielmehr haben wir es hier mit Produkten milieuspezifisch eingesogener Kollektivideen und kulturindustriell induzierter Sehmuster zu tun. Trifft man auf derartige Bildideen entweder klischeehafter oder gar erzieherisch fragwürdiger Natur (etwa im Bereich einer Planungsskizze zu einer größeren Arbeit), tut es vonseiten der Lehrerin oder des Lehrers not, Überlegungen zu der Frage anzustellen, wie es gelingen könnte, bestimmte Muster zu unterbrechen und die Lernenden zu komplexeren formsprachlichen Lösungen zu führen. „Dosierte Verunsicherung" nennt Michael Stein, der Leiter des Zentrums für Schulpraktische Studien in Bonn, das, was in einem solchen Falle angesagt ist.

Hierzu ein Beispiel aus einer Unterrichtsreihe Annika Kemmers zum Thema „Farbe" in Klasse 5. Die Kunstlehrerin wollte die Vielzahl der auf dem Markt befindlichen, oft eher einfachen und in Teilen gar wissenschaftlich fragwürdigen Angänge an das Thema (Itten-Farbkreis) umgehen. Ihr Ziel zu Beginn der Reihe bestand dabei zunächst darin, die Schülerinnen und Schüler über individuell erlebte Situationen oder psychische Befindlichkeiten reden zu lassen. Farben sollten dazu erste Anlässe bieten. Zunächst wurden die Lernenden darum gebeten, bestimmte Farbkarten auszuwählen. Interessant für unseren Kontext ist nun, dass die Lehrerin alle Anstrengung bei der Planung auf die Frage verwandte, wie man es vermeiden könnte, dass die Schülerinnen und Schüler auf typische Korrelationen (zum Beispiel von Rot und Liebe) zurückgreifen. Zu diesem Zweck entschloss sie sich, bestimmte Farben erst gar nicht anzubieten. Die Schülerinnen und Schüler konnten nur eher ungewöhnliche Farben auswählen. Dieses Vorgehen ermöglichte es, dass die in der Folge auf diese Farbe bezogenen Geschichten, die von den

Schülerinnen und Schülern erzählt wurden, von wirklich individueller Prägung waren, weil stark kulturell festgelegte Assoziationsketten keine Rolle spielten. Vom dichten Nebel kollektiver und gesellschaftlich tradierter Vorstellungen befreit, begannen die Schülerinnen und Schüler, wirkliche, selbst erlebte Geschichten zu erzählen.

Martin Veit (2015) arbeitet ganz ähnlich. Denn auch er zielt angesichts der existierenden Vielzahl an gebrochenen Herzen, tränendurchtränkten Mangaaugen und durch den Asphalt brechenden Sonnenblumen im Bildrepertoire vieler Schülerinnen und Schüler auf die allmähliche Ersetzung von gemeinhin gebräuchlichen Formeln durch wirklich individuelle Formen. Diesem Ziel verpflichtet, lotet Veit vor Beginn mancher seiner Unterrichtsvorhaben Möglichkeiten einer gezielten Bewusstmachung von Assoziationsketten aus, wie sie in den Schülerinnen- und Schülerhirnen tief verankert sind. Ziel ist, diese Ketten aufzulösen. Um seine Schülerinnen und Schüler für diese Problematik zu sensibilisieren, ließ Veit beispielsweise in einer seiner Unterrichtsstunden eine tabellarische Auflistung klischeebesetzter formaler Lösungen erstellen (mit Herzen, Tränen, Pfeilen etc.). Eine gute Planungsentscheidung, da ein hervorragender Schritt, um in der Folge Schülerinnen und Schüler zur Entwicklung wirklich eigener Bildsprachen zu animieren.

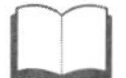

Veit, Martin (2015): „Herzschmerz". Klischees in bildnerischen Schüleräußerungen in der Oberstufe thematisieren, in: Peez, Georg (Hg.), Beurteilen lernen im Kunstunterricht. Unterrichtseinheiten, Methoden und Reflexion zu einer zentralen ästhetik- und kunstbezogenen Fachkompetenz, München, S. 195–201.

#3 Selbst Schöpfungen ermöglichen

Bahnen Sie bei den Schülerinnen und Schülern eine heuristische Gestaltungskompetenz an:

> Heuristisch (von griech. heurísko = finde, entdecke, erfinde) sind Gestaltungsprozesse insofern, als in ihnen von etwas ausgegangen wird, das in einem eigentlichen Sinne erst noch gefunden werden muss. (Scherfenberg 2014, S. 32)

Denn erst in der suchenden Bewegung gehen Konzentration und Zufall eine Ehe ein (Kirschenmann 2022). Auf dieser Basis wird das Entstehen von Neuem überhaupt erst möglich. Lehrerinnen und Lehrern in einem modernen Kunstunterricht muss es also primär um das Anbahnen von Möglichkeiten zur Gestaltung originärer Produkte zu tun sein. Der für das zufällige Entdecken von ursprünglich nicht Gesuchtem stehende Begriff der Serendipität *(serendipity)* kann uns an dieser Stelle möglicherweise ein wenig auf die Sprünge helfen, um zu verstehen, wie ein künftiger, auf individuelle Förderung fokussierter Kunstunterricht in ganz grundsätzlicher Hinsicht gestaltet sein sollte. Denn die beispielsweise auch mit dem „Kolumbus-Effekt" in Verbindung zu bringende Vorgehensweise, die das Wort Serendipität ausdrückt („Indien gesucht, Amerika entdeckt") – man denke hier nicht zuletzt auch an die Erfindung des Klettverschlusses, die sich ihrerseits einem Zufall solcher Art verdankt (Bianchi 2018b, S. 49 f.), oder aber auch an die Methode Pollocks, die statt blankes Chaos ein sehr gelenktes Verfahren zur Produktion absichtsvoller bildnerischer Gestaltungen war –, bezeichnet ein insbesondere im Fach Kunst relevantes Produktionsprinzip:

> Gestalterisch-künstlerische Entwicklungsprozesse sind durch spezifische Vorgehensweisen und Arbeitsformen charakterisiert. Häufig werden prototypische Werke oder Unikate geschaffen. Normalerweise handelt es sich dabei nicht um lineare Herstellungsabläufe – von einer ersten Idee über die Planung zur Ausführung und schließlich zum Objekt, zum Bild, zur Installation, zur Choreografie etc. –, sondern um verzweigte, vorwärts- als auch rückwärtslaufende, sogenannte iterative Entwicklungen. Gestaltungsprozesse beinhalten eine Vielzahl an Suchläufen, Entscheidungs- und Auswahlsituationen, Hindernissen, aber auch Hochgefühlen. (Truninger 2019, S. 48)

Dabei verdankt sich der zugegebenermaßen recht sperrig zu lesende Terminus „Serendipität" dem persischen Märchen *Die drei Prinzessinnen aus Serendip:*

> In dem persischen Märchen „Die drei Prinzessinnen aus Serendip" (ein alter Name für das heutige Sri Lanka) stoßen die drei Königskinder durch eine Kombination aus Zufall, Spürsinn, Glück und Weisheit auf Dinge, die sie eigentlich gar nicht gesucht haben. Durch „Serendipity" – dem zufälligen und unerwarteten Entdecken von etwas ursprünglich nicht Gesuchten – lösen sie verzwickte Rätsel, bewahren Menschen vor dem Tod und führen Liebende zusammen. Ein ähnliches Finderglück ist vonnöten, wenn es den „Sinn der Kunst" aufzuspüren gilt. (Bianchi 2018a, S. 42)

Serendipität bezeichnet Paolo Bianchi zufolge die Trias von Finderglück, Spürsinn und dem Glück des Tüchtigen. Der Begriff ist wie im Schaubild vorgestellt in eine Theorie des Lernens übersetzbar. Er verbindet sich überdies mit der Forderung, dass sowohl wir als Lehrkräfte, dass aber mehr noch unsere Schülerinnen und Schüler beim Gestalten offen sein sollten wie ein Schwamm. Schärfen wir als Lehrerinnen oder Lehrer in kreativen Prozessen und in von angstfreier Atmosphäre getragenen spielerischen Settings den selten fokussierten Empfindungssinn namens „Kunstsinn" (Bianchi 2018b, S. 45).

Arbeiten Sie zur Förderung einer solchen Art von Serendipität beispielsweise mit der Methode der Ästhetischen Forschung (Kämpf-Jansen 2002a, b, o. J.). Diese Methode baut auf die vier Bezugsfelder Alltag, Kunst, wissenschaftliche Methoden und (Selbst-)Reflexion auf. Trotz ihrer Verbindung zu intersubjektiv organisierten Systemen wie denen der Wissenschaft ist Ästhetische Forschung stark subjektorientiert ausgerichtet und erlaubt das Beschreiten sehr individueller Wege. Ein Beispiel dafür aus dem Unterricht von Claudine Mertens ist abgebildet.

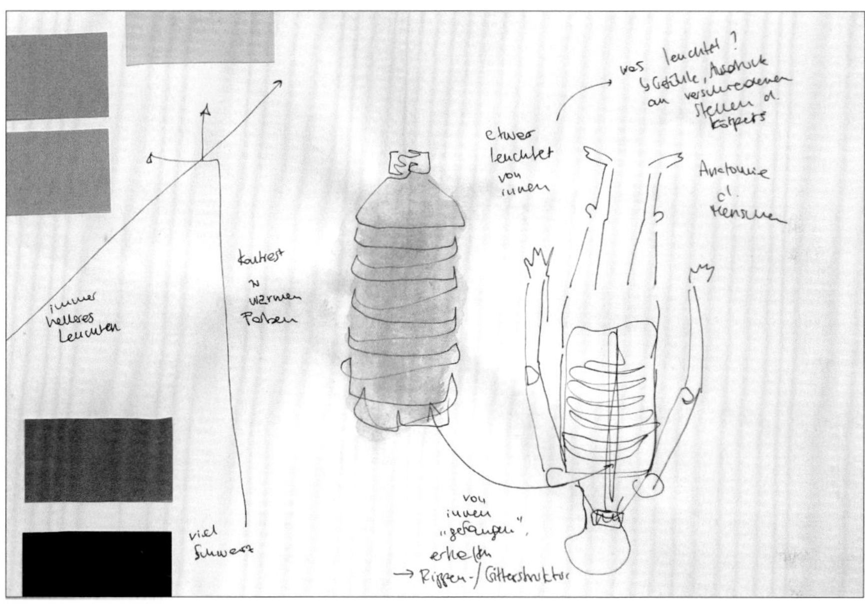

Anatomie eines Menschen

Lernen durch	• Einsichten • Erfahrungen • Beziehungen • Netzwerke	
+ Handeln durch	• Neugierde • Commitment • Verschiedenheit • Großzügigkeit	= Bedingungen für Serendipität
+ Stimulanz durch	• Ereignisse • Zusammenprall • Besinnung • Rekombination	

Pädagogik des glücklichen Zufalls nach Paolo Bianchi

Bianchi, Paolo (2018a): Vom Sinn der Kunst. Wozu Kunst? Was kann Kunst? Wie denkt Kunst?, in: KUNSTFORUM 253, S. 42.

Bianchi, Paolo (2018b): Einen Kunstsinn suchen und finden. Wir könnten porös sein wie ein Schwamm, in: KUNSTFORUM 253, S. 44–57.

Kämpf-Jansen, Helga (2002a): Ästhetische Forschung. Wege durch Alltag, Kunst und Wissenschaft – zu einem innovativen Konzept ästhetischer Bildung, Köln (3. Aufl.).

Kämpf-Jansen, Helga (2002b): Ästhetische Forschung- zu einem innovativen Konzept ästhetischer Bildung, in: Kunst + Unterricht 262, S. 35 f.

Kirschenmann, Johannes (2022): Gelingendes Scheitern ist auch eine Lösung. Zum Scheitern in Kunst und Kunstpädagogik, in: KUNST+ UNTERRICHT 463/464, S. 4–11.

Klee, Paul (1990): Das bildnerische Denken (Form- und Gestaltungslehre Bd. 1), Basel

Klee, Paul (1991): Kunst-Lehre, Leipzig.

Otto, Gunter (1964): Die Gestaltungslehren, in: Ders.: Kunst als Prozess im Unterricht, Braunschweig, S. 51–93.

Scherfenberg, Martin (2014): heuristische Gestaltungskompetenz, in: Impulse.Kunstdidaktik (15), S. 31–40.

Schmidt-Nonne, Helene (1965): Der Unterricht von Paul Klee in Weimar und Dessau, in: Klee, Paul (1965, zuerst 1925), Pädagogisches Skizzenbuch, Mainz/Berlin, S. 53–56.

Truninger, Peter (2019): Die Lehrperson als Coach. Beratung in kreativen und künstlerischen Prozessen, München.

Wick, Rainer K. (2017): Bauhaus, in: Bering, Kunibert/Niehoff, Rolf/Pauls, Karina (Hrsg.), Lexikon der Kunstpädagogik, Oberhausen, S. 81–86

#4 Selbst wählen und entscheiden lassen

Als besonders gut für einen Serendipität und eine forschende Grundhaltung (siehe dazu Praxis-Tipp #3) befördernden Unterricht halte ich die Arbeitsform des offenen Werkstattunterrichts. Denn in dergestalt projektorientiert geplanten und durchgeführten Einheiten betreiben Sie als Lehrerin oder Lehrer individuelle Förderung weniger über ein Verabreichen vorbereiteter Zusatzbeschäftigungen. Vorrangig konzentriert auf eine dichte personale und materiale Prozesssteuerung, hat es Ihnen als der leitenden Lehrkraft in derartigen Settings vielmehr um ein konkretes Anschieben, Begleiten und Evaluieren individueller Kreativprozesse zu gehen. Über die *Initiationsphase,* die *Explorations-,* die *Erkundungsphase,* die *Objektivierungs-* und die sogenannte *Integrationsphase* (Buschkühle 2017, S. 284) hinweg sind Sie als Person dabei von äußerster Wichtigkeit; und zwar

> als Initiator von Lernprozessen, als Affirmator, der seine Schüler bestärkt in ihren guten Ansätzen, als Konfrontator, der sie mit Neuem konfrontiert, wo es notwendig ist, und schließlich als Terminator, der Ziele und Termine setzt, damit Prozesse ihren Abschluss finden im angemessenen zeitlichen Rahmen. (Buschkühle 2017, S. 353)

Der Lehrkörper als leibhaftige Gestalt, als Vormacher, Berater, Korrektiv, ist also – anders als in Karikaturen konstruktivistischen Unterrichts akzentuiert – auch in einem individuell fördernden Kunstunterricht von besonderer Relevanz (Reichenbach 2019). Doch richten wir in diesem Kapitel unseren Blick zunächst einmal auf die Frage der materialen Prozesssteuerung. Dabei sollte das Wort „material" an dieser Stelle weniger an Arbeitsblätter denken lassen. Vielmehr geht es um „echtes" Material, das heißt um etwas Greifbares, mithilfe dessen sich eine Sache begreifen lässt. In bestimmten, sinnhaft mit dem jeweiligen Lernziel abgestimmten Phasen kann es dabei hilfreich sein, Ihren Schülerinnen und Schülern ein sehr üppiges Materialangebot zur Verfügung zu stellen. Auf diesem Weg erhalten sie die Gelegenheit, die Gestaltungsmaterialien- und Formen für eine von ihnen definierte Problemstellung frei wählen zu können. Materialtische können bei einem auf die Fertigung einer bis dahin nie dagewesenen Formlösung angelegten Vorhaben sehr nützlich sein. Sie sollten passgenau auf Ihre Arbeitseinheit abgestimmte Materialien enthalten: „Im Sinne des Werkstattunterrichts", so schreibt Brenne, „ist ein facettenreiches Überangebot nötig, ansonsten wird die individuelle Entscheidung auf bloße Wahlfreiheit reduziert" (Brenne 2017, S. 53). Die Abbildung zeigt einen solchermaßen üppig ausgestatteten Materialtisch zu Beginn einer Übungseinheit.

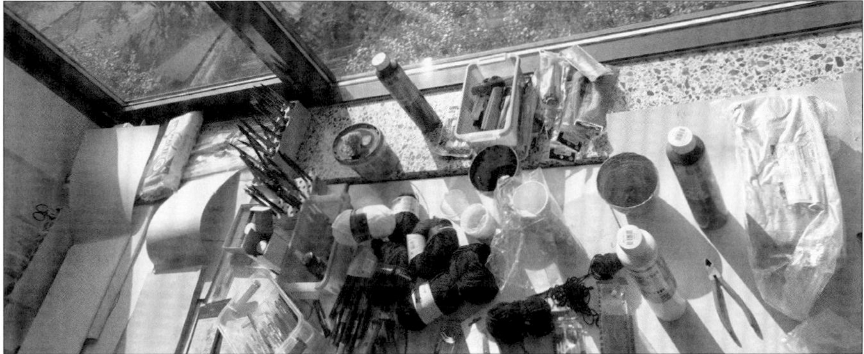

Materialbar im offenen Atelierunterricht

Dabei kann diese Art der Materialbars, Materialtheken und Materialbüffets durchaus auch von Ihren Schülerinnen und Schüler aufgefüllt werden. Statt der täglichen Spurts in den nächstgelegenen Baumarkt können wir von den bei 30 Schülerinnen und Schülern in der Regel vorhandenen 30 Kellerräumen profitieren. Und statt der teuren Premiumware aus dem gehobenen Kunstversandhandel tun es manchmal auch rostige Nägel, alte Bretter, oder aber auch billige Seifen aus dem Discounter.

Ein Arbeiten mit sehr unterschiedlicher materialer Ausgangsbasis sensibilisiert dabei auf sehr besondere Art und Weise für sehr individuelle Wege des An- und Umgangs mit formalen Problemstellungen sowie der Bearbeitung von Materialien. Überdies führen derart gesteuerte Settings mit Garantie am Ende einer solchen Einheit zu fundamental unterschiedlichen Ergebnissen. So werden beinahe alle für unser Fach relevanten Operatoren (*skizzieren, experimentell erproben, entscheiden, vergleichen, planen/entwickeln/konzipieren, darstellen, variieren, reinzeichnen, einordnen, abgrenzen, Alternativen entwickeln* o. Ä.) eine Rolle spielen.

Die Abbildungen zeigen Resultate einer längerfristig angelegten und bewusst multimediale Kanäle ansteuernden Annäherung an das Thema „Meerenge". Zu Beginn wurden den Schülerinnen und Schülern Zitate aus David Abulafias Buch *Das Mittelmeer* (2014) vorgelegt. Es folgten begleitende Betrachtungen zum Beispiel von Gemälden der Gattung Seestücke, von Meeresdarstellungen und von Alltagsbildern zum Thema wie zum Beispiel Filmstills aus dem Film *Pirates of the Caribbeen.* Auch Zeitungsbilder zur Flüchtlingsthematik fanden Beachtung. Im ersten hier aufgeführten Beispiel erarbeiteten sich die Schülerinnen und Schüler eine Bildlösung, die die Unüberbrückbarkeit des Seeweges Mittelmeer in ins Zentrum der Betrachtung zu rücken verstand. Hier wurde das Drama des Sterbens von Geflüchteten im Mittel konfigurierter und grenzähnlicher Scherben ins Bild gebracht. Im zweiten Beispiel gelang es der Schülerin Anouk Felscher, auf der Basis medial verbreiteter Porträtdarstellungen, etwa aus Zeitungen, mit Sprühschablonen Graffitibilder junger Geflüchteter zu fertigen, deren innere Not bildhaft wird.

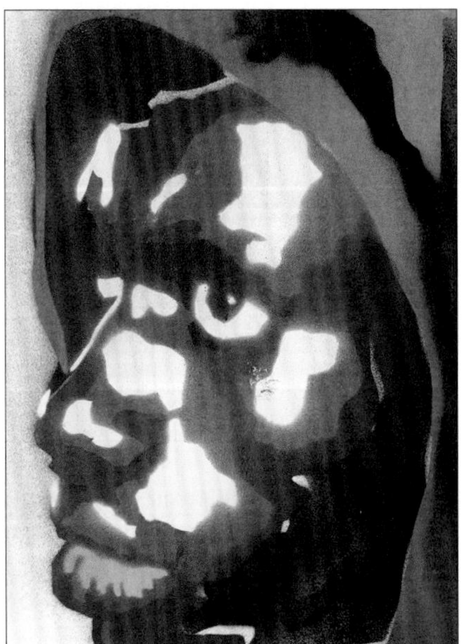

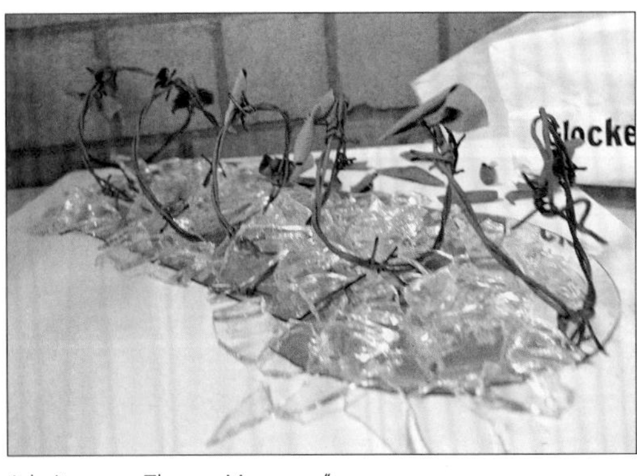

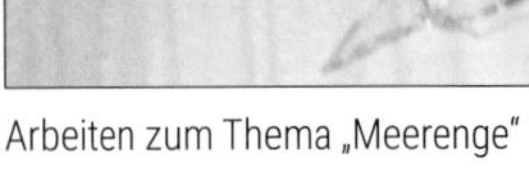

Arbeiten zum Thema „Meerenge"

Ein solches Arbeiten mit einer angebotenen Fülle an unterschiedlichen Materialien ist dabei keineswegs nur in längerfristig angelegten Prozessen möglich. Auch und gerade mithilfe geschlossener Aufgaben und bei kurzer Zeitvorgabe sind explosive schöpferische Prozesse initiierbar. In solchen Arbeitseinheiten ist es mit Seitenblick auf unser Thema „individuelle Förderung" jeder und jedem mit ihren und seinen je eigenen Mitteln und Möglichkeiten voraussetzungsfrei möglich, zu einem Gestaltungserfolg zu gelangen.

Die folgende an Schülerinnen und Schüler gegebene Begriffsliste bot in einer meiner Stunden einen idealen Ausgangspunkt für eine gestaltungspraktische Arbeit mit essbarem Papier. Sie wurde ganz ohne weitere Hinweise etwa zu einer bestimmten Schrittigkeit im Vorgehen und darüber hinaus auch ganz ohne weitergehend erläuterte Lösungskriterien an die Lernenden ausgegeben:

Wählen Sie aus der unten stehenden Liste einen der begrifflichen Vorgaben aus. Erproben und beurteilen Sie mithilfe des Esspapiers plastische Bildgestaltungen (Reißen, Brechen, Zermantschen etc.) zur Veranschaulichung des von Ihnen ausgewählten Sachzusammenhangs. Dazu haben Sie 10 Minuten Zeit.

Stichwort-/Anregungsliste

Großreinemachen, drumherum /// VomHintenausgesehenmitgroßemAusblick /// ImAufstrebenAbbrucherleben /// Gefangen-(Sein) /// Gefangen-Gehangen /// Cacooning: einmuggeln im Bequemen /// Safe und doch zu eng /// Bedrängtwerden /// Das Große besiegt das Kleine /// Im Außen klar, was Innen krankt /// Dreikäsehoch /// Bonding: Zweierbeziehung/ambivalent /// Zerschnittenwerden /// Den Boden unter den Füßen verlieren /// Umarmen /// Ist Nähe zerstückelnd? /// Passung: Zwei in Parallelstellung /// Lange Zeit gemeinsam & dann sehr individuell /// Ist Nähe warm? /// Kakophonie – und doch geordnet /// Jüngst sprang ich aus dem Rahmen /// ReFraming: zurück ins Korsett /// Einschnüren, so ohne Luft /// Drauß gefällig, drin die reinste Moderei /// Geborgen /// Verbot, weiterzugehen /// Zwischenraum /// /Zwischenräume /// CutterField /// Das Kleine ins Große inkludieren /// In- und Exklusion /// Schnitt, so far ... /// Bring mich um /// Um mich Ring /// Kantenschnitt, dahinter nichts ... /// Weiter, immer weiter /// Erstreckung /// Verfall, so sukzessive /// Outing: Nach außen Umstülpen /// Längs, so ausgestreckt, erreich ich viel /// Korrespondenz /// Formkongruenz /// Gleichschritt /// Destr euer /// Ersticken im Malm deines zu Vielen /// Zersteuben, vom Zentrum aus in alle Richtungen /// Schönheit: so allein /// Kehrst du das Zerstörte zurück zur Form? /// Sesam straße /// Kommunizierende Röhren (Verbindungshalme mit fragiler Stabilität) /// Das Nichts überschlagende Brücke von dies zu das /// Eingeengtsein /// Sprengsatz /// Not /// Quetschen /// Flucht, dann: Flucht /// SchneeEngel, vom Drumherum so eingestäubt /// Alles Auf Sich Beziehen /// Beziehung, mehrfach gestört /// Das Ding, das geradaus will, wird behindert /// Das Flache, die Ebene: es/sie stülpt sich auf zur großen Form /// Able/Unable /// Form-Sache /// Zerfließen /// Das Fliehende, zurückgeholt ... /// RaumEinnehmen /// SchingSchangSchong: Schere Stein Papier, abstrakt übersetzt /// Schatz, inmitten des Nichts /// Null /// Ohne, inmitten /// Blinken /// Zum Zentrum hin dichter werdend /// Strahlen /// Kerne, drindrin /// Zentrumsorientiert /// Kerle, die aufragen inmitten schnöder Seichtigkeit /// Stück mit KanTen /// Mutter mit Kind /// Aderlass /// Von Rande her angenähert /// Care /// Die Weichen (Stellen) inmitten des Harten /// Alles fließt etc.

Erweitert um zusätzliche Materialien wie Möhren, Wolle etc. entstehen in solchen Stunden humorvolle Ergebnisse wie die abgebildeten. Von besonderer Relevanz für unser Thema der individuellen Förderung ist dabei, dass durch das Fehlen gestalterischer Hürden alle Schülerinnen und Schüler zu einem akzeptablen Ergebnis gelangen können.

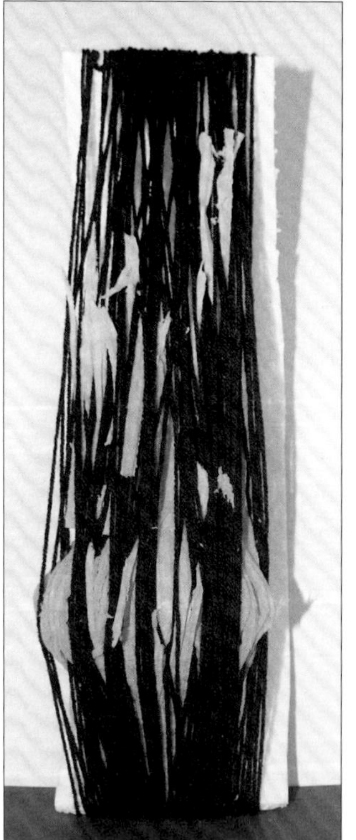

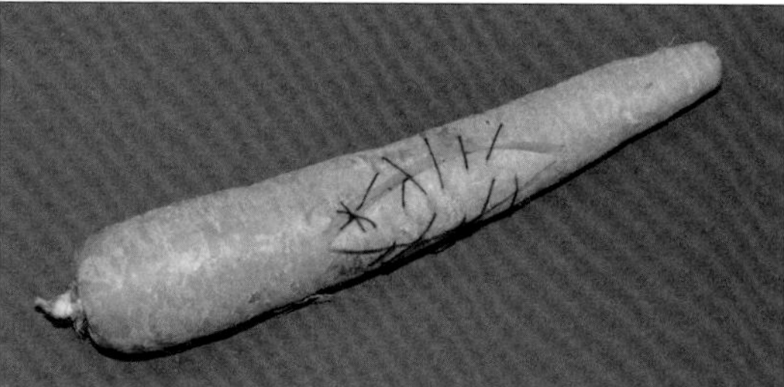

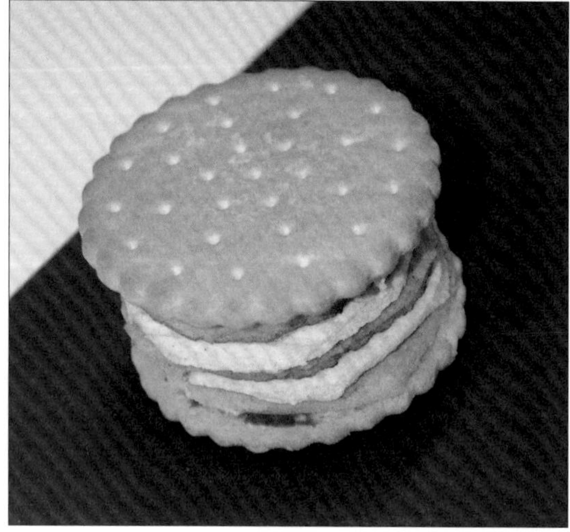

Von Form anfangen: ausgefranst, Kunstfehler, nicht verputzen

Nun zeigt uns die große Anzahl an zugerümpelten Kunstnebenräumen die Folgen von nicht zielgenau und wenig problemfokussierter materialreich unterfütterter Aufgabenstellungen. Kunstproduktion und Müllproduktion sind zumindest diesen Punkt betreffend zuweilen nahe Verwandte. Und dann ist da ja noch das Problem der Unvergleichbarkeit erbrachter Leistungen am Ende sehr materialheterogener Unterrichtseinheiten. Insofern mag zuweilen eine radikale Materialreduktion oft mehr in Sachen Kreativitätsförderung bewirken als die eben noch gelobte barocke Vielfalt. Und wirklich können bereits ein paar in den Raum gestellte Tapetenrollen ein idealer Grundstoff zur Initiierung raumbezogener Formlösungen sehr kreativer Art sein (Heidrich/Mittermeier/Roesch/Wichern 2014). Orientieren Sie sich, was diese Art des Arbeitens betrifft, an exzellenten Büchern wie Ulrich Kliebers *Arbeiten mit fast nichts* (2016) oder an Axel Buethers *Wege zur kreativen Gestaltung* (2013), in denen sich Orangen, Bürolocher, Kaugummis, Zollstöcke, Strohhalme, Bleistifte und Glasstopfen als Hauptprotagonisten finden. Dabei können Settings mit explizit sparsamem Materialeinsatz aber im Falle einer wenig präzisen Aufgabenstellung zur juxhaften Bastelei abrutschen.

Möglicherweise halten Sie Kreativübungen dieser Art mit Möhren und Spülschwämmen für postmoderne „Spielereien". Mit aller Konzentration auf die solide Vermittlung spezifisch fachlichen Wissens im Bereich plastischen Gestaltens und fokussiert auf das Ziel einer Schulung des „plastische[n] Formempfinden[s]", könnte es zum Beispiel sein, dass Sie vornehmlich daran arbeiten, die Schülerinnen und Schüler mit der Fähigkeit auszustatten, einen Körper „so zu gestalten, dass der organische Körper auch eine gespannte Plastizität hat und die Form nicht zu flach wirkt" (Sing/Miller 2017, S. 324). Trifft diese Diagnose auf Sie zu, dann verwenden Sie nach Möglichkeit alle kreative Energie darauf, den Schülerinnen und Schülern „das Eigentliche" und vor allem in und an der langfristigen gestaltungspraktischen Arbeit an organischen Figuren erfahrbare plastische Prinzip verständlich zu machen. Denn das Thema Plastizität im Kunstunterricht mag bei einem von mir zuweilen beobachtbaren Falle eines eher unterkomplexen Vorverständnisses von Räumlichkeit auf der Seite der Lehrerinnen oder der Lehrer am Ende einer Reihe auch zu Erarbeitungsprodukten führen, die aus additiv zu einem mehransichtigen Objekt zusammengefügten, im Grunde aber reliefartig gearbeiteten Gebilden überwiegend flächigen Charakters bestehen. Nicht einmal die existierende gute Fachliteratur zu diesem Bereich ist in der Lage, diesem Problem angemessen Beachtung zu schenken (Fröhlich 2019). Die Existenz dieser so generierten dreidimensionalen Artefakte schließlich mag uns Lehrerinnen und Lehrer dann nach getaner Arbeit irrtümlich in dem Glauben belassen, dem Phänomenbereich hinreichend Beachtung geschenkt zu haben. Doch ist die etwa aus der Aversion eines Arbeitens mit

Möhren und Spülschwämmen rührende und in ihren Grundzügen nachvollziehbare Präferenz mancher Lehrerinnen und Lehrer für klassische Materialien wie Ton und Alabaster noch lange kein Garant für einen im Verhältnis zum postmodernen Spiel vergleichsweise anspruchsvolleren Unterricht.

Abulafia, David (2014): Das Mittelmeer. Eine Biographie, Frankfurt/Main.
Brenne, Andreas (2017): Inklusion und Kunstunterricht, in: Blohm, Manfred (Hrsg.), Kunstpädagogische Stichworte, Hannover, S. 51–54.
Buschkühle, Carl-Peter (2007): Die Welt als Spiel. Band 1: Kulturtheorie: Digitale Spiele und künstlerische Existenz, Oberhausen.
Buether, Axel (2013): Wege zur kreativen Gestaltung. Methoden und Übungen, Leipzig
Busse, Klaus-Peter (2004): Bildumgangsspiele: Kunst unterrichten, Dortmund.
Fröhlich, Sarah (2019): Gestaltungspraktische Bildung des räumlichen Vorstellens. Kunstpädagogische Zielsetzungen im Lichte kognitionswissenschaftlicher Modelle, München.
Heidrich, Marie/Mittermeier, Esther/Roesch, Birgit/Wichern, Birgit (2014): Von der Rolle. Am materialen Limit, in: Engel, Birgit/Böhme (Hrsg.), Kunst und Didaktik in Bewegung. Kunstdidaktische Installationen als Professionalisierungsimpuls, München, S. 76–81.
Huizinga, Johann (2004): Homo Ludens: Vom Ursprung der Kultur im Spiel, Berlin.
Kirchner, Constanze/Peez, Georg (2009): Kreativität in der Grundschule erfolgreich fördern. Arbeitsblätter, Übungen, Unterrichtseinheiten und empirische Untersuchungsergebnisse. Braunschweig.
Klieber, Ulrich (2016): Arbeiten mit fast nichts, Leipzig.
Otto, Gunter (1964): Die Gestaltungslehren, in: Ders.: Kunst als Prozess im Unterricht, Braunschweig, S. 51–93.
Reichenbach, Roland (2019): Der Lehrkörper. Bildungskolumne, in: Merkur (73), S. 55–62
Sing, Mona/Miller, Monika (2017): Zeichnen und modellieren einer Eidechse. Fallstudien über eine künstlerisch besonders begabte Schülerin, in: Sowa, Hubert/Fröhlich, Sarah (Hrsg.), Bildung der Imagination. Band 4: Verkörperte Raumvorstellung – gestaltungsdidaktische Praxis und Forschung, Oberhausen, S. 305–327.

#5 Bilder selbst konfigurieren: Portfolios

Ein auf individuelle Förderung fokussierter Kunstunterricht muss darauf bedacht sein, sehr viel an Entscheidungskompetenzen in die Hände der Schülerinnen und Schüler zu legen. Als eine ideale Möglichkeit des *selbst*ständigen Umgangs mit Bildern erweist sich dabei die Arbeit mit (und an) Portfolios. Unter dem Begriff „Portfolio“ versteht man ästhetisch gestaltete Sammlungen „bedeutsame[r] Materialien oder Produkte in einer Mappe [...], die den Prozess der Erarbeitung von Inhalten dokumentieren und den Lernprozess reflektieren“ (Hecker 2005, S. 8). Portfolios sind vielfältig nutzbar. So können als Prozessdokumentation dienen und insofern veranschaulichen, wie eine größere Arbeit entsteht. Portfolios sind als „begleitende Lernhilfe für den gestalterischen Lernprozess“ (Niehoff 2017, S. 104) bedeutsam und dienen vor allem als ein Instrument zur Dokumentation eines Lernwegs (Entwicklungsportfolio). Portfolios können aber auch als ganz eigenständige Kunstwerke in Szene gesetzt werden (Vorzeigeportfolio, Beurteilungsportfolio, bildnerisches Tagebuch etc.). Als eine der innovativsten Vordenkerinnen auf diesem Gebiet ist die Bonner Kunstdidaktikerin Angelika Stratmann (2014) zu nennen. Stratmann hält fest, wozu sich die Arbeit mit und an Portfolios in besonderer Weise eignet:

- zum Erwecken von eigenem Lerninteresse der Schülerinnen und Schüler (intrinsische Motivation) über eine Offenheit der Inhalte,
- zur Diagnose des Lernstandes (gestalterische Fähigkeiten, Arbeitseinstellung-Organisationsfähigkeit, Leistungsbereitschaft, Zuverlässigkeit, Kritikfähigkeit etc.),
- zur Generierung sehr individueller Fördermöglichkeiten etwa durch binnendifferenzierende Aufgaben),
- zur Heranführung an Vorgehensweisen zeitgenössischer Kunst (Spurensuche, gestalterische Umsetzung von biografischen, politischen, gesellschaftlichen Interessen).

Aus meiner Sicht sind Portfolios ein ideales Bindeglied zwischen individueller Freiheit und einem Unterricht, der, über Erwartungshorizonte und Kriterienkataloge an die Schülerinnen und Schüler kommuniziert, auf sehr klaren Leistungserwartungen und Zielvorstellungen der jeweiligen Lehrkraft basiert. Denn es ist ja gerade diese Kriterienorientierung, die es uns Lehre-

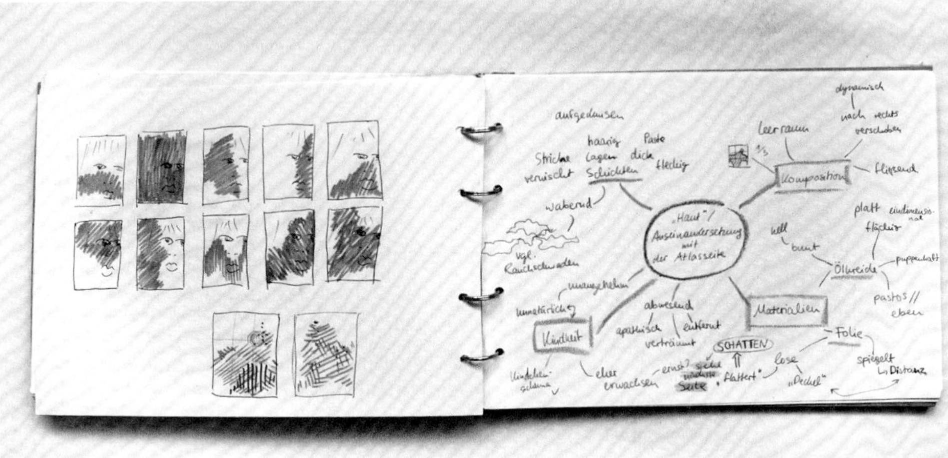

Portfolio aus dem Unterricht von Claudine Mertens

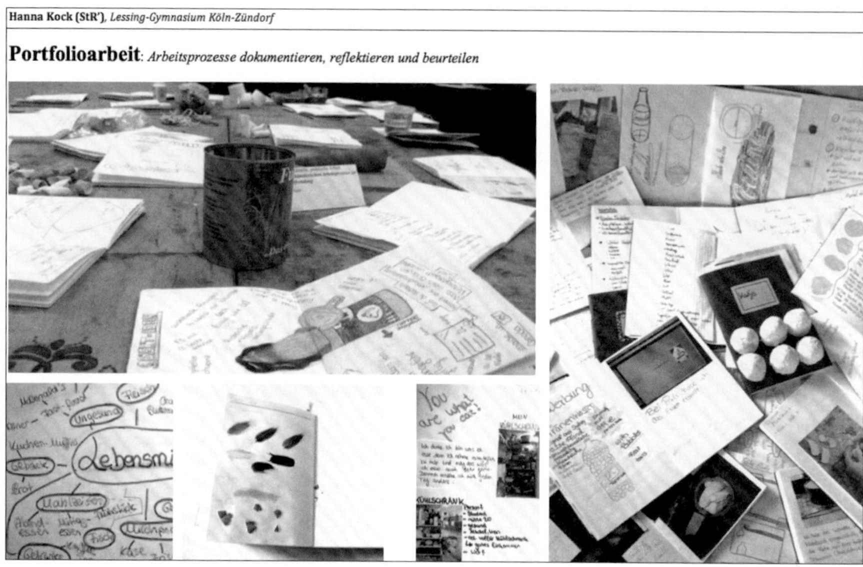

Portfolios aus dem Unterricht von Hanna Kock

Portfolio-Bücher
aus dem Unterricht von
Angelika Stratmann

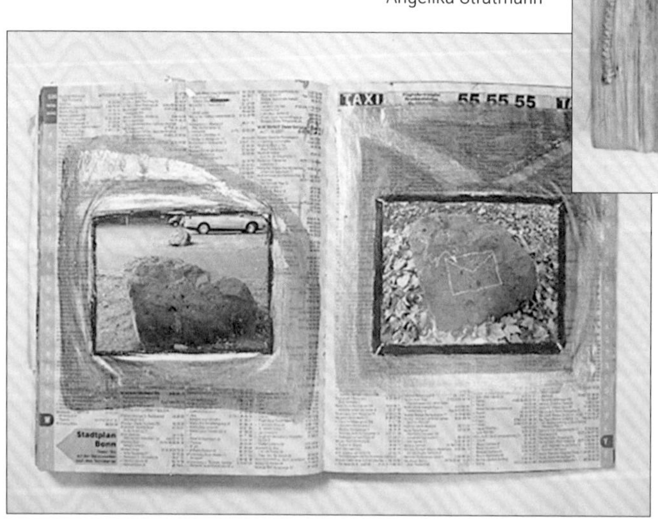

rinnen und Lehrern erlaubt, trotz eines hohen Anteils an in solchen Prozessen zur Entfaltung kommender subjektiver Entscheidungsfreiheit solide, valide und reliable Möglichkeiten der Bewertung solcher Objekte an die Hand zu bekommen.

Neben die klassischen Varianten des künstlerischen Portfolios sind in den letzten Jahren mehr und mehr auch digitale Skizzenbücher oder fotografische oder videografierte Prozessdokumentationen getreten. Digitale Pinnwände, Blogs und Moodboards, mithilfe derer die Anfertigung komplexer digitaler Bildanordnungen möglich ist, können in solchen Sammlungen etwa mit digitalen Zeichnungen bestückt werden. Auch hier gilt, wie beim analogen Portfolio auch, dass sie mal Dokumentation, mal Kunstwerk selbst sein können. Das hervorragend gestaltete und in hohem Maße anregende Buch von Stefanie Loh mit dem Titel *Foto-Tagebücher* sei an dieser Stelle als Möglichkeit zu einer vertieften Auseinandersetzung mit dem hier nur angerissenen Thema erwähnt (Loh 2012). Lassen Sie die alltäglichen Bildumgangspraktiken Ihrer Schülerinnen und Schülern wie das „Sammeln, Ordnen, Ausstellen, Kommentieren" (Busse 2011, S. 237; Schmidt-Wetzel 2017, S. 32) digitaler Bilder in Ihrem Unterricht wichtig werden. Und nutzen Sie in dieser Hinsicht die jeden Tag in den elektronischen Ordnern der Kinder und Jugendlichen rhizomartig über alle starren Grenzen wuchernden Bildkartografien. Auch gilt es, die Schülerinnen- und Schülerexpertise in Sachen Browsing, Sharing, Collecting und Producing (Busse 2011; Schmidt-Wetzel 2017) wie auch im Hinblick auf das Following, Participating, Commenting und Collaborating (Schmidt-Wetzel 2017, S. 33) produktiv zu nutzen:

- Browsing steht dabei für das netzbasierte „Verfolgen von Verknüpfungen" (Schmidt-Wetzel 2017, S. 32) und Spuren im Netz,
- Sharing für die Praxis des digitalen Austauschs (Chats, Tweets, LAN-Partys etc.),
- Collecting für das Sammeln und Ordnen digitaler Daten,
- Producing für das gezielte Herstellen digitaler (Bild-)Inhalte.

Immer bestimmt die Lernende oder der Lernende das, was im Einzelnen in einem Portfolio oder digitalen Blog gesammelt, collagiert oder gestaltet wird, selbst. Doch sind Sie es als Lehrperson, die das Maß an Ergebnisoffenheit bezüglich der bildnerischen Gestaltungswege, aber auch der verwendeten Medienvielfalt festzulegen hat.

Die Abbildungen der Portfolio-Bücher zeigen zwei Beispiele für äußerst gelungene Portfolios. Dem ersten liegt, wie zu sehen ist, kein aus dem Kunstfachhandel bekanntes, gekauftes Standardbuch zugrunde. Wir haben es hier vielmehr mit einem umgewandelten Telefonbuch zu tun, das als Grundlage für ein durch und durch beeindruckendes Gesamtkunstwerk ausgewählt wurde. Trotz vielleicht anfänglicher Scheu vor einer kreativen Umgestaltung solcher Vorlagen ist meine Erfahrung, dass die sukzessiv entstehenden Produkte im Laufe der üblicherweise von einem hohen Maß an Eigendynamik getragenen Erarbeitungszeit oft sehr imposant werden. Dann kann es passieren, dass Arbeiten dieser Art eine lebenslange Bedeutsamkeit für die Schülerinnen und Schüler haben.

Burkhardt, Sara (2014): Portfolios im Kunstunterricht, in: Kunst + Unterricht 379–380, Seelze 2014.

Busse, Klaus-Peter (2011): Mapping – ein Bildungsprojekt, Browsing, Sharing, Collecting, Producing, in: Bering, Cornelia/Bering, Kunibert (Hg.): Konzeptionen der Kunstdidaktik: Dokumente eines komplexen Gefüges, Oberhausen, S. 237–241.

Endres, Wolfgang (Hrsg.) (2008): Das Portfolio in der Unterrichtspraxis, Basel.

Hecker, Thomas (2005): Portfolio als Instrument der Kompetenzdarstellung und reflexiven Lernprozesssteuerung, in: http://www.bwpat.de/ausgabe8/haecker_bwpat8.pdf (zuletzt 25.05.2019).

Kock, Hanna, o. J. Unterrichtsmaterialien, Köln.

Kuchem, Carola (2018), Naturerfahrung im Kunstunterricht. Oder: Das Portfolio als vielversprechende Methode individueller Förderung, in: Impulse.Kunstdidaktik (15), S. 13–25.

Loh, Stefanie (2012): Foto-Tagebücher. Performative Aufzeichnung als Strategie, Oberhausen.

Niehoff, Rolf (2017): Bildnerisches Tagebuch, in: Bering, Kunibert/Niehoff, Rolf/Pauls, Karina (Hrsg.), Lexikon der Kunstpädagogik, Oberhausen, S. 103–105.

Schmidt-Wetzel (2017): Kollaboratives Handeln im Kunstunterricht, München.

Stratmann, Angelika (2014): Aneignung eines Ortes, Ideenfindung und Reflexion, in: Kunst+Unterricht 379/380, S. 37–40.

#6 Selbst Formsprachen finden lassen

Möglicherweise erachten Sie auch die intensivere Beschäftigung mit „nur“ einem Medium wie zum Beispiel dem der Malerei für sinnvoll. Ist das der Fall, sollten Sie bei Hilfestellungen etwa in Form von *individueller Beratung* sowohl im Bereich der Konzeptentwicklung, bei Fragen der Bildraumgestaltung sowie hinsichtlich von Problemen bei der Wahl des richtigen Farbauftrags (hierfür sind auch Hilfetools wie Internet-Tutorials gut nutzbar) darauf achten, Tipps und Hinweise nicht nur nach Ihrem eigenen und eigens erarbeiteten Qualitätsverständnis von (in diesem Falle) guter Malerei zu verabreichen. Bemühen Sie sich stattdessen vielmehr darum, sich für Farbauftragskonzepte zu öffnen, die der zur Aussageabsicht adäquaten individuellen Formsprache der Schülerinnen entspricht. Welche Technik ist mit Blick auf ihr individuelles bildnerisches Verfahren und das von Ihnen intendierte Form-Inhaltsgefüge passend?

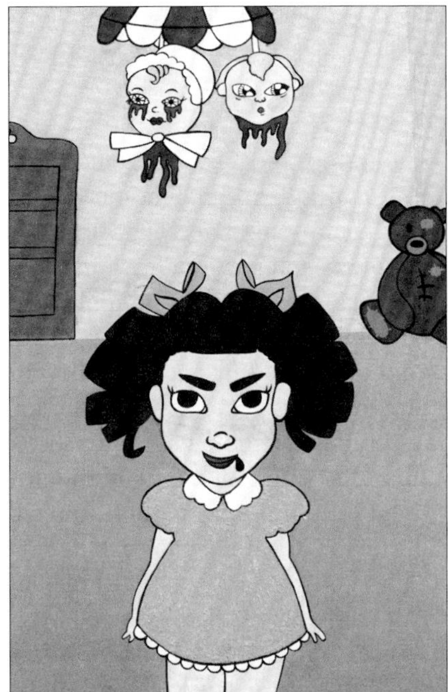

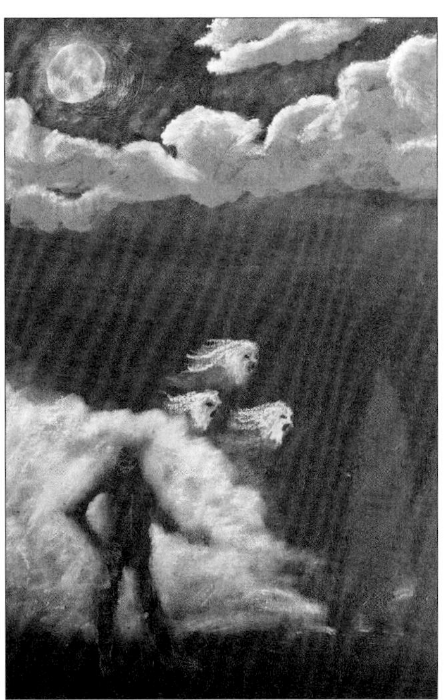

Meine inneren Dämonen (aus dem Unterricht von Angelina Bayer und Ute Möller)

Die gezeigten Bildbeispiele stammen aus ein und derselben Reihe. Sie sind in jeweils sehr unterschiedlichem Duktus und in unterschiedlicher Technik gefertigt. Als thematische Klammer dieser Reihe wurden Goyas von den Schülerinnen und Schülern im Vorfeld der praktischen Sequenz ausschnittsweise rezipierte alptraumhafte Bildwelten ausgewählt. Im gestaltungspraktischen Bereich stand nun ein möglichst variantenreiches Erproben und Realisieren einer eigenen bildnerischen Gestaltung rund um die Problemstellung „Meine inneren Dämonen" im Zentrum. Es galt, ein zu dieser Themenstellung passendes Leinwandbild, wie es die Lehrpläne formulieren, im Dialog zwischen Gestaltungsabsicht, unerwarteten Ergebnissen und im Prozess gewonnenen Erfahrungen zu erstellen.

Wer im Bereich des mimetischen Malens (Stillleben beispielsweise) unterwegs ist, sollte auf die vielen wertvollen Impulse aus Lisa Gonsers (2018) hervorragend gearbeiteter Studie nicht verzichten.

Gonser, Lisa (2018): Malen Lernen. Grundriss einer mimetischen Maldidaktik, München.

#7 Selbst-Bilder nutzen

Nutzen Sie in Ihrem Unterricht auch die auf Gunter Otto zurückgehende, eine sehr subjektive Erstannäherung an ein Bild ermöglichende Methode des *Percepts* (lat. *percipere:* „genießen, wahrnehmen, ergreifen, empfinden") (Otto 1987). Auch wenn sich perceptive Methoden in Überprüfungsformaten wie beispielsweise Klausuren aufgrund der schlechten Bewertbarkeit offener Zugänge eher nicht eignen, vermag uns der Einsatz dieser assoziativen Verfahren im regulären Unterrichtsgeschehen für gewöhnlich große Mengen an diagnostischen Informationen im Hinblick auf das Vorhandensein von Vorwissen der jeweiligen Betrachterin oder des Betrachters liefern. Zugleich gewähren uns derartige rund um Fragen wie „Was sehe ich? Was fühle ich? Woran denke ich?" konfigurierte Möglichkeiten einer Spontanbegegnung mit einem Bild vielfältige Einblicke in die unmittelbaren Assoziations- und Imaginationswelten unserer Schülerinnen und Schüler, was sie für unser Thema „individuelle Förderung im Kunstunterricht" besonders interessant werden lässt.

Auf der hervorragenden Website kunstunterichten.de finden sich direkt anwendbare und im Unterricht einsetzbare Kartensets zu den einzelnen Percept-Varianten (o. V., o. J.). Lassen Sie Ihre Schülerinnen und Schüler beispielsweise erste Adjektive zu einem von Ihnen ausgewählten Impulsbild sammeln. Diese können dann etwa mit Post-Its an das auf dem Whiteboard sichtbare Bild geheftet werden und ein erster Auftakt zu einer strukturierten Beschreibung des sichtbaren Bildbestands sein; auch der *5-Sinne-Check* eignet sich als Hilfe, wenn es um den Versuch einer ersten Annäherung an ein komplexes Bildgefüge geht: „Was kann ich bei der Betrachtung des Bildes sehen, fühlen, hören, riechen schmecken?" Man ist – an den Bonner Philosophen Markus Gabriel, der ja von der Existenz eines Denksinns spricht, anknüpfend – versucht, über den eben aufgeführten Fragereigen hinaus auch noch die folgende Frage hinzuzufügen: „Was denke ich?" (Gabriel 2018).Nutzen Sie auch die Methode der *écriture automatique.* Sie erweist sich als sehr dienlich, wenn es darum geht, sehr individuelle Zugänge zu ermöglichen. Hier rankt sich alles um den Auftrag an die Schülerinnen und Schüler, ohne den Stift abzusetzen, alles mit dem Bild Assoziierte aufzuschreiben; außerdem kann man Assoziationen zu einem Bild äußern lassen und die Schülerinnen und Schüler dazu ermutigen, Fragen zu einem Bild zu stellen.

Schoppe (2023) nennt weitere assoziative und zufallsgeprägte (aleatorische) Verfahren als nützliche Instrumente zum Zwecke einer ersten Bilderschließung: Das spontane Aufschreiben erster Eindrücke zum Beispiel (Cluster und Gegensatz-Cluster, Schreiben zu Reizwörtern, Wörterbörse, Akrostichon, Elfchen, Abecedarium, Wörter finden, bildliche Assoziationen, sternförmiges

Denken, meditative Assoziationsverfahren: Fantasiereise, Metaphern-Meditation, Wahrnehmungsübungen, Fokussieren, Blickverlangsamen) oder aber auch Methoden, mit deren Hilfe es möglich ist, Bilder „zum Sprechen zu bringen" (der Fensterblick, der Filmblick, der Spaziergang, das Geschichtenerzählen, das Gespräch mit einer Person aus dem Bild, das Spiegelbild).

In der aktuellen Kunstdidaktik eher strittig ist die Frage nach der Sinnhaftigkeit des Einsatzes von sogenannten praktischen Percepten. Praktische Percepte animieren die Schülerinnen und Schüler beispielsweise dazu, mithilfe von (mittlerweile durchaus zur Grundausstattung gewöhnlicher Handys gehörenden) Zufallsgeneratoren zu einer zunächst zufälligen Auswahl von Motiven aus sogenannten Schnippelbüchern zu gelangen. Diese spontan gewonnenen und nicht intentional ausgewählten Bildmotive nun können den Grundstock für weitere bildnerische Lösungen bilden. Praktische Percepte vertrauen ganz ähnlich wie die eben vorgestellten und weithin bekannten Methoden spontaner Bildzugänge vor allem auf die produktive Kreativkraft, die infolge einer gezielten Unterminierung bewusster Zugriffe zu entstehen vermag. Ein Ergebnis eines solchen Vorgehens ist in den Abbildungen zu sehen.

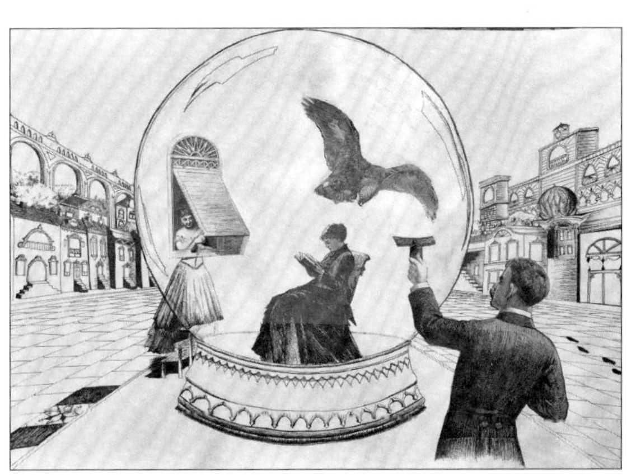

Praktisches Perzept: Schülerarbeit von Svea Meinecke

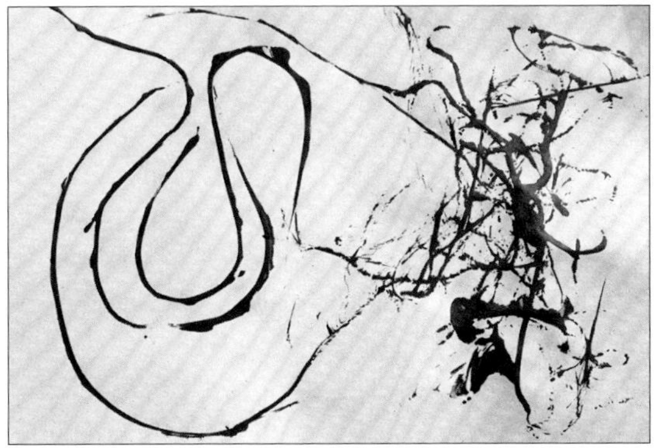

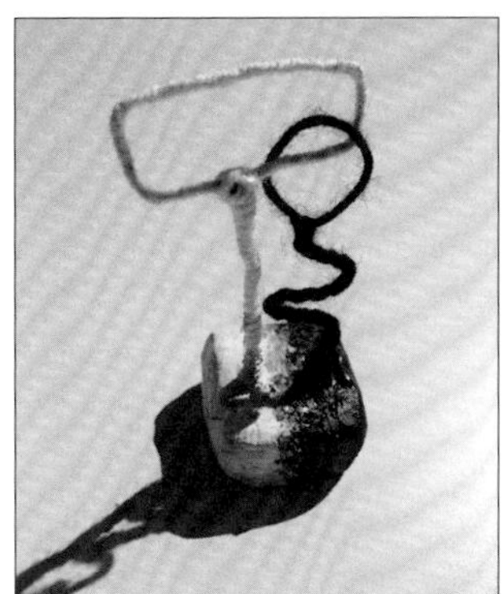

Schülerarbeiten: „ewiglich verbunden, sind wir doch so ungleich"

Auch die weiteren Abbildungen dokumentieren Ergebnisse eines nochmals anderen perceptiv-spontanen Erstzugangs. Dabei liegt auch hier wieder wie bei dem eben dargestellten Collagebeispiel der Fokus auf der Gestaltungspraxis. In der von mir gestellten Aufgabe wurden die Schülerinnen und Schüler dazu aufgefordert, von einer in einem ersten Erarbeitungsschritt entstandenen aleatorischen Struktur ausgehend zu einem strukturierten Bildgefüge zu gelangen. So sollten die Lernenden zunächst in Farbe getunkte Wollfäden peitschenhiebartig auf eine Bildfläche in Plakatgröße bringen. Schließlich wurden die Schülerinnen und Schüler darum gebeten, auf der Basis ihrer Zufallsgebilde zu einer konzentrierten Suche nach Beziehungsgeflechten und Mustern zu gelangen. Schlussendlich ging es in einem letzten Auftrag darum, auf der Grundlage extrahierter Ausschnitte aus dem anfänglich erstellten Liniengewirr eine formstrenge Minimal-Art-Plastik aus Draht zu erstellen und sich auf diese Weise das vormals Fremde anzuverwandeln. Auf diesem Wege wurde das Andere und nicht Beeinflussbare zu einem bewussten Moment eigener Gestaltung.

Nutzen Sie Möglichkeiten eines recht spontanen Erstzugangs, fragen Sie immer auch nach der Passung der von Ihnen gewählten Methode zu Ihrem Gesamtvorhaben. Denn Spontanmethoden wie die des „Blindzeichnens" (Krautz 2014, S. 139) können nämlich bei nicht durchdachter Implementation auch zu eher flüchtigen Auseinandersetzungen führen. Fragen Sie sich als Lehrkraft: Eignet sich eine Methode möglicherweise ausschließlich als ein kleiner Energizer ganz zu Beginn einer Reihe? Oder vermag Sie eine tiefergehende „Imaginations-Kompetenz" (Sowa 2014, S. 38) anzubahnen? Im ersten Falle sollte der sinnhafte Bezug dieser Übung zum Folgegeschehen nicht aus dem Blickfeld geraten. Wird letztgenannte Frage allerdings mit Ja beantwortet, kann die jeweils gewählte Methode ein logischer Bestandteil eines konsistenten und homogenen Lehr-Lernvorgangs sein.

Gabriel, Markus (2018): Der Sinn des Denkens, Berlin.

Krautz, Jochen (2014): Imagination als Beziehung. Zu einer relationalen Didaktik der Vorstellungsbildung in der Kunstpädagogik, in: Sowa, Hubert/Glas, Alexander/Miller, Monika (Hrsg.), Bildung der Imagination. Band 2: Bildlichkeit und Vorstellungsbildung in Lernprozessen, Oberhausen, S. 121–149.

Otto, Gunter/Otto, Maria (1987): Auslegen. Ästhetische Erziehung als Praxis des Auslegens in Bildern und des Auslegens von Bildern, Seelze (2 Bände).

(O. V., o. J.): Bildumgang_1.Eindruck, in: https://kunst-unterrichten.de/wp-content/uploads/2015/04/bildumgang_1.eindruck_KARTEN.pdf (zuletzt 16.05.2019).

Schoppe, Andreas (2023): Bildzugänge, Hannover.

Sowa, Hubert/Glas, Alexander/Miller, Monika (2014): Lernen als Vorstellen und Einbilden (Einleitung), in: dies. (Hrsg.), Bildung der Imagination. Band 2: Bildlichkeit und Vorstellungsbildung in Lernprozessen, Oberhausen, S. 11–51; hier: S. 38.

#8 Selbst-Sinn fördern

In den Kernlehrplänen Sek. I des Landes NRW taucht das Wörtchen „Sinn“ direkt zu Beginn in der Beschreibung der zentralen Ziele und Aufgaben unseres Faches auf. Dort kommt die Sprache auf die Ausbildung individueller Erlebnis-, Vorstellungs- und Darstellungsfähigkeit als einem sinnstiftenden Mittel zur Selbstäußerung (MSB 2019, S. 7). An dieser Stelle und in diesem Kontext wird die Vokabel „Sinn“ als eine gewissermaßen kommunikable Größe gehandelt. Sinn ist hier, in diesem Kontext, vor allem Medium zur Selbst-*Verständigung,* Verstehenssinn. Diese Sinndimension kommt zum Vorschein, wenn es darum geht, Schülerinnen und Schüler im Kunstunterricht in die Lage zu versetzen, ihre Gestaltungen absichtsvoll zu begründen. Zugleich aber enthält diese neue Leitlinie kunstunterrichtlichen Handelns auch noch eine andere Bedeutungsebene des Wortes „Sinn“, die nicht vernachlässigt werden sollte und die sinnliche Erfahr- und Erfassbarkeit unserer Dingwelt betrifft (MSB 2019, S. 9). Widmen wir uns im Folgenden dem mit der Ausbildung individueller Erlebnis-, Vorstellungs- und Darstellungsfähigkeit verbundenen Bildungsauftrag unseres Faches, der sich vor allem der Schärfung unserer Sinne verschreibt.

Versuchen Sie Ihren Schülerinnen und Schüler im Kunstunterricht möglichst umfangreiche sinnliche Erfahrungen zu ermöglichen. Denn es gilt, über die Schärfung der eigenen Sinne sowohl das eigene Selbst- als auch das eigene Welt-Verhältnis zu klären. Es geht also im Kunstunterricht zentral darum, mit Georg Peez gesprochen, *ästhetische Erfahrung* als „lustbezogene und subjektive Empfindung mit einer auf Erkenntnisgewinnung gerichteten Wahrnehmung“ (Peez 2008) möglich zu machen. Das bedeutet:

- Aufmerksamkeit für Ereignisse und Szenen, die Gefallen und Interesse wecken und hierdurch unmittelbares Spüren der Wahrnehmung bedingen.
- Versunkensein und emotionales Involviertsein im Augenblick.
- Genuss der Wahrnehmung selbst und hiermit verbundenes Lustempfinden.
- Spannung und Überraschung, die ein Staunen vor dem wahrgenommenen Phänomen auslösen können.
- Erleben von Subjektivität und Individualität im Wahrnehmungsprozess.
- Anregung der Fantasie durch Entdeckung von neuen Assoziationen zu scheinbar Bekanntem und Gewohntem.
- Reflexion über die eigene Wahrnehmung und deren Prozesshaftigkeit mit hierdurch bedingter nötiger Distanz zum eigenen Wahrnehmungserleben.
- Voraussetzung für die Reflexion ist Wissen und Einsicht, die sich aus früherer Wahrnehmung und Erfahrung ergibt. In die Reflexionen über das eigene Wahrnehmungserleben fließen früher gemachte Erfahrungen mit ein.

- Festhalten der ästhetischen Erfahrung in ästhetischer Produktion.
- Mitteilen dessen, was die ästhetische Aufmerksamkeit erregte (kommunikativer Aspekt). (Peez 2008, S. 7 f.)

Nun lässt der Ausdruck „sinnliche Erfahrung" ganz unwillkürlich an Gert Selles einst viel diskutiertes Buch *Der Gebrauch der Sinne* aus dem Jahre 1993 denken. Dieses berühmte Buch verbindet sich unauflöslich mit der bekannten Klage um den Verlust von Sinnlichkeit und „unmittelbarer Naturerfahrung" (Dreyer 2005, S. 73) (Selle 1993). Viel ist in den letzten Jahren gewitzelt worden über Settings, in der Schülerinnen und Schüler „z. B. durch zweistündiges Betrachten der eigenen Person im Spiegel oder durch mehrstündiges Liegen an Bahngleisen" (Bering 2014, S. 175) zu fundamentalen Selbsterfahrungen gelangen sollten. Doch müssen Sie Ihre Schülerinnen und Schüler keine nachhaltigen Erfahrungen im Umgang mit Rinderdärmen machen lassen (Zaake 2005), um sinnliche Erfahrungen zu befördern. Das zeigt das folgende Aufgabenblatt aus einer Unterrichtsreihe von Carola Kuchem mit abschließender Portfolioarbeit:

Die Feinheiten der Baumrinde

Aufgabe:

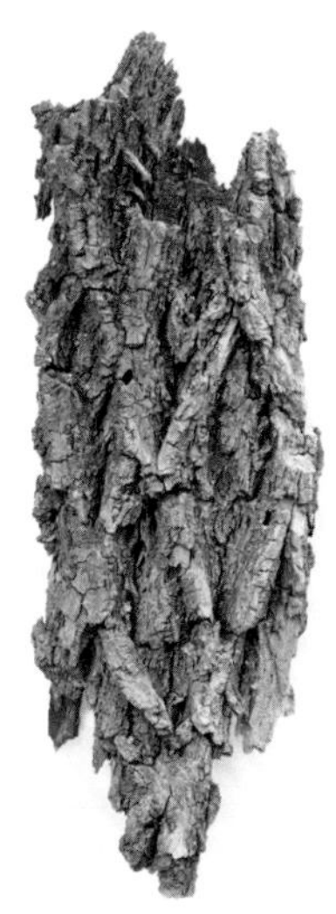

1 Nimm dir ein Stück *Baumrinde* aus der „Baumrinde"-Kiste.
2 *Zeichne* mithilfe eines Bleistifts zuerst den *Umriss* [1] der Rinde auf ein DIN-A4-Papier.
3 Überlege dir, wie du *das Innere der Baumrinde aufteilen* kannst. Du kannst hierfür leichte Bleistiftstriche machen.
4 Zeichne nun sehr fein die *Details* [2] in die Zeichnung ein. Nutze *verschieden starke Bleistifte*, um die Linien unterschiedlich stark zu zeichnen.
5 Füge dann die *Schatten* in deine Zeichnung ein. (Lege den Bleistift schräg an und zeichne, ohne abzusetzen, viele feine Striche nebeneinander.)

[1] Der *Umriss eines Baumrindenstücks* ist die äußere Linie, die das Baumrindenstück umgibt.

[2] *Details* sind kleine Feinheiten.

Nach der Aufgabe:

1 Was gefällt dir besonders an deiner Zeichnung?
2 War die Aufgabe schwierig für dich? Wenn ja, warum?

Aktivieren Sie nicht allein die klassischen Sinne wie Sehen, Hören, Tasten, Schmecken und Riechen (die äußeren Sinne). Darüber hinaus können Sie sich auch auf die anderen für unsere Selbst- und Weltwahrnehmung relevanten Sinne beziehen. Dazu gehören etwa die vier sogenannten inneren Sinne (Gemeinsinn, Einbildungskraft, Intellekt und Gedächtnis). Dazu gehört aber auch der unsere räumliche Orientierung und die eigene Körperbalance garantierende 6. Sinn. Und es gehört ferner der für unser Bewegungsempfinden und Kraftabgleich zuständige 7. Sinn dazu. Vergessen Sie auch den Wärmesinn als Sinn 8 nicht und Sinn 9, die das sensomotorische System im Engeren auszeichnende Propriozeption. Und zuletzt, abschließend, wäre da noch der 10. Sinn zu nennen, der auf die Wahrnehmung unserer inneren Organe bezogene Sinn (Bianchi 2018, S. 55).

Wenn Sie Unterrichtseinheiten mit sinnlicher Erfahrung im Zentrum konzipieren, denken Sie den Verstehens-Sinn, „zin“ genannt, immer mit: „Das Ich nimmt mit seinen Sinnen wahr, verleiht Sinn und entwickelt ‚zin‘, in dem es zu etwas Lust entwickelt und etwas erreichen will – ‚etwas im Sinn hat‘, beabsichtigt“. Es gilt also die

- sinnliche Wahrnehmung [...], eingeschränkt durch den Wahrnehmungshorizont der verstehenden Person,
- Deutungsstruktur, wie sie in der Gestaltung ästhetisch zum Ausdruck gebracht oder sprachlich genauer erfasst wurde, eingeschränkt durch den impliziten und/oder expliziten theoretischen Horizont der verstehenden Person, und
- Volition, – die verstehende Person verfolgt Absichten und erteilt Wertungen entsprechend seiner oder ihrer Identität – dem Horizont des Lebensentwurfs.

(Rittersbacher/Buck 2009, S. 83)

zu beachten. Warum einseitig auf Haptik und Sinneserfahrung fokussierte Stunde zum Scheitern verurteilt sind? Weil das nächtelange Befüllen mühsam erworbener Schuhschachteln und das Bestücken hieraus entstehender Fühlkästen etwa mit Nagerfellen schnell zu Unsinn führen kann. Denn wo eine solche Unternehmung nicht in mit einem zielführenden, von einem Problem ausgehenden und dabei die Unterrichtsmethoden funktional sinnvoll einsetzenden Rahmen eingebettet ist, wird das Fühlen, Fügen und Fugen schlicht zu blankem Un-Fug. Außerdem ist bei induktivem Arbeiten zu beachten, dass die Schülerinnen und Schüler manche Dinge gar nicht induktiv erarbeiten können. Wer als Lehrender glaubt, das Erfühlenlassen eines im Baumarkt käuflich erworbenen Schleifpapiers könne zur Produktion grafischer Strukturen wie vom Rhinocerus Dürers bekannt führen, verlangt Unmögliches.

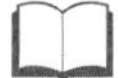

Bering, Kunibert (2014): Wie kann die „Kunst“ in die Kunstpädagogik? In: ders. u. a. (Hrsg.): Bildbegriff und Kunstverständnis im kunstpädagogischen Kontext, Oberhausen, S. 175–202.
Dreyer, Andrea (2005): Kunstpädagogische Professionalität und Kunstdidaktik. Eine qualitativ-empirische Studie im kunstpädagogischen Kontext, München.
Ministerium für Schule und Bildung des Landes Nordrhein-Westfalen (2019): Kernlehrplan für die Sekundarstufe I, Gymnasium in Nordrhein-Westfalen, Düsseldorf
Peez, Georg (2008): Zur Bedeutung ästhetischer Erfahrung für Produktion und Rezeption in gegenwärtigen Konzepten der Kunstpädagogik. In: Greuel, Thomas/Heß, Frauke (Hrsg.): Musik erfinden. Beiträge zur Unterrichtsforschung, Aachen, S. 7–26.
Selle, Gert (1993): Der Gebrauch der Sinne, Reinbek [auch 1996].
Selle, Gert (2003): Kunstpädagogik und ihr Subjekt, Oldenburg.
Zaake, Gerd-Peter (2005): Atemluft in Darmblähungen. Gestalterische Versuche mit Rinderdärmen. In: Kunst+Unterricht, Heft 295, 2005, S. 36–39.

#9 Selbst-Tätigkeit ermöglichen

Ein Kunstunterricht, der andere als die üblichen kognitiven Kompetenzen anbahnt und damit bisher weniger stark (oder gar nicht) geförderte Schülerinnen und Schüler anspricht, sollte in Anbetracht der eben erwähnten Wichtigkeit des sinnlichen Lernens dafür Sorge tragen, die Schülerinnen und Schülern so viel wie möglich werken, bauen, stapeln, sägen, fräsen, löten und bohren zu lassen. Denn sprechen wir heute von Konstruktion, Kokonstruktion, Destruktion oder Rekonstruktion, dann verbinden wir damit oft nicht mehr aus Hartschaumplatten gefertigte Architekturmodelle oder kunstfertig in Höhe getriebene Turmbauten. Werkstattunterricht der klassischen Art gehört heute vielfach der Vergangenheit an. Es ist meist, wie etwa im Dalton-Unterricht oder in offenen Lernzeiten üblich, ein Verständnis von individuell förderndem Lernen gemeint, das weitgehend deckungsgleich ist mit einem Arbeiten an differenzierten Arbeitsblättern: als Variante von Stationenlernen etabliert, bewältigen in solchen Phasen Schülerinnen und Schüler mit ausgeteilten Zetteln Arbeitspensen ganz unterschiedlicher Art. Das geschieht in selbst aussuchbarer Reihenfolge und in frei bestimmbaren Zeitkontingenten. Über Sternchen oder über Pinselsymbole sind sie dabei immerzu darüber informiert, wie es um den Schwierigkeitsgrad der von ihnen aktuell zu bearbeitenden Aufgabe bestellt ist. Eine solche Öffnung des Unterrichts kann, gut gemacht und – was eine äußerst wichtige Voraussetzung ist, um lernschwächere Schülerinnen und Schüler nicht abzuhängen – dicht begleitet, von großem Wert sein. Doch vergessen wir darüber nicht die Sinnhaftigkeit eines völlig anders verstehbaren Werkstattunterrichts, den die Schülerinnen und Schüler mit schmierigen Händen und mit Holzgeruch in der Nase verlassen.

Leider gibt es in Schulen kaum mehr all dieses zentnerschwere Gerät wie aus altgedienten Werkstätten bekannt: Druckmaschinen (samt Sets an beweglichen Lettern) und schnarrende Webstühle sind an Schulen ebenso selten geworden wie duftende Holzstapel, und selbst an profanen Werkzeugen wie Schleifpapier, Sägen und Lötkolben – vom Technikunterricht an Gesamtschulen einmal abgesehen – fehlt es häufig, weil Wörtern wie „Polytechnik" und „Arbeitslehre" eines Tages der Ruch von Hauptschule anzuhaften schien und sich daran anschließend praktische „Hand-Bildung" (Hagstedt 2001, S. 35) den Ruf einhandelte, Inklusionsangebot für die bildungsfernen Schichten zu sein: Die Reichen denken, die Armen sägen.

Doch ist der Kunstunterricht immer auch ein Raum für sinnliche und vor allem hand-feste Beschäftigung mit unterschiedlichen Werkmaterialien. Insofern gilt es, hoffnungsvolle kunstdidaktische Ansätze wie zum Beispiel das bis heute noch zu „wenig weiterentwickelt[e]" Konzept von Georg Peez und Constanze Kirchner namens „Ästhetische Werkstatt" (Brenne 2017, S. 53) weiterzudenken – zu dem Zweck, auch andersgelagerte Talente, Wissens- und Kompetenzsorten teilhaben zu lassen oder diese überhaupt erst zum Vorschein bringen zu können.

Auch wenn Sie keine Zeiteinheiten zu einer besonderen Förderung der haptischen Intelligenz Ihrer Schülerinnen und Schüler zur Verfügung haben, ob in Vorbereitung einer Ausstellung (Bau einer Vitrine) oder eines Präsentationssockels in Phasen der Realisierung einer problem- und adressatenbezogene Präsentation: Möglichkeiten, dass Schülerinnen und Schüler im Kunstunterricht mehr tun als bloß stillsitzend und in Farbkästen herumrührend rote Farbflächen neben solchen mit grüner Farbgebung anzuordnen, gibt es genug. Schon ein antiker Denker wie Aristoteles hatte die Hand als das „Werkzeug der Werkzeuge" (nach Hagstedt 2001, S. 36) bezeichnet. Und an Wörtern wie *be-greifen* oder *er-fassen* wird die urtümliche Nähebeziehung von Hand-Arbeit, Denken und Lernen sehr klar. Der italienische Kunsterzieher Loris Malaguzzi hatte die Trennung von Kopf und Körper beklagt (Hagstedt 2001, S. 34 f.). Versuchen wir sie, soweit es uns möglich ist und natürlich unter Berücksichtigung möglicher massiver Beeinträchtigungen von Schülerinnen und Schülern auf diesem Feld, wieder ein wenig aufzulösen.

Möglicherweise spielt uns hier die aktuelle Renaissance des Handwerks (Sennet 2008) in die Karten. So lehnen vor allem die Angehörigen der heutigen Mittelklassen mehr und mehr die industrielle Massenproduktion ab. Allabendliche Freizeitbeschäftigungen sind Manufakturieren und Craften (Boltanski/Esquerre 2018; Ullrich 2016). Denn was neuerdings wieder zählt, ist Echtheit – und Geschichte; ein Trend, der sich auch innerhalb der Kultur- und Sozialwissenschaften offenbart. Denn auch auf diesen Gebieten kommt es seit einiger Zeit erfreulicherweise zu einer Wiederentdeckung des Themas

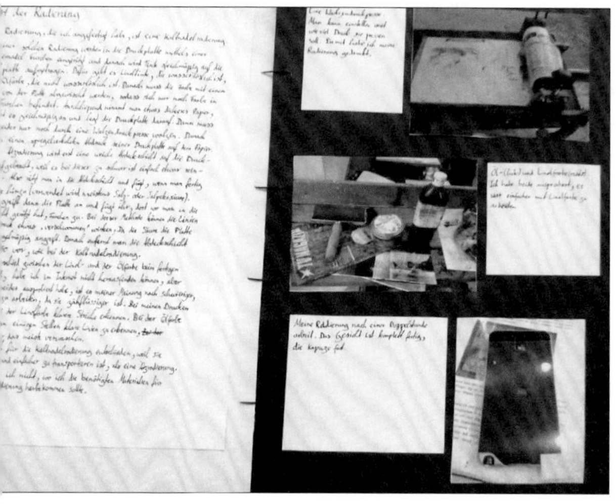

Eine eigenhändige Radierung herstellen

Materialität. Man verlässt die Bahnen der Untersuchung rein sprachlicher oder symbolischer Phänomene und wendet sich wieder vermehrt dem Handfesten zu (Schatzki 2016).

Nicht auszuschließen ist, dass die eben erst abgeschafften Werkräume in Bälde neu eingerichtet werden, doch bis dahin wird Zeit vergehen. Fragt sich, was wir jetzt tun, wenn an unserer Schule keine originären Werkstätten mehr vorhanden sind? Oder wenn wir gar unseren Kunstunterricht in einem gewöhnlichen Klassenraum stattfinden lassen müssen? Schaffen Sie sich in einem solchen Fall unbeirrt einen kleinen Werkzeugpool an. Und räumen Sie ferner einen vorhandenen Schrank frei. Auch ist es denkbar, mit dem Tutorinnen- oder Tutorenteam der Klasse abzusprechen, ob es vielleicht möglich ist, einen neuen Schrank anzuschaffen (Mann 2001). Oft helfen Eltern gerne bei solchen Arbeiten. Ist ein solches Behältnis angeschafft, können Sie die Schülerinnen und Schüler ruhig dazu animieren, Werkzeuge von zu Hause mitzubringen. Verschließbare Schränke eignen sich dabei, wenn Sie eine solche *Werkstatt im Schrank* einrichten, eindeutig besser als Regale (Schulen sind schwarze Löcher, in denen alles verschwindet). Lagern Sie darin kleine Pressen zum Drucken samt Druckmaterial (wie beispielsweise alubeschichtete Tetrapackinnenwände).

Zur Begleitung eines mehrwöchigen Projekts zum Thema „Das Bonner Münster" in Klasse 7 bestückte ich einen Schrank mit vielen praktischen Materialien (Minipresse, Kalligraphiefedern, Ton etc.) und üppigen Material- und Informationsordnern. Die Schülerinnen und Schüler konnten sich auf der Basis der Anregungen (didaktisierte Fachtexte, Risszeichnungen, Ansichten) den Beschäftigungsschwerpunkt und die Art des forscherischen Zugriffs frei wählen.

Boltanski, Luc/Esquerre (2018): Bereicherung. Eine Kritik der Ware, Berlin.

Brenne, Andreas (2017): Inklusion und Kunstunterricht, in: Blohm, Manfred (Hrsg.), Kunstpädagogische Stichworte, Hannover, S. 51–54.

Hagstedt, Herbert (2001): Die betrogene Hand. Werkstattlernen ohne Perspektive?, in: Peez, Georg/Kirchner, Constanze (Hrsg.), Anregungen zu ästhetischen Erfahrungs- und Lernprozessen im Werkstattunterricht, Norderstadt, S. 34–45.

Hagstedt, Herbert (o. J.): Diskrete Schulentwicklung durch Lernwerkstätten, in: http://www.forschendes-lernen.net/files/eightytwenty/materialien/Hagstedt_Diskrete-Schulentwicklung-durch-Lernwerkstaetten.12.pdf (zuletzt 30.05.2018).
Mann, Renate (2001): Werkstatt im Schrank: Thema Hase. Werkstattarbeit ohne großen, separaten Raum, in: Peez, Georg/Kirchner, Constanze (Hrsg.), Anregungen zu ästhetischen Erfahrungs-und Lernprozessen im Werkstattunterricht, Norderstadt, S. 76–85.
Schatzki, Theodore (2016): Materialität und soziales Leben, in: Kalthoff, Herbert/Cress, Torsten/Röhl, Tobias (Hrsg.), Materialität. Herausforderungen für die Sozial- und Kulturwissenschaften, Paderborn, S. 63–88.
Sennett, Richard (2008): Handwerk, Berlin.
Ullrich, Wolfgang (2013): Alles nur Konsum. Kritik der warenästhetischen Erziehung, Berlin.
Zu Weiterentwicklungen einer Werkstattpädagogik siehe unter: http://www.forschendes-lernen.net/index.php/andere.html.

#10 Selbstwirksamkeit erhöhen

Ermöglichen Sie exzellenten Schülerinnen und Schülern, ihr Bild an einer ausgewählten Stelle im Schulgebäude für eine Zeit aufzuhängen. Wenn solche Bilder dann auch noch aussehen wie „echte Kunst“ und in der Qualität deutlich von dem unterschieden sind, was für gewöhnlich an Schulwänden hängt, haben wir es hier mit einem ungemein motivierenden Push-Faktor zu tun. Auf diese Weise Bilder zu „veröffentlichen“, ermöglicht Schülerinnen und Schüler, sich auf lange Zeit ins Schulgebäude einzugravieren: eine Selbstwirksamkeitserfahrung der besonderen Art.

Die Abbildung zeigt eine überdimensionale Auftragsarbeit zur Ausgestaltung unseres Schuljubiläums. Die Schülerinnen und Schüler konnten sich selbst mit ihrem Bild als eine Art Branding ins Schulgebäude einbringen. Schön ist auch das Konzept Arbeit des Monats, wo Sie in einem zentralen Bereich des Schulgebäudes ein besonderes Schülerinnen- oder Schülerwerk auszeichnen (Schlegel/Müller 2010, S. 196).

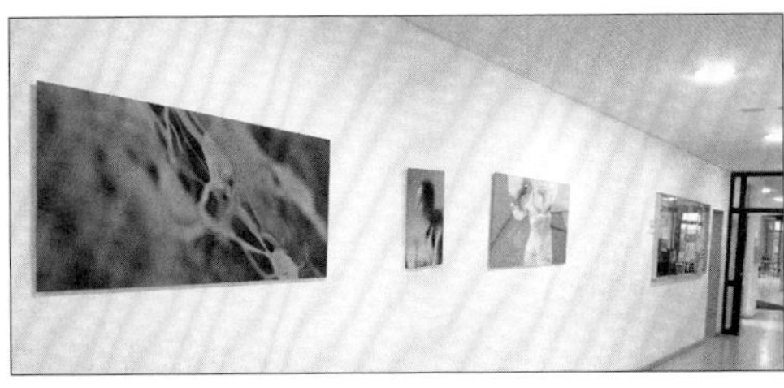

Schülerprodukte von sich zuvor teils als „unbegabt“ bezeichnenden Schülerinnen und Schülern

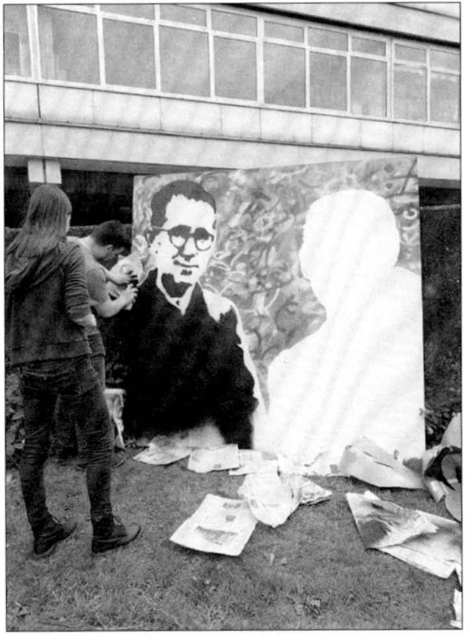

Plakat zum Schuljubiläum

Eine weitere Möglichkeit zur Stärkung nachhaltiger Selbstwirksamkeitserfahrungen besteht in der Nutzung von künstlerischen Techniken mit einschlägigen „Wow-Effekten". Im Grunde ist es einerlei, ob Sie in eines Ihrer Unterrichtsvorhaben optional die Verwendung der Technik des Acrylic Pouring einbauen oder ob Sie ein gestalterisches Arbeiten mit Backpulver anbahnen. Auch könnten Sie geneigt sein, eine actiongeladene Malsession mit der Dripping-Technik durchzuführen oder bei Acrylarbeiten, freilich von Ihnen als der Lehrperson dicht begleitet, zuzulassen, dass Schülerinnen und Schülern mit einem dosierten Spirituseinsatz besondere Farbverläufe erzeugen. Meiner Erfahrung nach zeigt sich, dass ein Arbeiten mit vielen dieser häufig als „Volkshochschulkunst" diskreditierten Techniken nicht selten zu beeindruckenden und schönen Bildern führt. Mit dem Bereich der individuellen Förderung hat das insofern zu tun, als dass der Gebrauch dieser Verfahren gerade auch bei auf gestalterischem Gebiet weniger talentierten Schülerinnen und Schülern Selbstwirksamkeitserfahrungen zu befördern vermag. Das abgebildete Beispiel aus einer Stunde in meiner ehemaligen Klasse 6 zeigt eine Auseinandersetzung der Schülerinnen und Schüler mit verschiedenen Fließtechniken. „So etwas habe ich hinbekommen", sagte mir einer meiner Schüler am Ende der Stunde, sein Bild hochhaltend. „Dabei kann ich Kunst doch gar nicht."

In solchen Phasen entstehende Unterrichtsergebnisse können und dürfen durchaus auch schön sein (oder als solche empfunden werden). Sicherlich kann an dieser Stelle zurecht der Einwand platziert werden, dass Kunstunterricht doch primär auf Auseinandersetzung mit Welt-Formeln und -Formen abzuzielen habe. Das ist richtig. Und richtig ist auch, dass wir als Lehrerin-

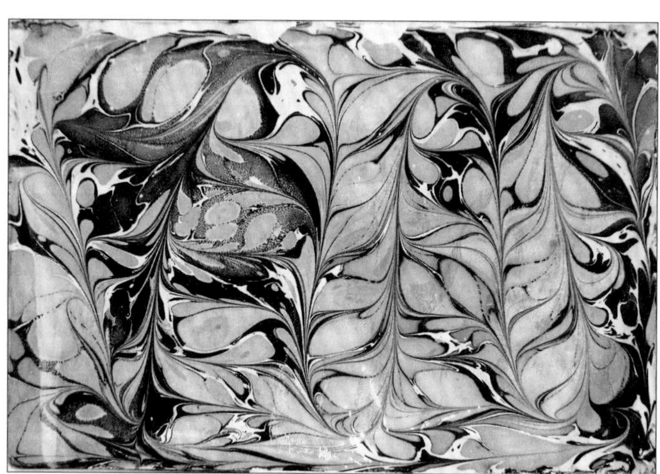

Schülerinnen und Schüler einer 6. Klasse Experimente mit Acrylic Pouring

nen und Lehrer insgesamt gut damit fahren, Kunst als eine „affektiv-sinnliche Modalität" von „Selbsterkenntnis" (Pippin 2012, S. 13) zu betrachten. Kunst ist Schärfung der formalen Intelligenz in Auseinandersetzung mit innerweltlichen Frage- und Problemstellungen.

Doch definiert der Kunstdidaktiker Carl-Peter Buschkühle nicht zu Unrecht „Schönheit" (Buschkühle 2007, S. 164) als „das" Ziel aller Lebenskunst und allen gelingenden Lebens. Und fragt man bei den Schülerinnen und Schülern nach, gehört zu den wesentlichsten Kriterien für ein als gelungen beschriebenes Bild, dass es schön sei. Begreifen wir auch diesen Tatbestand als eine Art von Lernausgangsvoraussetzung. Sicherlich sind wir hier und da auch zu einem kritischen Umgang mit den Schönheitsempfindungen und Gelingensbedingungen der Herstellerinnen und Hersteller aufgefordert. Doch sollte uns, was da ist, was also, anders formuliert, in den Schülerinnen und Schüler an „Vollkommenheits-Kriterien" schlummert, unbedingt als Ressource dienen. Dazu eine Frage, etwas suggestiv, zugegeben: Welches sind die von den Schülerinnen und Schülern am Ende der Reihe abgeholten Bilder? Es sind zumeist die, die von ihnen als schön empfunden werden. Der Rest trifft das Schicksal, ein ewiges Leben im Kunstnebenraum fristen zu müssen.

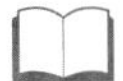

Buschkühle, Carl-Peter (2007): Die Welt als Spiel. Band 1: Kulturtheorie: Digitale Spiele und künstlerische Existenz, Oberhausen.

Pippin, Robert B. (2012): Kunst als Philosophie, Berlin.

Schlegel, Werner/Müller, Thorsten (2010): Arbeit des Monats, in: Dies. (Hrsg.): Projekt Kunst. Der Kopf alleine reicht nicht aus. Paderborn, S. 106–107.

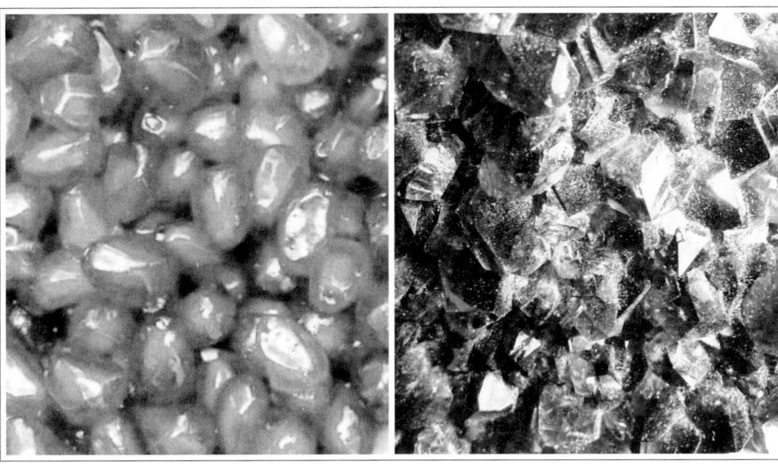

Diptychon von Yana Bulkotina

#11 Selbst Stellung beziehen lernen

Individuell fördernde und damit differenzsensible Schulen sind immer notwendigerweise auch diskriminierungskritische Schulen (Foitzik/Hezel 2018; Foitzik/Holland-Cunz/Rieke 2018). Solche Schulen haben auf rassistische, sexistische und behindertenfeindliche (ableistische) Bilder aufmerksam zu machen und diese zu bekämpfen.

Eine Chance, auf diesem Feld erfolgreich zu sein, kann in der Erinnerung an die Kernideen der einzelnen künstlerischen Avantgarden liegen: Erinnern wir unsere Schülerinnen und Schüler etwa daran, dass eine Bewegung wie Dada weniger eine spaßhafte und subversive Gauditruppe gewesen ist; und dass es sich bei der von dieser Gruppe vorangetriebenen Dekonstruktion kollektiven Sinns um eine durchaus ernsthafte Angelegenheit gehandelt hat. Denn betrachten wir die Dinge von hier her, ergibt sich beispielsweise eine Vielzahl an sehr guten Möglichkeiten zu einer tiefgehenden unterrichtlichen Hinterfragung der uns und unser gesamtes Leben leitenden Normen und Schönheitsideale. Realisieren wir als Lehrerinnen und Lehrer, dass ein künstlerisches Verfahren wie das der Collage immer schon mehr gewesen ist als nur Mittel zur Erfindung lustiger Kombinationen etwa von Giraffenhälsen und Elefantenkörpern. Auch hier nämlich geht es weniger um einen Kontrapunkt zu Größen wie Naturalismus, Objektivität oder Vernunft. Thematisiert beispielsweise ein Künstler wie Max Ernst das Fantastische, das Subjektive und Sur-Reale, dann bedeutet diese künstlerische Strategie auch den Wunsch nach Thematisierung eines zuvor noch diskreditierten und stigmatisierten Modus der Darstellung. Im Unterricht kann dieser Ausgriff nicht nur auf das Traumhafte, sondern auch „Anomische" ein idealer Reflexionsanlass zur Hinterfragung unserer gegebenen Ist-Vorstellungen sein (Hofmann 2010, S. 16 ff.).

So nutzten Künstler wie John Heartfield oder eine Künstlerin wie Hannah Höch die Technik der Collage nicht zuletzt auch zu dem Zweck einer Bewusstmachung sich allmählich faschistoid zuspitzender Vorstellungen von dem, was als normal galt (und zu gelten hatte), zu ihrer Zeit. Und so wie Collagieren insgesamt als eine Denkfigur künstlerischer Bildung mit Nähen zu inklusivem Denken angesehen werden kann (Griebel 2017, S. 93), ist Collage und ist vielmehr die Technik des Collagierens immer schon ein Instrument zur Hinterfragung von (gesellschaftlicher) Passung gewesen. Denn: „Collage ist Auseinandersetzung mit Uneinheitlichkeit" (Pazzini 1986; vgl. Griebel 2017, S. 98). Diesem Grundverständnis von Collage folgend, existieren heute Strategien innerhalb der Gegenwartskunst – man denke an dieser Stelle nur an Vertreterinnen und Vertreter des Cultural Hacking – die bereit sind, Passungsfragen ganz grundsätzlicher Art stellen.

Lassen Sie dabei nicht nur konstruieren und Bildvorlagen neu zusammenfügen. Wagen Sie es auch, den umgekehrten Wege der Dekonstruktion zu gehen. Das folgende Beispiel zeigt, wie der Kunstlehrer Emanuel Vieira da Silva, inspiriert durch das Werk Todd McLellans, seine Schülerinnen und Schüler fertige Gerätschaften dekonstruieren ließ, um von hier aus ganz grundlegende Fragen zu Funktionalität und der Passung von Teilen und Ganzem zu erörtern.

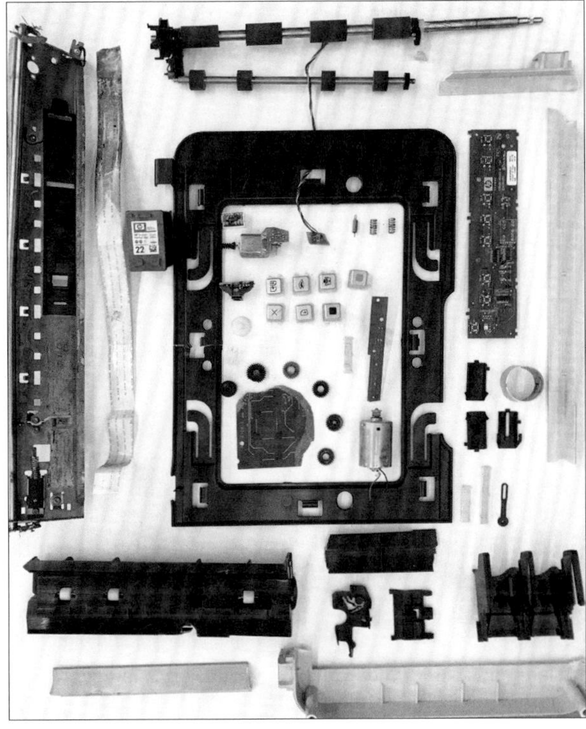

Dekonstruktion:
Arbeit von Zacharias Bögle und Niklas Lülsdorf

Das Thema „Passung des Unpassenden" rührt beispielsweise auch an Aspekte wie „Behinderung" bzw. an Fragen der bildlichen Darstellung von Behinderung. So bietet sich etwa die Möglichkeit, dass Sie Ihren Schülerinnen und Schülern in einem ersten Aufschlag zu einer kritischen Thematisierung existierender Bildtraditionen zum Beispiel verschiedene Abbilder von Behinderten vorlegen; ich spreche dabei insbesondere von Bildern, die entweder

- das Elend der Behinderten,
- den Behinderten, der umsorgt werden muss,

> - den dynamischen Elitebehinderten (der sich nach schwerem Schicksalsschlag zurückgekämpft hat, ein oft in Fernsehformaten wie Castingsshows beliebtes Schema),
> - den Behinderten als Opfer eines Skandals (Schönwiese 2007, S. 44)

zeigen. Recherchieren Sie im Internet unterschiedliche Bildbeispiele zu von der aktuellen Disability-Forschung differenzierten unterschiedlichen Phasen der Darstellung „nicht passgenauer" Menschen. Verweisen Sie hierzu auf:

- die seit dem neuzeitlichen „Wundermenschen" existierende Bildtradition der Darstellung des Außerordentlichen von Behinderten (etwa in Form sportlicher Leistungen bei den Paralympics),
- die „rührselige Repräsentationsweise von Behinderung",
- die „exotische Repräsentationsweise von Behinderung" (Kirmessensation, Freakshow)
- die „alltagsnahe Repräsentationsweise von Behinderung" (Schönwiese 2007, S. 45).

Als lohnend erweist sich auch, im Unterricht die blicktypologische Unterscheidung zwischen dem

- staunenden Blick („Monstren"),
- dem medizinischen Blick,
- dem vernichtenden Blick (Euthanasie)
- und dem mitleidigen Blick

auf Behinderungen thematisch werden zu lassen. Im Kontext von Kunstunterricht können die negativen Bilder von Behinderung zum Thema gemacht werden:

> - Bilder, die behinderte Menschen als unselbstständig, arm und/oder als abhängig von Institutionen darstellen und dies mit der Behinderung erklären (Individualisierung des Problems),
> - Bilder, die behinderte Menschen als heilungs-, erziehungs- und therapiebedürftig darstellen,
> - Bilder, die behinderte Positionen innerhalb oder als Teil von aussondernden Institutionen zeigen, ohne dass die Institution hinterfragt wird [...],
> - Bilder, die aussondernde Institutionen produzieren, um ihren Zweck zu legitimieren und zu würdigen, insbesondere wenn dieser Zweck im Bild nicht direkt entschlüsselbar ist [...],
> - Der medizinische Blick,
> - Der instrumentalisierende Blick,
> - Der ausschließende Blick. (Schönwiese 2007, S. 48).

Sensibilisieren Sie Ihre Schülerinnen und Schüler überdies auch für mögliche anerkennende Darstellungsweisen von Menschen, die mit Handicaps umzugehen haben:

- Bilder, die einfühlendes Verstehen unterstützen und Projektionen vermindern können, die Dialog symbolisieren können,
- Bilder aus dem Alltag von Selbstbestimmung und Integration/Inklusion, die die Eigentätigkeit, das Selbstbewusstsein und die eigene Identität von behinderten Personen symbolisieren können.
- Bilder, die eine Kultur der Anerkennung zum Ausdruck bringen. (Schönwiese 2007, S. 50)

Zeigen Sie Gemälde des einst als schwachsinnig diskreditierten Katzen-Raffael Gottfried Mind (1768–1814). Auch die Kunstwerke von Savants wie Stephen Wiltshire, der mit seinem fotografischen Gedächtnis in kürzester Zeit ganze Stadtlandschaften minutiös wiederzugeben vermag, sind beeindruckend. Lohnend ist überdies ein Blick auf Künstlerinnen und Künstler wie Jessica Park, Laan Irodjojo, Gregory L. Blackstock, Susan Brown oder Barry Khan (Theunissen 2010). Besuchen Sie mit Ihren Schülerinnen und Schülern eines der vielen deutschlandweit existierenden Ateliers der Lebenshilfe. Zeigen Sie, dass gerade der Kunstunterricht Heimstatt sein kann für die Förderung von ganz und gar einzigartigen Menschen. Und ich spreche an dieser Stelle ganz besonders auch von solchen, die ansonsten nicht so recht ins System passen. Denn individuelle Förderung im Kunstunterricht ist einerseits natürlich ein Einstimmen der Lernenden auf die flexiblen Umstände einer sich stetig weiter ausdifferenzierenden Welt. Dazu gehört beispielsweise neben der individuellen Fähigkeit zu einem differenzsensiblen Verhalten auch die Ausbildung von Ambiguitätstoleranz. Individuelle Förderung im Kunstunterricht bedeutet aber immer auch die Pflicht zur Förderung von Menschen, die keine, wie es der große Fachdidaktiker Hans Meyers vor vielen Jahren formuliert hat (Kittelmann 2018, S. 100), Chamäleonnaturen sind. Denn Vielfaltsförderung ist auch die Beförderung von Akzeptanz und Anerkennung. Und das wiederum sollte sich für uns mit dem Auftrag verbinden, Menschen in dem zu bestärken, was (und wie) sie sind.

Waren die vorstehenden Zeilen ein Plädoyer dafür, Ihre Schülerinnen und Schüler zu einem kritischen Umgang mit bestehenden Bildwelten zu animieren, können gewiss auch vollständig andere gesellschaftliche Gegenwartsphänomene in den unterrichtlichen Fokus geraten. Wie zum Beispiel ist es, um diese Frage könnte ein mit gestaltungspraktischen Aufgaben versehenes Aufgabenpaket gruppiert sein, um die nach Meinung des Philosophen Byung-Chul Han unsere Welt beherrschende „Ästhetik des Glatten“ (Han 2015, S. 9) bestellt? Oder, was die zu diesem Befund komplementäre Seite angeht: Was ist von der neuen „Handmade"-Ästhetik (Ulrich 2016) zu halten, vom Rough-, Vintage- und Shabby-Style? Im Folgenden möchte ich dazu einige Ergebnisse einer dazu passenden und ebenfalls auf die Schärfung einer kritischen Weltsicht gepolten künstlerischen Gestaltungsaufgabe aus meinem Leistungskurs in der Q2 rund um das Thema „Ästhetik des Glatten" präsentieren:

Call for Concepts: Ausstellungsprojekt „SchönHe[u]t. Und Morgen?"

Erarbeiten Sie ein Werk für die Ausstellung *SchönHe[u]t. Und Morgen?* Nutzen Sie dabei die Doppeldeutigkeit des Wortspiels. Zentral ist das Finden einer bildlichen Form für Ambivalenzen dieses Themas.

Beachten Sie die mögliche Vielfalt der Erarbeitung: Sie können von kritischen Betrachtungen des heutigen Schönheitswahns bis hin zum Vanitas-Thema alles streifen. Außerdem steht Ihnen frei, in welchem Medium Sie Ihr Projekt umsetzen (Malerei, Grafik, Zeichnung, Skulptur/Plastik, Objekt, Installation, Performance o. Ä.)

Sammeln Sie zunächst in einer Mind-Map Assoziationen, entwerfen Sie schließlich Skizzen.

Bezug: Dumas' Models, Rembrandts Alterswerk, Hans Bellmer etc.

Fischer, Alexander (2017): Manipulation. Zur Theorie und Ethik einer Form der Beeinflussung, Berlin.

Griebel, Christina (2017): Passung sehen, unangepasst leben: Collage als Denkfigur künstlerischer Bildung, in: Engels, Sidonie (Hrsg.), Inklusion und Kunstunterricht. Perspektiven und Ansätze künstlerischer Bildung, Oberhausen, S. 93–108, hier S. 93.

Han, Byung-Chul (2015): Die Errettung des Schönen, Frankfurt/Main.

Hofmann, Werner (2010): Fantasiestücke. Über das Fantastische in der Kunst, München.

Kittelmann, Julia (2018): „Wollte es nicht in einer Farbe. So sieht es geiler aus." Wer oder was ist eigentlich schwierig? – eine Anregung zum Andersdenken über schwierige Schüler, in: Billmayer, Franz (Hrsg.), Schwierige Schülerinnen & Schüler im Kunstunterricht, Hannover, S. 95–104.

Pazzini, Karl-Josef (1986): Collage. Eine Art – wenn nicht die Art – zu leben, zum Beispiel zu fühlen, zu denken, wahrzunehmen, zu handeln, in: Kunst + Unterricht, 100, 20–24.

Schönwiese, Volker (2007): Vom transformatorischen Blick zur Selbstdarstellung. Über die Schwierigkeit von Beurteilungskategorien zur Darstellung von behinderten Menschen in Medien, in: Ders./Flieger, Petra (Hrsg.), Das Bildnis eines behinderten Mannes, Bildkultur der Behinderung vom 16. bis ins 21. Jahrhundert, Neu Ulm, S. 43–64.

Theunissen, Georg (2010): Über Autismus und aktuelle Trends, in: Ders./Schubert, Michael (Hrsg.), Starke Kunst von Autisten und Savants. Über außergewöhnliche Bildwerke, Kunsttherapie und Kunstunterricht, Freiburg. i. Br., S. 11–38.

Ullrich, Wolfgang (2013): Alles nur Konsum. Kritik der warenästhetischen Erziehung, Berlin.

Wilsmann, Stefan (2018): Ignore it or Accept it? Gegenwartsdiagnosen im Kunstunterricht, in Kunstdidaktik.Impulse 23, S. 3–13.

#12 Die Individuen und ihre Bilder selbst beachten

Schülerinnen- und Schülerarbeiten sind ein Ausdruck individueller Positionen im Sinne einer persönlichen Deutung von Wirklichkeit. Bei der Beurteilung solcher Arbeiten sollten Sie neben den geeigneten Verfahren eines komparativen Bildvergleichs auch die Möglichkeiten und Chancen von nichtvergleichenden Bildbesprechungen im überschaubaren Gesprächskreis in Betracht ziehen. Denn individuelles Fördern im Kunstunterricht impliziert das Bemühen um eine angemessene Würdigung wirklich individueller Bildkonzeptionen. Das wiederum bedeutet das Begleiten von jeweils sehr spezifischen Entwicklungsfortschritten. Nichtvergleichende Bildbesprechungen ermöglichen es nun, Produkte eben *nicht* ins Verhältnis setzen zu müssen. Das bedeutet, dass der Vergleich eines mittelmäßigen Ergebnisses mit dem des Klassenbesten ausbleibt. Auch müssen die Produkte der „ästhetischen Analphabeten" nicht mit denen der Leonardas oder Leonardos der jeweiligen Klasse gemessen werden. Shaming, Blaming oder andere Formen von nachhaltiger Demotivation werden auf diese Weise verhindert. Die Erörterung und das Beurteilen eigener Gestaltungen sollten dabei in solchen Phasen entlang der *individuellen Entwicklungslinie* stattfinden. Prinzipiell stärkenfokussiert in der Grundausrichtung, schauen Sie als Lehrerin oder Lehrer (oder die Lernenden im Austausch untereinander) auf die Stärken im Bild. Wo sind kleine Entwicklungsfortschritte zu erkennen? Bemerken Sie dabei, was sich sukzessiv verbessert hat. Denn oft sind es die kleinen Hüpfer, die uns im Bereich gestaltungspraktischer Lösungsfindungen wirklich voranbringen. Nicht immer jedenfalls sind es die großen Flohsprünge, die sich als zielführend erweisen.

Beraten Sie dabei nach dem altbekannten Motto „Hilfe zur Selbsthilfe". Versuchen Sie also, die Beratungssuchenden im Mittel einer geübten Gesprächsführung selbst ans und ins Denken zu bringen. Bei einem solchen lösungsfokussierten Agieren geht es um die Möglichkeit einer weitgehend selbstständigen Bewältigung von Problemsituationen (Junghans 2018; Berg/de Jong 2003; de Shazer 2004). Skalierungsabfragen sind gut geeignet, solche Beratungen zu strukturieren. Beginnen Sie beispielsweise mit der Aufforderung: „Denken Sie sich eine imaginäre Linie." Oder damit: „Stellen Sie sich zu einer der auf den Klassenboden liegenden Zahlen." Skalierungsbänder gibt es aber auch käuflich zu erwerben. Als Fragen, die bei einer solchen Selbsteinschätzung eine unverzichtbare Rolle spielen, eignen sich beispielsweise solche wie: „Schätze deinen Kompetenzzuwachs selbst ein. Gegeben sei eine Skala von 1 bis 10. Stelle dich an die Kompetenzstufe, an der du begonnen hast, das Gesicht zu zeichnen. Stufe 3? Wie hat sich über die Zeit hinweg deine Leistung verbessert? Du hältst die Nase für gut gelungen? Ein Anstieg von

Kompetenzstufe 3 auf Kompetenzstufe 5? Gut, nun willst du aber auf Ebene 8? Was musst du wann, wo und wie tun, um auf der Skala weiter zur von dir angestrebten Stufe zu kommen? Verabreden wir folgende Maßnahmen ..."

Berg, Insoo Kim/de Jong, Peter (2003): Lösungen (er-)finden. Das Werkstattbuch der lösungsorientierten Kurztherapie (5. Aufl.), Dortmund.

de Shazer, Steve (2004): Das Spiel mit Unterschieden. Wie therapeutische Lösungen lösen, Heidelberg.

Junghans, Carola (2018): Der reflektierende Dialog. Handwerkszeug für professionelle Gespräche, in: Friedrich Jahresheft (36), Kooperation, S. 40–43.

#13 Selbst Entwicklung fördern

Kümmern Sie sich nicht allein um die besonderen Schülerinnen und Schüler mit besonders deutlichem Hilfebedarf. Denken Sie sowohl im Bereich der Planung von Unterricht als auch während der Durchführung ganz unbedingt auch an die Stillen und Introvertierten. Treffen Sie etwa in Vorbereitung Ihres Unterrichts ganz systematisch Entscheidungen, die Ihnen helfen, die nicht „Lauten" und die nicht „Schrillen" besser beachten zu können. Oft setzen wir die Stillen als Puffer zwischen Störherde. Oder wir bauen auf sie, wenn es um die Erbringung langfristig zuverlässiger Leistung geht. Doch sollte es uns mehr und mehr darum zu tun sein, ihnen auch gezielte und unmittelbar auf sie passende Angebote zu unterbreiten, um sich und eine ihrem „Wesen" adäquate Leitung zeigen zu können. Das bedeutet den Auftrag an uns Lehrende, solchen Schülerinnen und Schülern Lernanlässe zu unterbreiten, die ihrer Art des Lernens entspricht.

Man kann als Lehrerin oder Lehrer zum Beispiel einen Tag in der Woche auswählen, an dem man sich ganz explizit vornimmt, nur diesen Menschen, den Stillen und Unauffälligen, besondere Aufmerksamkeit, Wertschätzung und Sympathie zukommen zu lassen. Achten Sie an solchen Tagen etwa darauf, dass Sie diesem Persönlichkeits- und Lerntypus größere Beratungszeiten gönnen. Überhaupt sollte Kunstunterricht immer ein Unternehmen mit sehr vielen Parallelstrukturen sein, was die Möglichkeiten der Leistungserbringung anbetrifft. Dem, der nicht gut zeichnen kann, kann beispielsweise das Angebot unterbreitet werden, ein Referat zu halten. Und auch wenn sich insbesondere gestaltungspraktische Phasen gemeinhin besonderer Beliebtheit erfreuen, gibt es immer auch eine bestimmte Sorte Schülerinnen und Schüler, die etwa ob bestimmter Kompetenzen im Bereich des historischen oder sozialwissenschaftlichen Wissens gerne anders „angefüttert" werden wollen. Diese Lernenden können in eher diskursdominierten Unterrichtsphasen glänzen und hier ihre Stärken zeigen.

SELBST-Konzept II: Kunstunterricht sollte ermöglichen

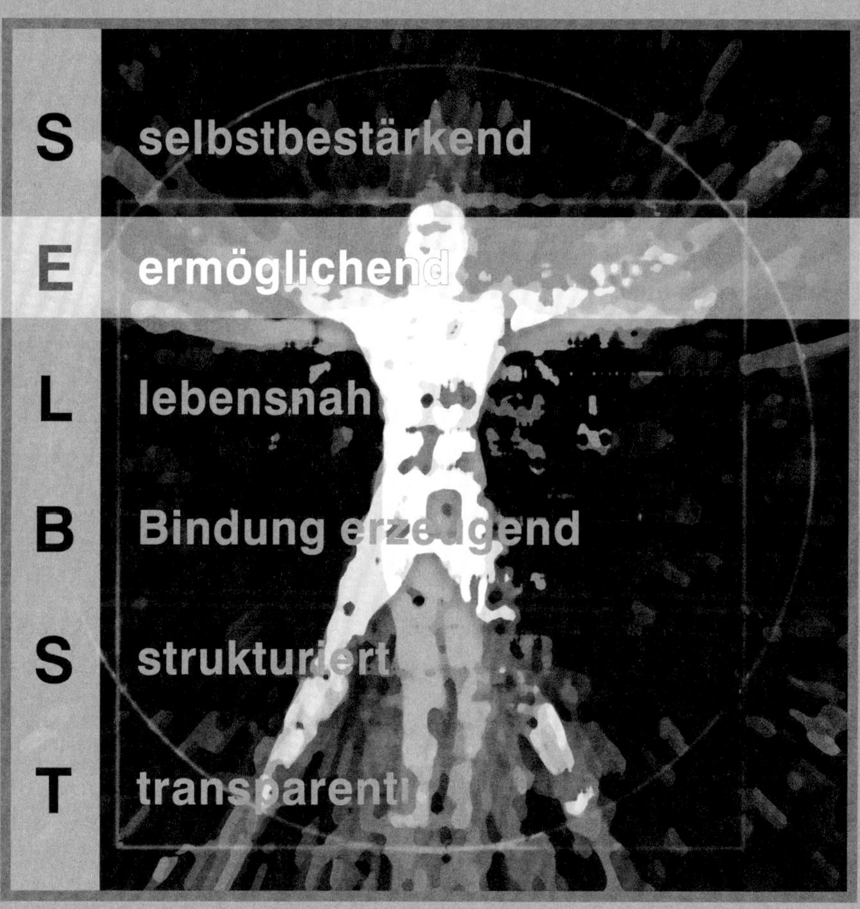

Vorüberlegungen

Im folgenden Kapitel soll die Frage im Mittelpunkt stehen: Was können wir als Lehrkräfte in Zukunft mehr als bisher zur Beförderung konkreter Lernerfolge unserer Schülerinnen und Schüler tun? Die negative Bestimmung von individueller Förderung bezieht sich ja oft vornehmlich auf das Beseitigen von Nachteilen – dafür stehen die Nachteilsausgleiche für Lernende mit Förderbedarf (Zeitzugaben, Möglichkeiten, Aufgabenstellungen für Schülerinnen und Schüler mit einem Bedarf an sonderpädagogischer Unterstützung modifizieren zu können, Einsatz von technischen, elektronischen oder anderen apparativen Hilfen etc.) (INaS 2019). Einer positiven Bestimmung von individueller Förderung hingegen geht es in besonderem Maße um die Grundanforderung, die etwa Aufgabenformate erfüllen müssen, damit es Schülerinnen und Schülern in großer Breite möglich wird, Leistung überhaupt erst erbringen zu können.

Zur Ausgangslage: Unsere Gesellschaft legt aktuell keinen besonderen Schwerpunkt auf die Ausbildung einer spezifischen Kunstexpertise. Zudem führen Versorgungsengpässe und, zuweilen damit zusammenhängend, vermehrte Einsätze Fachfremder zu einem zum Teil desolaten Wissens- und Könnens-Fundamentum in unserem Fach. Manche Schülerinnen und Schüler legen teils erschreckende Inkompetenzen zum Beispiel im Bereich des Sachzeichnens an den Tag. Was tun angesichts dieser Lernausgangslage? Leistungsdefizite kompensieren? Über langwierig angelegte lehrgangsmäßige Angleichungskurse ist ein solches Vorhaben gewiss möglich. Doch handelt es sich beim Zeichnen um eine hyperkomplexe multisensorische Koordinations- und Übersetzungsleistung, die sich Individuen keineswegs im Vorbeigehen aneignen können.

Setzen wir angesichts dieser Lage nicht allein auf individuelle Förderung im Sinne einer Kompensation von Fähigkeiten. Beachten wir dazu zentrale Befunde einer Ikone der Fachentwicklung wie Rudolf Arnheim, der auf das etwa im Falle abstrakter Formgestaltung bei allen Menschen zum Tragen kommende intuitive Gefühl für die Möglichkeiten eines (harmonischen) Arrangierens und Komponierens von Dingen und insbesondere natürlich von Bildern hinwies (Arnheim 2003). Meiner Erfahrung nach kann gerade ein solcher Fokus helfen, selbst „schlecht" zeichnende Schülerinnen und Schüler in die Lage zu versetzen, Leistungen erbringen zu können. Oder stützen wir uns überdies auch auf (digitale) Vorlagen, um die Schülerinnen und Schüler zum Arrangieren und Umarrangieren zu animieren. Suchen wir, kurz, nach Möglichkeiten, auch den möglicherweise „Ungelenken" Selbstwirksamkeitserfahrungen möglich zu machen.

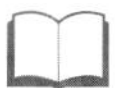

Arnheim, Rudolf (2003): Die Macht der Mitte: eine Kompositionslehre für die bildenden Künste, Köln.
Belting, Hans (2009): Florenz und Bagdad. Eine westöstliche Geschichte des Blicks, München.
Individueller Nachteilsausgleich an Schulen (INaS), in: http://www.brd.nrw.de/schule/grundschule_foerderschule/Nachteilsausgleich_an_Schulen.html (zuletzt 24.02.2019).
Panofsky, Erwin (2001): Altniederländische Malerei. Ihr Ursprung und ihr Wesen, Köln (2 Bde.).

Praxis-Tipps

#14 Ermöglichen durch Diagnose

Zu den möglicherweise wichtigsten Instrumenten ganz zu Beginn eines explizit auf individuelle Förderung setzenden Kunstunterrichtes gehört das Diagnostizieren des konkreten Leistungsstandes der Schülerinnen und Schüler, im Jargon der Lehrerinnen- und Lehrerausbildung auch häufig als Analyse der Lernausgangslage bekannt. Wo liegen, bezogen auf ein Vorhaben, die spezifischen Förderbedarfe? Und wo ergeben sich unter Umständen für uns Pflichten, passgenaue Hilfestellungen anzubieten? Was konkret kann man eigentlich voraussetzen und schließlich an Leistung einfordern? Schoppe (2019) hat zu diesem Themenfeld eine umfangreiche Checkliste entworfen, die mit einer Namensliste der Lerngruppe (etwa zum Zwecke der Evaluierung der Mädchen-/Jungenanteile), mit einem Gespräch mit dem Klassen- oder Stufenleiter, einem Check von Klassen- oder Kursbesonderheiten, Schülerinnen- und Schülerinterviews, einführende Planungsgespräche oder Kreativitätstests (ebda., S. 37) sehr unterschiedliche Möglichkeiten auflistet, wie wir als Lehrkräfte Informationen sowohl über Unterschiede personaler, biografischer oder kultureller Art, insbesondere aber auch, und das vor allem, über fachliche Stärken und Schwächen erlangen können.

Um ganz besonders die fachlichen Voraussetzungen Ihrer Schülerinnen und Schüler ins Auge zu fassen, kann es ratsam sein, die von Ihnen angestrebten und curricular verankerten und ausdefinierten Kompetenzen im Kunstunterricht in eine diagnostische Fragestellung umzuwandeln – etwa in der Art: Sind meine Schülerinnen und Schüler in der Lage, Bilder bewusst und problemorientiert mit unterschiedlichen Bildverfahren zu gestalten und die spezifischen Gestaltungsmöglichkeiten zu bewerten? Wie steht es um ihre Fähigkeit, systematisch mit gezielt ausgewählten Untersuchungsverfahren unbekannte Werke aus bekannten und unbekannten Zusammenhängen zu analysieren und daraus Deutungsansätze abzuleiten? Und wie ist es um ihre Fähigkeit zu einer systematischen Analyse unbekannter Werke mit gezielt ausgewählten Untersuchungsverfahren aus bekannten und unbekannten Zusammenhängen bestellt? Beziehen Sie sich bei derartigen Fragen auch auf vorhandene Instrumente wie beispielsweise auf die von Schoppe und Rompel (2017, S. 61; Schoppe 2019, S. 133 ff.) ausführlich beschriebenen Vorteile einer Arbeit mit sogenannten inklusionsdidaktischen Netzwerken, in denen Unterrichtsvorhaben konkret daraufhin untersucht werden, welche Entwicklungsbereiche sie primär tangieren (sensomotorischer Entwicklungsbereich, kognitiver Entwicklungsbereich, kommunikativer Entwicklungsbereich, emotionaler Entwicklungsbereich, sozialer Entwicklungsbereich).

Nun ist zum Thema Diagnostik im Kunstunterricht festzustellen, dass es in unserem Fach punktuelle Lernstandsüberprüfungen wie in Deutsch, Mathematik, Englisch zu Beginn der Klasse 5, am Ende der Klasse 10 (Zentrale Abschlussprüfungen) oder zu Beginn der Oberstufe (EF) nicht gibt. Allerdings sind vor allem für Psychologinnen und Psychologen bestimmte Tests auch in unserer Zunft prinzipiell hervorragend geeignet und einsetzbar, werden aber – wie zum Beispiel der Kreativitätstest TSD-Z (Test zum schöpferischen Denken – Zeichnerisch) – selten angewendet bzw. durchgeführt. Auch finden spezifische Begabungstests, von denen auf dem Markt durchaus einige nützliche zu haben sind, selten Verwendung (Zeichnen nach Erinnerung, eidetisches Gedächtnis).

Wenn Sie mit einer neuen Klasse betraut werden, ist es wichtig, dass Sie etwas über die Fertigkeiten der Schülerinnen und Schüler beispielsweise im Bereich des naturalistischen Sachzeichnens herauszufinden versuchen und sich darum bemühen, vorhandene Kenntnisse im Bereich der Bildanalyse oder kunstgeschichtlicher Inhalte in Augenschein zu nehmen. Fehlen diagnostische Informationen dieser Art und Sie stellen nicht alters- und adressatengerechte Aufgaben, dann kann Uninformiertheit an einer solchen Stelle entweder zu über-, aber auch zu unterkomplexen Settings führen, was in beiden Fällen mit einiger Wahrscheinlichkeit mit Widerstand der Lernenden beantwortet werden würde. Und wichtig ist überdies, dass Sie sich vergegenwärtigen, dass zu einer guten Diagnostik in unserem Fach mehr gehört als die simple Frage: „Und, was habt ihr in den letzten Jahren gemacht?"

Kluge diagnostische Leitfragen im Kunstunterricht, die Ihnen als Orientierung dienen, könnten sein:

- Verfügt eine Schülerin/ein Schüler über eine entwicklungsadäquate Beobachtungsgabe oder Zeichenkompetenz?
- Wie sieht es mit ihrer/seiner Fähigkeit zum räumlichen Denken und einem räumlichen Begreifen aus?

Des Weiteren wäre zu fragen:

- Wie vervollständigt die/der Einzelne eine rudimentär vorgegebene Figur?
- Wie geht sie/er mit dem Bildraum, der gegebenen Bildfläche um?
- Wie stark ist der Druck, der auf den Bleistift ausgeübt wird?
- Ergeben sich aus Lineaturen Muster oder nicht?
- Wie ist die Art an der Formdifferenzierung?

Arbeiten Sie in Ihrem Unterricht durchaus auch mit Fremd- und Selbsteinschätzungsbögen entweder zum Zwecke einer Begleitung und Dokumenta-

M

Diagnosebogen

		ja	....		nein
1	Ich halte die Beschäftigung mit Kunst und Künstlern/Künstlerinnen grundsätzlich für wichtig.	☐	☐	☐	☐
2	Ich interessiere mich sehr für Kunst.	☐	☐	☐	☐
3	Ich bin gespannt darauf, Kunstwerke aus verschiedenen Epochen kennenzulernen.	☐	☐	☐	☐
4	Ich finde aktuelle Kunst spannend.	☐	☐	☐	☐
5	Ich finde ältere Kunst (der letzten Jahrhunderte oder älter) spannend.	☐	☐	☐	☐
6	Die Analyse und Interpretation von Kunstwerken macht mir Spaß.	☐	☐	☐	☐
7	Ich kann ein Kunstwerk analysieren und interpretieren.	☐	☐	☐	☐
8	Ich interessiere mich für die Menschen hinter den Werken (Künstler/Künstlerinnen und deren Lebensgeschichte und kultureller Kontext).	☐	☐	☐	☐
9	Ich bin offen gegenüber einer kreativen Erarbeitung von Kunstwerken (Standbilder, innerer Monolog etc.).	☐	☐	☐	☐
10	Ich möchte lernen, die Fachsprache korrekt anzuwenden (Fachbegriffe, Analysekriterien usw.).	☐	☐	☐	☐
11	Ich gehe gerne ins Museum.	☐	☐	☐	☐
12	Ich war schon oft im Museum.	☐	☐	☐	☐
13	Ich könnte auf einem Zeitstrahl einzeichnen, wann ungefähr Epochen wie die Barockzeit, die Romantik, der Expressionismus, die Pop-Art waren.	☐	☐	☐	☐
18	Ich präsentiere gerne selbstständig erarbeitete Inhalte.	☐	☐	☐	☐
19	Ich diskutiere gerne fachlich fundiert.	☐	☐	☐	☐
20	Ich möchte wissenschaftliches Arbeiten erlernen (Recherche im Internet und in der Bibliothek, Quellen richtig angeben usw.).	☐	☐	☐	☐

Ergänze folgende Sätze:

Ich wünsche mir vom Kunstunterricht ....

....

....

Ich wünsche mir von meinem Kunstlehrer/meiner Kunstlehrerin ....

....

....

Diagnosebogen für den Kunstunterricht in der Q1 von Annkatrin Gockel-Nelißen

tion von Lernzyklen oder aber auch, wie am abgedruckten Beispiel sichtbar, als ein Mittel und eine Möglichkeit zu einer einmaligen Bestandsaufnahme.

Über diese verschiedenen Möglichkeiten einer punktuellen Generierung von Informationen über einen auch als Lernausgangsvoraussetzung beschreibbaren Ist-Zustand einer Lerngruppe hinaus dürfte noch etwas anderes von essenzieller Wichtigkeit sein für einen individuell fördernden Kunstunterricht: Die Rede ist von *prozessbegleitender Diagnostik*. Davon, dass Ihr „Diagnose-Radar" „permanent in Betrieb sein" sollte (Leisen 2016, S. 28), ein Instrument zur Beobachtung und Begleitung von Schülerinnen und Schülern über einen längeren Zeitraum hinweg, das es der Lehrkraft ermöglichen soll, Lernrückstände und Blockaden im Prozess zu registrieren.

Damit ist nicht Monitoring, Totalbeobachtung oder gar eine Überwachung in Permanenz gemeint (Bröckling 2017). Statt wie der böse Hirtengott Pan Panik zu erzeugen, sollten Sie *lateral führen* (Hopstein 2024). Übersetzt bedeutet das, die Eigendynamiken und (Beratungs-)Potenziale der Gruppe zu bestärken und Knotenpunkte („Nodi") innerhalb der komplexen Beziehungsnetzwerke Ihrer Klasse oder Ihres Kurses miteinander zu verknüpfen etc.

Differenzsensible Begleitung des schöpferischen Prozesses ist also alles andere als Dauerbeurteilung oder ein „Auf-Linie-Bringen". Vielmehr verbindet sich damit eher die Vorstellung von einer Art Standby-Teaching. Angesprochen ist ein Modus, indem Sie durchaus auch mal über längere Zeiträume hinweg äußerst zurückhaltend agieren können. Zwischenzeitlich können Sie sich sogar ganz aus der Szene des direkten Begutachtens verabschieden.

Ständiges Herumgehen und ein Dauerbegutachten entstehender Arbeiten zum Beispiel ist eher schädlich. Manchmal kann es gar experimentelle Phasen behindern und ausbremsen. Schülerinnen und Schüler versuchen, wenn sie bei der Lehrkraft auf den Typus „Rundendreher" treffen, oft, so meine Erfahrung, ihre Bilder vor den neugierigen Blicken abzuschirmen. „Das ist doch noch gar nicht fertig", heißt es dann nicht selten. In offenen *trial-and-error*-Phasen sollte es Schülerinnen und Schülern also jederzeit erlaubt sein, eventuelle Fehlversuche (im Bereich der Vorüberlegungen) den Augen der Lehrkraft vorzuenthalten. Das wiederum impliziert, dass Nichtgelungenes nicht auf den Radar der Lehrperson gehört, sondern durchaus dem Mülleimer überantwortet werden kann.

Bedarfsorientiert unterwegs zu sein, heißt auf dem Sprung zu sein. Wo Beratungs*bedarf* signalisiert wird, da gilt es, Präsenz zu zeigen. Dann müssen eventuell blockierte Prozesse – etwa durch kleine Impulse, kritisches Nachfragen, kleine Zeigehandlungen – wieder in Gang gebracht werden. Doch haben Sie auch das Vertrauen, die Dinge einfach einmal laufen zu lassen.

Im Download-Material zu diesem Buch finden Sie weitere Materialien und Hinweise zum Thema Diagnose im Kunstunterricht (siehe S. 192).

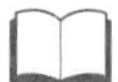

Bröckling, Ulrich (2017): Gute Hirten führen sanft. Über Menschenregierungskünste, Berlin.

Buschkühle, Carl-Peter (2007): Die Welt als Spiel. Band 1: Kulturtheorie: Digitale Spiele und Inthod, Christina/Peters, Maria (2014): Impulse zur Aufzeichnung und Reflexion. Das künstlerisch-experimentelle Prozessportfolio (KEPP), in: Kunst + Unterricht 379/380, S. 60–64.

Hopstein, Gesine (2024): Lernförderliche Leistungsbewertung. Impulse aus der Kunstpädagogik, in: Kunst + Unterricht 479/ 480, S. 51–54.

Leisen, Josef (2016): Ein Lehr-Lern-Modell für personalisiertes Lernen durch Ko-Konstruktion im adaptiven Unterricht in heterogenen Lerngemeinschaften, in: http://www.josefleisen.de/downloads/heterogenitaet/01%20Heterogene%20Lerngruppen.pdf (zuletzt 27.05.2019).

Schoppe, Andreas (2019): Schritt für Schritt zum guten Kunstunterricht. Praxisbuch für Studium, Referendariat und Berufseinstieg, Seelze.

Schoppe, Andreas/Rompel, Judith (2017): Aufgaben im Kunstunterricht. Didaktische Grundzüge und Beispiele einer praxisorientierten Unterrichtsplanung, Seelze.

Testzentrale: https://www.testzentrale.de/shop/test-zum-schoepferischen-denken-zeichnerisch.html (zuletzt 27.06.2019).

#15 Ermöglichen durch Bestärken

Setzen Sie in Ihrem Unterricht auf die Herstellung resonanter Beziehungsgefüge. Loten Sie diesbezüglich Möglichkeiten aus, Ihre Schülerinnen und Schüler immer einmal wieder ganz ausdrücklich zu loben. Gewiss ist auch kritisches Feedback in einem auf qualitativ hochwertige Ergebnisse abzielenden Kunstunterricht unabdingbar, man denke an dieser Stelle nur einmal an Bildbesprechung. Das Indizieren von Fehlern ist auch weiterhin ein zentrales Ziel modernen Kunstunterrichts. Denn wo die Lehrerin oder der Lehrer Defizite entdeckt, gilt es diese diagnostizierten Befunde selbstverständlich im Rahmen einer aufmerksamen Rückmeldekultur klar und deutlich zu benennen. Bemerkenswert hierzu sind aktuelle Impulse aus der Bildungswissenschaft zur Frage, ob es Alternativen zu den von Lehrpersonen mühsam an den Rand von Klausuren geschriebenen Anmerkungen ohne konkrete Lernwirksamkeit gibt und ob nicht künftig Korrekturen in der Ausführlichkeit von Lektoraten hilfreich sein könnten zur Erzielung konkreter Leistungsverbesserungen.

Doch ist es für die Lehrerin oder Lehrer wichtig, sich stets zu vergegenwärtigen, dass das vom griechischen κρίνειν (krínein: „scheiden, unterscheiden, trennen“) abstammende Wort „Kritik“ das Gegenteil eines vernichtenden Bashings bezeichnet. Kritik also gleichzusetzen mit Beckmesserei, Krittelei und Totalverriss (Wikipedia 2019), wie von vielen Kindern und Jugendlichen aus Castingshows bekannt, wäre falsch.

Denn ein von einer allzu voraussetzungsreichen Warte aus etwas unmöglich Leistbares einfordernder Kunstunterricht, in dem Rückkopplung vornehmlich im Medium einer negativen Kritik stattfindet, befördert in den seltensten Fällen sprunghafte Leistungssteigerungen durch plötzlich verspürten Ehrgeiz, sondern hat in der Regel eher Drop-out-Effekte zur Folge. Auch kann es zu einer als innere Kündigung bezeichneten Haltung der Gleichgültigkeit bei den Schülerinnen und Schülern kommen.

Kritik: im Bereich des Kunstunterrichts kann das nur ein kriterienorientiertes und dialogisch sich entwickelndes Offenlegen und Offenbarwerden möglicher Entwicklungsbedarfe meinen, ist also, genauer formuliert, indikatorengestütztes Tippgeben im Hinblick eine konkrete Weiterarbeit am Bild. Und Kritik ist ferner, über diesen oft als negativ wahrgenommenen Bereich der Ortung von individuellem Beratungsbedarf und künstlerischen Entwicklungsmöglichkeiten hinaus, immer auch, was es von unserer Seite als den Lehrkräften ganz unbedingt zu realisieren gilt, positive Kritik: Nutzen Sie deshalb in ihrem Unterricht auch explizit Modi einer positiven Rückkopplung. Das ist etwa dadurch möglich, dass Sie Gelungenes im und am Bild zeigen, aber auch indem Sie besondere Stellen und Ausschnitte im Gestaltungsprodukt hervorheben.

Machen Sie das Loben zu einem zentralen und wesentlichen Pushfaktor Ihres Unterrichts. Das hatte die sogenannte *„anti-cure“*-Bewegung bereits vor Jahrzehnten angemahnt, als sie die Diagnostikerinnen und Diagnostiker aller Länder dazu anhielt, künftig die Defizitorientierung gegen das, was sie die Stärken-Perspektive nannte, auszutauschen (vgl. Theunissen 2010, S. 19):

> Eine Stärken-Perspektive gründet sich auf Würdigung der positiven Attribute und menschlichen Fähigkeiten und Wege, wie sich individuelle und soziale Ressourcen entwickeln und unterstützen lassen. [...] Alle Menschen haben eine Vielzahl von Talenten, Fähigkeiten und Kapazitäten, Fertigkeiten und Sehnsüchte. [...] Die Präsenz dieser Kapazitäten für erhöhtes Wohlbefinden muss respektiert werden. [...] Menschen wachsen nicht durch Konzentration auf Probleme – im Gegenteil, dadurch wird das Vertrauen in die eigene Fähigkeit, sich auch selbstreflektierende Weise zu entwickeln, geschwächt.
>
> (Theunissen nach Weick, in Theunissen 2007, S. 21)

Wichtig ist dabei, dass Lob ehrlich gemeint ist und nicht wie der aus leicht durchschaubaren Euphemismen bestehende Gutachterjargon ein heimliches Vehikel für Negatives ist. Gelingt es Ihnen in Ihrem Unterricht, eine Kultur des Lobes zu entwickeln und zuweilen auch über jedwede Konkretisierung am Bild hinausreichende „Lobduschen“ (Brosche 2017) zu verabreichen, dann sind Sie gewissermaßen eine glückserzeugende Tankstelle für die Schülerinnen und Schüler und betreiben wegen der damit verbundenen,

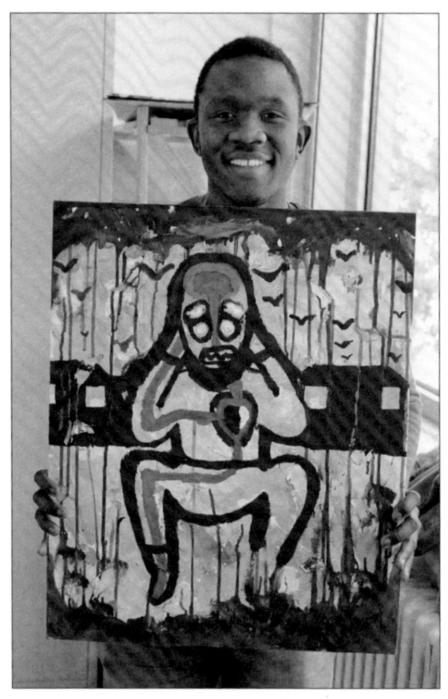

Lobenswert: eine Arbeit von Jaurès-Marie Dijoh

manchmal laufbahnbestimmenden Auswirkungen solcher positiven Impulse individuelle Förderung, schlicht weil Sie *Individuen fördern* (Peez 2009; Schoppe 2019, S. 10). Alles hier Gesagte ist dabei kein Plädoyer für inflationäre Lobhudelei oder eine Aufforderung an die jeweiligen Lehrkräfte, „falsches" Lob zu erteilen oder mit zu früh bekundetem Lob den Abbruch einer intensiven Arbeit zu initiieren (nach dem Motto: „Herr Wilsmann, ich bin ja schon fertig!"). Der frühe Vogel fängt den Wurm, doch der zu früh gelobte Schüler nicht unbedingt eine bildnerische Lösung.

Dem Ziel einer ganzheitlichen und resonanten Erziehung verpflichtet, arbeitet gegenwärtig vor allem eine Gruppe rund um Prof. Dr. Tim Unger, Thomas Kleynen und Maren Sauvent von der RWTH Aachen daran, der Konzentration auf die kognitiven Bildungsinhalte etwas entgegenzusetzen. Unter anderem auf der Basis von SEE Learning (soziales, emotionales und ethisches Lernen) und anderen Programmen wie MBSR (Mind Based Stress Reduction nach Jon Cabat-Zinn) soll dabei auch das Lehramtsstudium dahingehend reformiert werden, dass Lehramtsstudierende vermehrt dazu in die Lage versetzt werden, einen achtsamen und mitfühlenden Umgang mit sich und zukünftigen Lernenden zu entwickeln, um einen möglichen stressfreien, resonanten und achtsamen Umgang miteinander zu realisieren (SEE Learning 2019, S. 12).

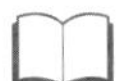

Brosche, Heidemarie (2017): Wie Wertschätzung in der Schule Wunder wirkt. „Lobduschen", Likes und Liebesbriefe im Schulalltag bewusst einsetzen, Berlin.

Peez, Georg (2009): Kunstpädagogik und Biografie. 53 Kunstlehrerinnen und Kunstlehrer erzählen aus ihrem Leben – Professionsforschung mittels autobiografisch. Narrativer Interviews, München.

Schoppe, Andreas (2019): Schritt für Schritt zum guten Kunstunterricht. Praxisbuch für Studium, Referendariat und Berufseinstieg, Seelze.

SEE Learning (2019): Begleitheft. Ein Curriculum zur Bildung von Herz und Verstand, Aachen.

Theunissen, Georg (2007): Art Brut und Außenseiter-Kunst. Unter besonderer Berücksichtigung von Menschen mit intellektuellen und psychischen Behinderungen, in: Ders. (Hrsg.), Außenseiter-Kunst. Außergewöhnliche Bildnereien von Menschen mit intellektuellen und psychischen Behinderungen, Kempen, S. 15–66.

Theunissen, Georg (2010): Über Autismus und aktuelle Trends, in: Ders./Schubert, Michael (Hrsg.), Starke Kunst von Autisten und Savants. Über außergewöhnliche Bildwerke, Kunsttherapie und Kunstunterricht, Freiburg. i. Br. 11–38.
Wikipedia (2019): Eintrag „Kritik", in: https://de.wikipedia.org/wiki/Kritik (zuletzt 15.05.2019).

#16 Ermöglichen durch Nutzung digitaler Endgeräte

Reagieren Sie durch die Nutzung digitaler Endgeräte, von Tablets und Smartphones in Ihrem Unterricht, auf die im Alltagsgebrauch einer zunehmend bildorientierten Jugend (Hecht/Hribernik 2018) immer wichtiger werdenden „Bildmachinstrumente". Damit integrieren Sie ein in hohem Maße motivationsbeförderndes Instrument in Ihren Unterricht, welches auch weniger bildaffine Kinder und Jugendliche zu einer Beschäftigung mit Bildern animiert und sie, mit selbstbestimmten Bildrechercheaufträgen betraut, gegebenenfalls mit vorher vollkommen unbekannten Bildwelten zu konfrontieren vermag. Mit digitalen Endgeräten, Tablets und Smartphones ermöglichen Sie den Schülerinnen und Schülern, neue Bilder zu entdecken und bekannte Bilder neu zu entdecken, wobei sich im Unterricht Gelegenheiten ergeben, (algorithmisch generierte oder intentionale) Bilderordnungen zu erschließen. Außerdem hat man mit der Möglichkeit, mithilfe dieser Minicomputer Bilder großzuziehen, nicht nur ein hervorragendes Unterstützungstool für Kinder mit einem diesbezüglichen Förderschwerpunkt. Lernende können damit auch bestimmte Bildstellen heranzoomen und Bilder und darin befindliche Details besser verstehen. Überdies ermöglichen digitale Bildbearbeitungstools noch den im gestaltungspraktischen Bereich schwächsten Lernerinnen und Lernern, eine Bildgestaltung etwa auf der Basis ausgewählter Bildvorlagen durchzuführen. Auf diese Weise mag es auch solchen Schülerinnen und Schülern gelingen, zu einem ansehnlichen Gestaltungserfolg zu gelangen. Einige dieser digital aus dem Netz gefischten Bilder können zum Beispiel als Vorbilder im ganz wortwörtlichen Sinne dienen und schwächeren Schülerinnen und Schülern erste Anlässe zu einer Bildannäherung bieten. Abgebildet ist zur Veranschaulichung des Mehrwerts dieser Arbeitsweise eine Art von parasitärer Rückeroberung eines ikonisch gewordenen Bildmotivs *(Mona Lisa).*

Diese digitalen Arbeitsmöglichkeiten in Betracht zu ziehen, bedeutet nicht, die klassischen Medien wie Zeichnung, Malerei, Plastik zu vernachlässigen. Denn digitale Instrumente animieren nicht nur zu eigener Gestaltung. Sie dokumentieren weiterhin im Kunstunterricht zentrale analoge Prozesse und tangieren auf diese Weise die Kompetenz die Schülerinnen und Schüler „beurteilen Zwischenstände kritisch und verändern auf Grundlage dieser Erkenntnisse den Gestaltungsprozess". Außerdem ist es nach meiner festen

Überzeugung auch ohne ein Thematisieren solcher Bearbeitungsverfahren überhaupt gar nicht möglich, einen Großteil der Gegenwartskunst zu verstehen. Man denke an dieser Stelle nur an die Künstlerinnen und Künstler des Postdigitalismus (Katja Novitskova, Avery Singeer, Anita Witek, Wayde Guyton, Douglas Coupland und Aram Bartholl; vgl. Thalmair 2016a, 2016b).

Die landesweit differierenden Medienkompetenzrahmen mit ihren spezifisch ausdefinierten Kompetenzbereichen im Bereich digitalen Lernens können uns als Kunstlehrerinnen und Kunstlehrer erste Anhaltspunkte für unsere eigenen unterrichtlich anzusteuernden Fokussierungen auf diesem Feld bieten. Sie beziehen sich zumeist auf das im Jahre 2006 von Ruben Puentedura entwickelte sogenannte SAMR-Modell mit seinen Stufen Ersetzung, Erweiterung, Änderung, Transformation als einer möglichen Unterscheidung von unterschiedlichen Tiefendimensionen digitaler Mediennutzung (Bedienen und Anwenden, Informieren und Recherchieren, Kommunizieren und Kooperieren, Produzieren und Präsentieren, Analysieren und Reflektieren, Problemlösen und Modellieren).

Nutzen Sie digitale Hilfsmittel einerseits, um im sensomotorischen Bereich möglicherweise weniger begabte, aber hinsichtlich der Erzeugung guter Bildwirkungen geschickte Schülerinnen und Schüler etwa durch eine in bestimmten Aufgabenbereichen gewährte und sehr gezielte Erlaubnis zur Nutzung von Filter- und Effekttools zu Schöpfern hochkomplexer Bildkompositionen und von Bildern mit großer Wirkung werden zu lassen. Dazu als Beispiel die folgende Aufgabe:

Sucht euch im Kunstraum oder im Schulgebäude eine interessante Struktur, Oberfläche, Lücke, Form (zum Beispiel die Borstenstruktur des Besens im Kunstraum) und versucht, mithilfe von Filtern, Überblendungen und anderen Bildgestaltungseffekten aus dem Nichts ein sehr beeindruckendes, abstraktes Bild (in hoher Auflösung) zu erzeugen. Das Bild soll später an einer bestimmten Stelle des Schulraumes hängen (und sich im Idealfall auf diese Stelle beziehen).

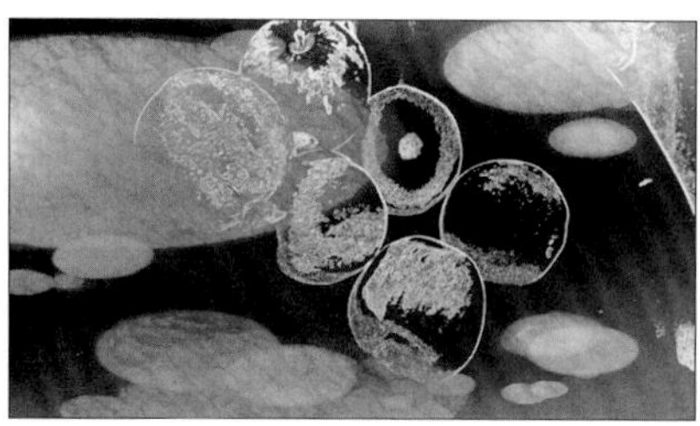

Filter-Kunst: eine Struktur

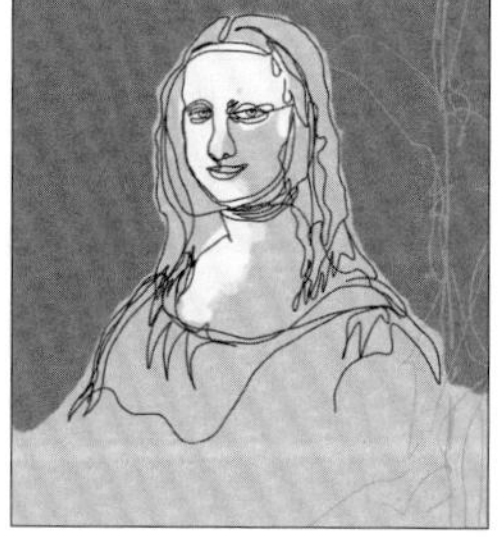

Filter-Mona-Lisa (aus dem Unterricht von André Kentenich)

Achten Sie mit Blick im Umgang mit solchen Bildern insbesondere auf die in § 24 UrhG geklärten Richtlinien zum Umgang mit „fremde[n] Bildvorlagen" (Littke 2017, S. 135) und auf den „deutlichen gestalterischen Abstand" (ebda.), den es zwischen Vorlage und dem bearbeiteten Werk einzuhalten gilt.

Nutzen Sie in Ihrem Unterricht digitale Zeichentools wie das iOS-Programm 3DBrush (http://www.3dbrush.com) und SkulptGL (https://stephaneginier.com/sculptgl/) zur Erstellung virtueller Skulpturen. Ob BYOD-basiert („Bring Your Own Device: Benutzung eigener Hardware im Unterricht"; Littke 2017, S. 135) oder in Nutzung von Schul- Tablets: Am Ende der Stunde über eine Spiegelung gesicherte Gestaltungsprodukte können Anreiz sein u.a. für eine Diskussion über die Eigenheiten digitaler und analoger Formerarbeitung. Eine besondere Herausforderung in jüngster Zeit stellt der Umgang mit KI-basierten Bildern im Kunstunterricht dar. Hier hinein zählt auch die Thematisierung von Deep Fakes. Wobei es beim attraktiven Prompting nicht allein um Stilnachahmung oder schnelle Effekte (Wilsmann 2023d, S. 35) gehen sollte, sondern um eine Reflexion von Prozess, Produkt, Bildgenese und Bildwirkung: „Outputs der KI – z. B. Bilder – fordern auf, diese nicht bloß in ihrem Informationsgehalt kritisch zu beurteilen, sondern zugleich den Modus der Generierung dieser Bilder als Information kritisch zu würdigen – also hinter den Spiegelungen die Funktionen der Apparatur zu entdecken" (Kirschenmann 2024, S. 57). Dazu gehört unbedingt auch ein Thematisieren der durch Bildgeneratoren verstetigten „Stereotype in Bezug auf Rasse, Geschlecht, Kriminalität, Armut usw." (Gockel-Nelißen 2023, S. 24, Schirmer/Zumbansen 2023, S. 24). Die Kunstdidaktikerin Schirmer und der Kunstdidaktiker Zumbansen schlagen in einem Grundsatzaufsatz zu der Problematik vor, u.a. unter Nutzung „frei zugänglicher Bild-Textdatenbanken wie LAION 5b (https://laion.ai/blog/laion-5b/)" gemeinsam mit Schülerinnen und Schülern Versuche zu unternehmen, dem Charakter von Bildgeneratoren als Kreationen aus bereits existierenden Bilder auf die Spur zu kommen. „Sowohl auf motivischer als auch stilistischer Ebene gilt es dabei, für das Problem des ‚Algorithmic Bias' zu sensibilisieren", wozu auch „rassistische oder sexistische Stereotype" (Schirmer/Zumbansen 2023, S. 14) gehören.

Dabei kann die Nutzung algorithmisch organisierter Bildzusammenstellung („Ähnliche Bilder", „User, die X suchten, suchten auch …") durchaus ertragreich sein. Damit lassen sich spannende Bilderpaare finden und Bilder „cross-overn". Natürlich darf ein solches Verfahren nicht unseren redigierenden Verstand sowie unser kunsthistorisches Wissen ausschalten. Allein unter Ähnlichkeitskriterien zusammengestellte und zum Bildvergleich freigegebene Bilder ohne eine sinnvermittelte Verbindung sollten nicht miteinander in Beziehung gesetzt werden. In Stärkung der crossmedialen Dimension der Bildkompetenz können aber durchaus weltberühmte Bilder aus der Kunstgeschichte mit etwa aus persuasiven Gründen im Bereich der Werbung genutzten Bildern hinsichtlich kongruenter Bildkompositionsprinzipien untersucht werden (Niehoff 2014, S. 150 ff.).

Zeigen Sie sich in Ihrem Unterricht offen für neuere digitale Noch-Spielereien wie beispielsweise für die hervorragende vom Max Ernst Museum in Brühl in Begleitung zu einer Miró-Ausstellung konzipierte App mit dem Namen *Miro 2.0.* Diese App nämlich ermöglicht die dreidimensionale Begutachtung von Skulpturen aus dem Katalog. Sie eignet sich sehr gut für eine Analyse bis dato aufgrund des Buchformats allein flächig betrachtbarer Objekte, die fortan in ihrer mehr- oder gar allansichtigen Realgestalt angesehen werden können. Probieren Sie sich durchaus auch einmal in Thematisierung des immer wichtiger werdenden Phänomens „Augmented Reality" an Erst-Experimente mit mittlerweile zu erschwinglichen Preisen beziehbaren VR-Brillen (Virtual-Reality-Brillen).

Smartphones können auch Prothese sein, wie die amerikanische Philosophin Martha Nussbaum unlängst festhielt:

> Wenn jemand einwendet, dass ein Rollstuhl eine Prothese ist, können wir antworten, dass „Normale" ständig Prothesen verwenden, wie etwa Autos oder Busse, und dass der öffentliche Raum auch darauf ausgerichtet ist, diesen Prothesen entgegenzukommen. Er ist jedoch nicht darauf ausgerichtet, den Prothesen mit untypischen Behinderungen entgegenzukommen. Wir bauen geteerte Straßen, wir richten Busrouten ein, und dabei versäumen wir es oft, zugleich für Rollstuhlrampen und den entsprechenden Zugang zu den Bussen zu sorgen. Auch von den „Normalen" verlangt niemand den Nachweis, dass sie alle Tätigkeiten, die für ihre Arbeit erforderlich sind, ohne technische Hilfen ausführen können, um sie als „produktiv" zu betrachten. Der öffentliche Raum ist das Ergebnis unserer Vorstellung von Inklusion. (Nussbaum 2010, S. 169)

Im Rückgriff auf die künstlerische Strategie Rebecca Horns hat die Kunstlehrerin Ceren Mia Düzgün mit Schülerinnen und Schülern Prothesen und skurrile Körperverlängerungen erarbeitet (Wilsmann 2023a). Auch Auseinandersetzungen mit einer „Prothese" wie dem Smartphone bieten sich an (vgl. Walbeck 2017, S. 16) Was lässt sich mit dem Hilfsmittel Smartphone sichtbar machen, was zuvor unsichtbar gewesen ist? Und welche Bedeutung haben technische (und speziell digitale) Hilfsmittel für die und bei der Bewältigung unseres alltäglichen Lebens?

Was lässt sich mit dem Hilfsmittel Smartphone sichtbar machen, was zuvor unsichtbar gewesen ist? Und welche Bedeutung haben technische (und speziell digitale) Hilfsmittel für die und bei der Bewältigung unseres alltäglichen Lebens?

Auf die gewissermaßen inklusive Funktion digitaler Hilfsmittel haben Ahmet Camuka und Georg Peez zum Auftakt ihres Buches Kunstpädagogik digital mobil (Camuka/Peez 2017) hingewiesen. So kann man mit manchen von ihnen Fremdwörter spontan nachschlagen und, wie eingangs dieses Kapitels in aller Kürze bereits angemerkt, Smartphones ermöglichen Menschen mit Seh-Beeinträchtigung, über eine simple Handgeste Buchstaben großzuziehen (Camuka/Peez 2017).

Gut zu diesem Themenfeld passt Nora Hansens in einer Klasse 8 durchgeführte Übung „Handy-cap". Hansen begann ihren Unterricht mit folgender Impulsfrage: „Versperrt euch die eigene Sicht (mittels Schals oder Tüchern)." Schülerinnen und Schüler, die sich darauf einließen, vermochten im Anschluss an die Stunde das Handy als Zusatzauge, als ein zentrales Navigationsinstrument mit stark ermöglichendem Charakter zu begreifen. Schließlich sollten die Schüler mit ihren Handys konkrete Raumaspekte untersuchen. Zur Vorplanung verfertigte Hansen die im Folgenden aufgeführte Sachanalyse.

Zentrale Fragestellungen „Handy-cap":
Körper – Raum – Raumwahrnehmung – Raumdarstellung

Die Nutzung von technischen Hilfsmitteln als Bodyenhancement in der zeitgenössischen, digitalisierten Welt wird in der Unterrichtsreihe über das Untersuchen von Einschränkungen und Erweiterungen, die das Handy uns als Nutzer bietet, fokussiert. Wie wird mein Körper in einer Raumwahrnehmung durch das Handy unterstützt, erweitert? Das Digitale und Analoge verschwimmt zunehmend durch *augmented reality Apps.* In der Unterrichtsreihe soll den SuS der Charakter des Handys als Körpererweiterung ins Gedächtnis gerufen werden und gestalterische Möglichkeiten der Raumwahrnehmung durch eine *augmented reality App* zugänglich machen.
Körper – Raum – Raumwahrnehmung: Wie nehme ich Raum war? Wie nehme ich Raum mit meinem Körper war? Welche Hilfsmittel (digital und analog) verwende ich, um Raum wahrzunehmen? Wie nehme ich digitalen Raum war? Was ist Realität – virtuelle Realität (VR: *virtual reality*) und erweiterte Realität (AR: *augmented reality*)? Was ist mein Körper, wo geht mein Körper in das Device über?
Körper – Raum – Raumdarstellung: Wie bilde ich Raum ab? Welche technischen und analogen Hilfsmittel verwende ich, um Raum darzustellen und abzubilden? Welche raumbildenden Mittel der Darstellung gibt es? Was sind Bodyenhancements, Körpererweiterungen in meiner Umgebung, meines Alltags, die mir helfen oder die mich limitieren, meine Umwelt wahrzunehmen? Was sind Potenzial und Einschränkung dieser Hilfsmittel? Was ist das gestalterische Potenzial dieser Hilfsmittel? Welchen Ausdruck kann ich speziell mit diesen Hilfsmitteln meines Alltags finden? Wie kann ich diese Wahrnehmung abbilden, welche gestalterische Form kann diese Wahrnehmung abbilden?

Zentrale Kompetenzen: Die SuS

- entwerfen und bewerten Kompositionen als gezielte Bildaussage,
- analysieren und interpretieren Bilder und transferieren die Ergebnisse auf die Entwicklung von persönlich gestalterischen Lösungen,
- beschreiben Merkmale von Materialeigenschaften und bewerten Einsatz- und Ausdrucksmöglichkeiten in bildnerischen Gestaltungen,
- gestalten plastisch-räumliche Illusionen durch den Einsatz von Farb- und Tonwerten,
- analysieren bildnerische Gestaltung im Hinblick auf Raumillusion (Höhenlage/Verschiebung, Überschneidung/Verdeckung, Staffelung/Flächenorganisation, Zentral- und Maßstabperspektive, Luft- und Farbperspektive),
- entwerfen und gestalten planvoll mit Hilfe von Skizzen aufgabenbezogene Konzeptionen und Gestaltungen.

Aus dem Unterricht von Nora Hansen

Die beigefügte Tabelle Hansens zeigt dabei verschiedene Möglichkeiten eines „nichtklassischen" Zugangs zur Thematisierung räumlicher Phänomene. Wobei sich die hier abgebildeten Unterrichtsergebnisse zum erweiterten Zeichnen und zum Entwurf einer App in einem Zwischenbereich von digitalem und analogem Arbeiten bewegen.

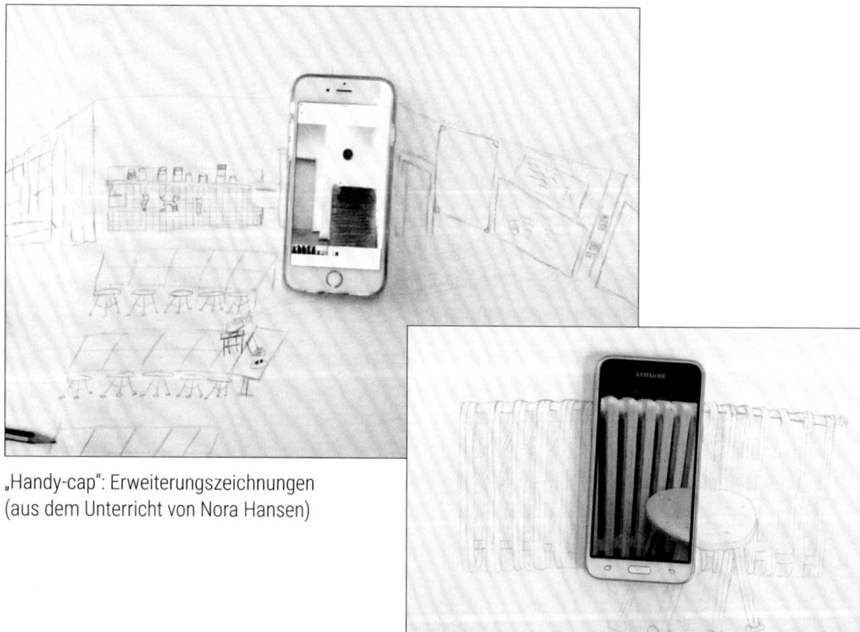

„Handy-cap": Erweiterungszeichnungen (aus dem Unterricht von Nora Hansen)

Inhalt	Methoden	Material
Einführende Lern- und Diagnoseaufgabe		
Raum-Körpererfahrung 1 Verhältnis Raum – Körper Wie nehme ich Raum mit meinem Körper war?	Übung Fadenspinnen	Seile, Wolle, Isolierband
Zentrale Lernphase		
Raum-Körpererfahrung 2 Durch welche technischen Hilfsmittel nehme ich meine Umwelt war? Wie beeinflussen diese technischen Hilfsmittel meine Wahrnehmung? Wie wird meine Wahrnehmung erweitert, eingeschränkt?	Übung Experimentelle performative und zeichnerische Übungen zur Raumwahrnehmung mit dem Handy	Britta Thie
Raumillusion Plastisch-räumliche Illusionen durch Zentral- und Maßstabs-perspektive	Übung Zeichnerische Übungen zu der Ein-Fluchtpunktperspektive, Zentral- und Maßstabperspektive	*Thron* Trailer *Thron Legacy* Albrecht Dürer
Augmented reality (AR) *Augmented reality* als raumbildendes Mittel	Workshop App Design	Abb. *Augmented reality*
Wie bewege ich mich als Körper im Raum? Wie werde ich gelenkt und wodurch? *Augmented reality* als Hilfe, als Prothese im Alltag.	Gruppenarbeit AR-APP entwickeln	*Pokémon-Go*
Gestalterische Hauptaufgabe Freie Atelierarbeit		
Augmented reality – Das Handy als Bodyenhancement Plastisch-räumliche Illusionen durch den Einsatz von Höhenlage/Verschiebung, Überschneidung/Verdeckung, Staffelung/Flächenorganisation	Gestaltungspraktische Aufgabe s. o.	
Ergänzende Lernaufgabe		
Virtual reality (VR) *Virtual reality* als Raumerfahrung in der Arbeit von Jon Rafmann	Analyse	Abb. Jon Rafmann

Planung der Unterrichtseinheit „Handy-cap"

Nutzen Sie die Handys Ihrer Schülerinnen- und Schülersicht auch zur Thematisierung des oft als langweilig empfundenen Bereichs der Perspektivkonstruktion.

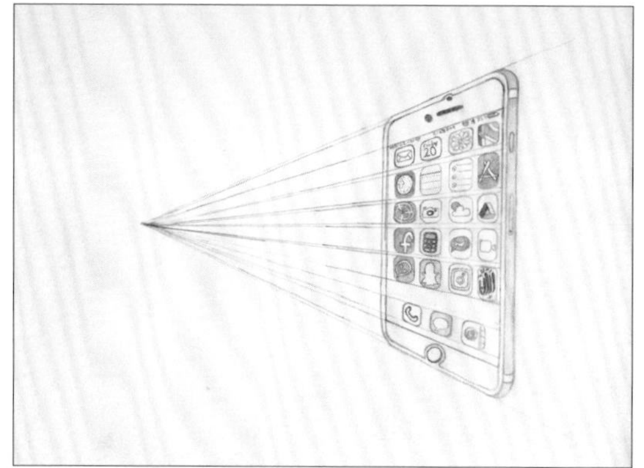

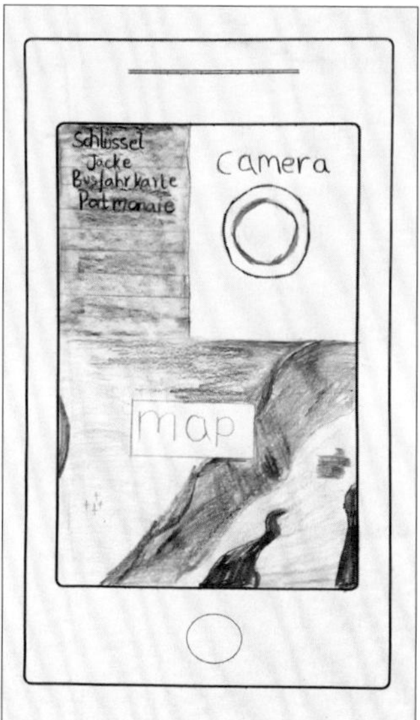

Perspektivzeichnungen für „Handy-cap": App-Entwürfe (aus dem Unterricht von Nora Hansen)

Aufgaben zur Erstellung von Stop-Motion- oder Clay-Animation-Filmen (mit Apps wie *PicPac Stop Motion & TimeLaps, StopMotion Studio*) und zur Erarbeitung kleiner animierter GIF-Grafiken (etwa mit *GIF Maker*) (Hausmann/Laabs 2017, S. 83) können die kreative Energie auch nicht unmittelbar kunstaffiner Schülerinnen und Schüler freisetzen. Lassen Sie Ihre Schülerinnen und Schüler kleine Lern-, Erklärvideos und/oder Mini-Tutorials erstellen und sie in einem *flipped classroom* – „umgedrehtem Unterricht" – selbst zu Lehrenden aufsteigen. Fordern Sie sie auf, beispielsweise einen Film zum fach- und sachgerechten Umgang mit Acrylfarbe anzufertigen. Das sensibilisiert zum

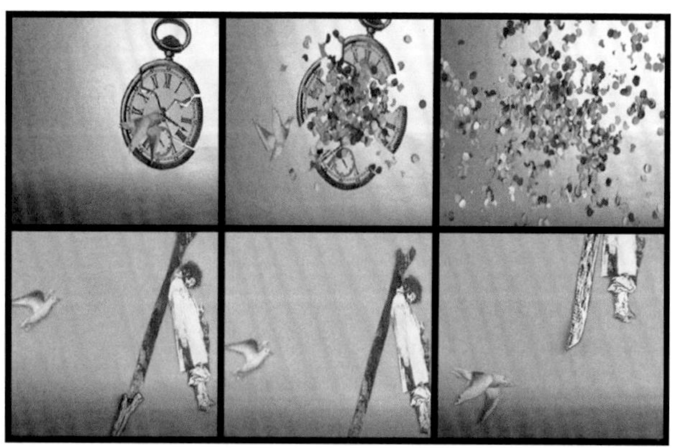

Aus zwei Animationsfilmen (aus dem Unterricht von Joß Schaub)

einen für Fragen einer sachangemessenen Präsentation. Es übt aber darüber hinaus die Kunst des Fokussierens auf das, was an einer Sache oder an einem Vorgang für wesentlich gehalten werden kann, ein.

Nutzen Sie in Ihrem Unterricht zur Erarbeitung frei zugängliche oder sehr günstig zu erwerbende Bildbearbeitungsprogramme wie zum Beispiel *GIMP, Picasa, Photoscape, Paint.Net, IrfanView* nicht allein zur Herstellung lustiger Digitalcollagen, sondern auch etwa in einer kritischen Reflexionseinheit zum Wirklichkeitsgehalt vermeintlich die Realität verbürgender Fotografien. Was sind Fake-News bzw. Fake-Pictures und wie genau funktioniert überhaupt Manipulation? Lassen Sie Ihre Schülerinnen und Schüler auf Seiten wie http://www.photoshopdisasters.com die absurd-komischen Seiten gewollter Bildbearbeitung sichten. Und sensibilisieren Sie Ihre Schülerinnen und Schüler darüber hinaus auch für systematische Täuschungsversuche und Propaganda (Lüpke 2014; Maak 2008; Metamedia o. J.). Schärfen Sie schließlich die Aufmerksamkeit Ihrer Schülerinnen und Schüler auch für die Existenz und Funktionsweisen sogenannter Wahrnehmungsbubbles. Denn wie funktionieren denn YouTube-Videos und wie bemisst sich ihr „Wert"? Der Wert solcher Videos bemisst sich nicht zuletzt auch nach Wahrnehmung der „Korona" an Informationen rund um Bilder im Internet, an sichtbaren Aufrufzahlen und Bewertungen (Ullrich 2009, S. 59).

Die in Pulheim-Stommeln lehrende Kunstpädagogin Birgit Krämer hat die Schülerinnen und Schüler im Kunstunterricht dazu animiert, „Fake-Accounts" zu erstellen. Krämer vermochte ihre Schülerinnen und Schüler auf diesem Weg für spezifische Marktstrategien zur Erzeugung von Öffentlichkeit zu sensibilisieren (für das so genannte Campaigning). Außerdem ließen sich auf diesem Wege Funktionsweisen milieuspezifischer Werbung offenlegen. Zudem wurden über die intensiven Simulationen von gerade auch von Influencern täglich genutzten authentischen Bild- und Werbestrategien Möglichkeiten von als Informationen eingebettete Manipulationen erkennbar. Zu diesem Themenkomplex schreibt Fiona Nolte:

> Der Kunstunterricht kann hier [...] neben einer Förderung von ‚Bildkompetenz' auch einen erzieherischen Auftrag erfüllen, insbesondere im Bereich der Medienerziehung. Meiner Ansicht nach können nur wenige Themen im Unterricht so weitreichend Jugendliche berühren und deren Sichtweisen verändern. (Nolte 2018, S. 17)

Die Schülerinnen und Schüler gestalteten ihre Sites gemäß der ästhetischen Logik potenzieller Abnehmerinnen oder Abnehmer bestimmter Produkte. In den Abbildungen 43/43 ist zum einen eine Blog-Kampagne für einen konsequenten Veganismus zu sehen. Zum anderen findet sich hier das Ergebnis einer konkreten Produktentwicklung für einen Erdbeer-Energydrink.

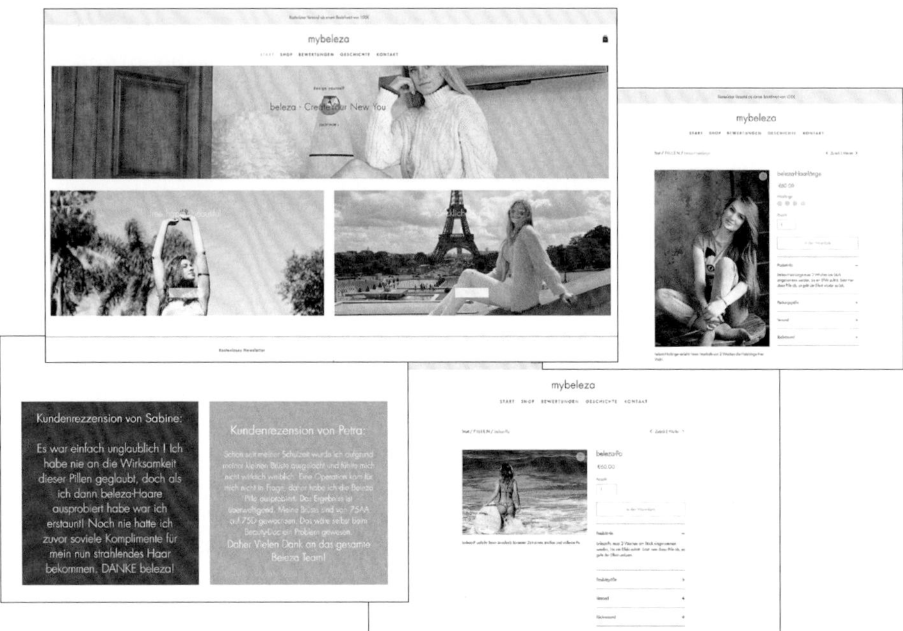

Fakes: die Firma Belazza mit absurden Angeboten (aus dem Unterricht von Birgit Krämer)

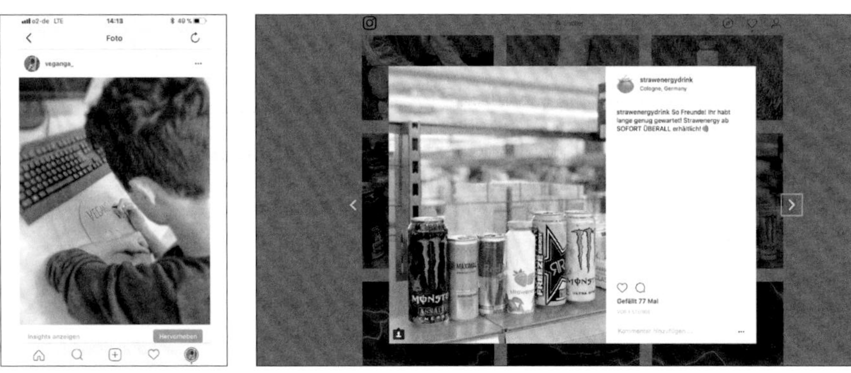

Fakes: Strawberryenergy (aus dem Unterricht von Birgit Krämer)

Busse, Klaus-Peter (2011): Mapping – ein Bildungsprojekt, Browsing, Sharing, Collecting, Producing, in: Bering, Cornelia/Bering, Kunibert (Hrsg.): Konzeptionen der Kunstdidaktik: Dokumente eines komplexen Gefüges, Oberhausen, S. 237–241.

Busse, Klaus-Peter (o. J.): Den Atlas öffnen. Mapping: ein kulturelles Skript, in: http://docplayer.org/13324478-Klaus-peter-busse-den-atlas-oeffnen-mapping-ein-kulturelles-skript.html (zuletzt 23.02.2019).

Czech, Alfred (2017): Kunstpädagogik – digital mobil gestalten und lernen. Einleitende Überlegungen, in: Dies. (Hrsg.), Kunstpädagogik digital mobil. Film, Video, Multimedia, 3D und Mobile Learning mit Smartphone und Tablet – Vermittlungsszenarien, Unterrichtsprojekte und Reflexionen, München, S. 11–23.
Foitzik, Andreas/Hezel, Lukas (2018): Diskriminierungskritische Schule: Einführung in theoretische Grundlagen, Weinheim.
Gockel-Nelißen, Annkathrin (2023): Kreativität in Zeiten des digitalen Wandels. Wie bildbasierte KI den Kunstunterricht revolutioniert, in: Kunst+Unterricht. Heft 475/476, S. 8–13.
Hausmann, Robert/Laabs, Matthias (2017): Loops und Fakes ... Interaktive Raumaneignung zwischen analog und digital. Neudeutungen der Wirklichkeit durch Smartphone-Fotografie (Sekundarstufe I und II), in: Camuka, Ahmet, Peez, Georg (Hrsg.), Kunstpädagogik digital mobil. Film, Video, Multimedia, 3D und Mobile Learning mit Smartphone und Tablet – Vermittlungsszenarien, Unterrichtsprojekte und Reflexionen, München, S. 79–100.
Hecht, Jan/Hribernik, Nico (2018): Der Mensch hinter dem User: Die Digitalen Sinus-Milieus: in: Barth, Bertram/Schäuble, Norbert/Tautscher, Manfred (Hrsg.), Praxis der Sinus-Milieus. Gegenwart und Zukunft eines Gesellschafts- und Zielgrupopenmodells, Wiesbaden, S. 103–111.
Kirschenmann, Johannes (2023): Blackboxes im theatrum virtualis. Von raffinierten, bewusstseinslosen Maschinen, die dem Menschen ähnlich werden, in: Kunst+Unterricht. Heft 475/476, S. 50–57.
Kleynen, Tom/Zumbansen, Lars (2024): Vernetzt – lernen und leisten. Zeitgemäße Prüfungskultur unter den Bedingungen der Digitalität, in: Kunst + Unterricht 479/ 480, S. 8–12.
Lewald-Romahn, Laura (2023): Pro(mpt)zessreflexion. Bildgenerative Darstellungsentscheidungen kooperativ reflektieren, in: Kunst+Unterricht. Heft 475/476, S. 18–25–35.
Littke, Joachim (2017): Digitale Bildgestaltung, in: Bering, Kunibert/Niehoff, Rolf/Pauls, Karina (Hrsg.), Lexikon der Kunstpädagogik, Oberhausen, S. 134–136.
Niehoff, Rolf (2014): Was qualifiziert den schulischen Kunstpädagogen? – Entwicklung eines kunstpädagogischen Qualifikationsprofils, in: Ders./Bering, Kunibert/Niehoff, Rolf u. a.: Bildbegriff und Kunstverständnis im kunstpädagogischen Kontext, S. 138–174.
Nolte, Fiona (2018): SOCIAL ARTWORKING – Die Chancen von „Instagram“ im Kunstunterricht. Eine Anregung, in: Impulse. Kunstdidaktik 23, S. 14–19.
Schirmer, Anna-Maria/Zumbansen, Lars (2023): KI, Bild und Kunst. Mensch-Technologie-Relationen in Veränderung, in: Kunst+Unterricht. Heft 475/476, S. 18–25.
Schmidt-Wetzel (2017): Kollaboratives Handeln im Kunstunterricht, München.
Thalmair, Franz (2016a): Postdigital 1. Allgegenwart und Unsichtbarkeit eines Phänomens, in: Kunstforum International 242 (46), S. 37–51.
Ullrich, Wolfgang (2009): Ästhetik durch Statistik, in: Merkur (63), S. 57–62.
Walbeck, Caspar (2017): Lokomotions – das Smartphone als Prothese. Anregungen zur Körper- und Raumwahrnehmung. In: Kunst + Unterricht 415/416, S. 16–19.
Wilsmann, Stefan (2020a), Modern Talking. Selbstpräsentation in Videokonferenzen. Anregungen zu Reflexionen über Sehen und Gesehenwerden, In: BDK-Mitteilungen 3.2020, S. 7–11.
Wilsmann, Stefan (2023a): Blickpunkt Unterricht, in: Kunst+Unterricht. Heft 449/470, S. 6.
Wilsmann, Stefan (2023d): Künstliche Intelligenz oder Kunst-Intelligenz? Erste Überlegungen zum Einsatz von KI im Unterricht, in: König, Alexander (Hrsg.): Praxisratgeber „Künstliche Intelligenz: Wie Chatbots & Co. den Unterricht verändern“, Hannover, S. 33–35.

#17 Ermöglichen durch Elementarisieren

Elementarisieren Sie, indem Sie nicht allein (a) mimetisch orientierte Aufgabenstellungen oder (b) normativ orientierte Aufgabenstellungen anbieten, sondern auch (c) abstraktiv orientierte Aufgabenstellungen (Wilsmann 2016). Das hilft, Schülerinnen und Schüler unterschiedlicher Kenntnisstände einzubinden, *sie zu befähigen* (Schüleraktivität). Dabei können extrem offene und meist weitläufige Vorgaben die Entwicklung sehr individueller Formsprachen ermöglichen (Produktheterogenität als Abbild sehr individueller Entscheidungswege). Begriffe wie „Bergen", „Fließenlassen", „Bedrohen", „Be- oder Überwältigen" etwa können Schülerinnen und Schüler erste Inspirationen geben und auf der Basis aufgerufener Assoziationsketten, mentaler Bilder, Bildideen generieren, die in einem zweiten Schritt in materiale Bilder übersetzt werden können.

> Mithilfe dieser Art der Aufgabenstellung sind allgemeinere und formale Angänge an Themen möglich. Zudem eröffnet dieser Aufgabentyp die Chance, zu vielfältigeren und kunstnäheren Ergebnissen zu kommen. (Wilsmann 2016, S. 54)

Im Folgenden ein als Einstiegsimpuls genutzter elementarer Zugriff aus dem Unterricht der Lehrerin Ricarda Giefer zu Beginn einer geplanten Reihe zu Picassos Werk. Giefer ließ ein Picasso zugeschriebenes und begleitend zum Radierzyklus „Traum und Lüge Francos" entwickeltes Gedicht vorlesen. Die besondere Pointe dieses Gedichts ist, dass der Künstler darin Dinge zu Akteuren macht. So tauchen nicht nur schreiende Kinder in diesem Gedicht auf, auch Bäume schreien, Steine. In einer Gedichtzeile ist gar von den Schreien des Papiers die Rede. Diese Chiffre nun wurde ganz ohne weitere konkretisierende Vorgaben vonseiten der Lehrerin zum Wie und Was der kommenden Arbeit zum Ausgangspunkt einer Arbeit mit auf dem Tisch stehenden Papierrol-

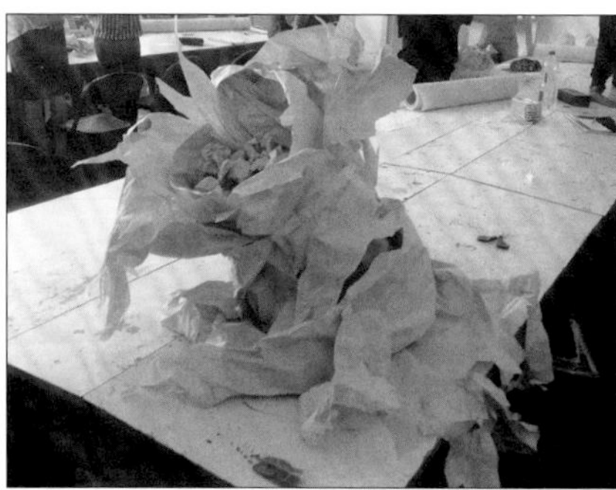

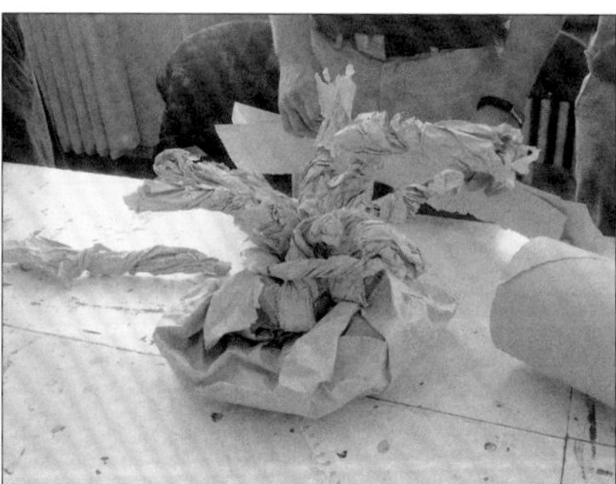

„Schreie des Papiers" (aus dem Unterricht von Ricarda Giefer)

len. Gemeinsam mit dem bereitgestellten Kreppband gibt es ein plastisches Objekt zu entwickeln, das die metaphorische Redewendung „Schreie des Papiers" visualisieren sollte. In dieser hochgradig offenen Stunde entstanden sehr anregende Diskussionen, die zentrale künstlerische Gestaltungsprinzipien berührten und die sich überdies als eine ideale Sensibilisierungsübung für Elementarfragen künstlerischer Formfindung bzw. künstlerischer Strategien erwiesen.

Auch ganz einfache Gegensätze wie „klein/groß", „mächtig/ohnmächtig", „selbstbewusst/nichtig", „Herr/Knecht" können erste Anlässe zu formalen Lösungen sein. Das wird an der folgenden Unterrichtsreihe von Andrea Duyster gut erkennbar:

Das Material in der Kunst

Heutige Aufgabe: Plastisches (dreidimensionales) Arbeiten mit Naturmaterial (Möhren, Kartoffeln, Äpfel)

1 Erarbeitet in der Gruppe eine abstrakte plastische Gestaltung zum Thema: „Menschlicher Eingriff"

2 Als Werkzeug dient ein Küchenmesser. Ihr könnt eure Arbeit mit Skizzen und Notizen unterstützen. Arbeitet auf einer Unterlage aus Zeitungspapier.

3 Experimentiert zunächst
- mit den Bearbeitungsmöglichkeiten,
- mit den Eigenschaften und Bedeutungen des Materials,
- sowie mit der Wirkung der entstehenden plastischen Formen,

um herauszufinden, wie eine Plastik zu realisieren ist, die sich von einem alltäglichen Gegenstand (Essensvorbereitung, Küchenstillleben) unterscheidet.

4 Nach 10–15 min sollt ihr euer Gestaltungsvorhaben vorstellen.

5 *Im Anschluss* stehen euch weitere 15 Minuten Zeit zur Verfügung, das Gestaltungsvorhaben zu *realisieren* und die Arbeit in einer präsentierten Form zu *fotografieren.*

6 Erläutert nach Abschluss der Arbeit (Hausaufgabe) schriftlich,
- welche Rolle das Material in dieser Arbeit spielt.
- welche erweiterten Bedeutungen sich für einen Betrachter aus der Arbeit ergeben können.

Abstrakte plastische Gestaltung zum Thema: „Menschlicher Eingriff"

Gruppenarbeit

Materialien: Möhren, Kartoffeln, Äpfel, Küchenmesser.

- Welche Rolle spielt das Material in dieser Arbeit?
- Welche erweiterten Bedeutungen können sich für einen Betrachter aus der Arbeit ergeben?

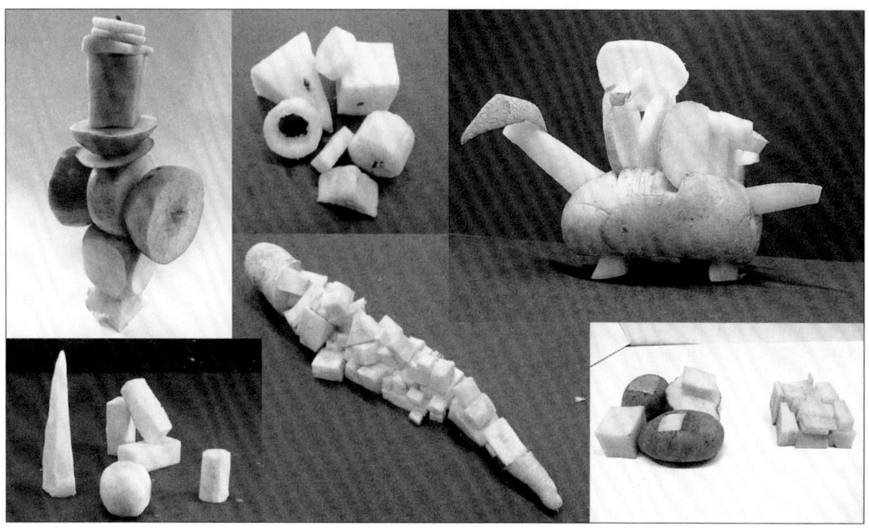

„Das Material in der Kunst" (aus dem Unterricht von Andrea Duyster)

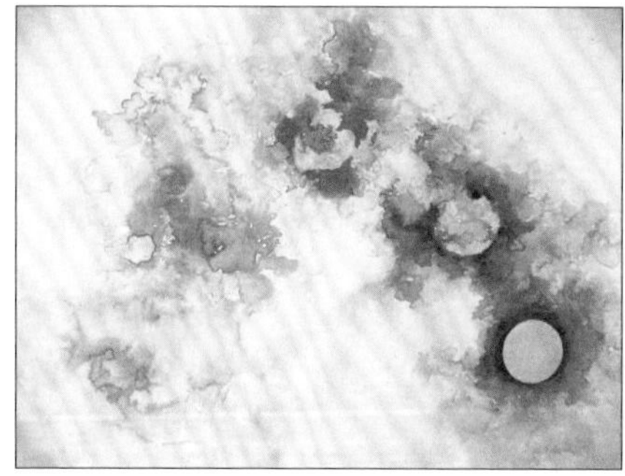

Schülerarbeit zum Begriff „In-Auflösung"

Doch initiieren Sie derartige elementarisierende und abstraktive Aufgaben auch im Mittel klassischer malerischer Techniken. Als Beispiel dazu möchte ich im Folgenden eine aus meinem Unterricht stammende bildnerische Übersetzung des Begriffs „In-Auflösung" präsentieren.

Abstraktiv zu arbeiten hilft auch, von euro- und okulozentrischen Fokussierungen fortzukommen und unsere noch immer starke Orientierung an Richtigkeitskriterien wie etwa beim „perspektivischen Zeichnen" (Marr 2017, S. 48) erkennbar ein klein wenig auszuhebeln. Erweitern wir „die Möglichkeiten vielfältiger, individueller zeichnerischer Erprobungen" (Hoffmann 2017, S. 261 Fn. 14). So ist das schulcurricular meist in Klasse 7 oder 8 angesetzte Thema „Bildraum" beispielsweise durchaus auch anders als als allein über die Aspekte Verdeckung, Staffelung und zentralperspektivisch bedingte Verjüngung durchschreitbar. Überhaupt ist ja der zentralperspektivisch konstruierte Bildraum, denkt man an die auf den Zwischen- und Freiraum setzende römische Malerei oder an die hochmittelalterlichen *horror-vacui*-Füllräume (Bering/Rooch 2008), selbst in europäischer Perspektive nichts weiter ist als eine Episode. Vergessen wir nicht, dass der bedeutende konservative Kunsthistoriker Hans Sedlmayr noch in den 1950er-Jahren in der gotischen All-Perspektivität *die* zentrale Linie christlich gebundenen Bildgestaltens betrachtet hatte und in der subjektivistischen Wende der Renaissance nur eine Art Sündenfall zu sehen vermochte. Insofern ist Bildraum immer auch, wie am Beispiel von südostasiatischer oder innerhalb muslimischer Traditionslinien entstandener Kunst sehr gut zu zeigen ist, eine bestimmte (und bestimmbare) Art der Ausnutzung und Organisation der vorhandenen Bildfläche. Haben Sie in Ihrem Kunstunterricht den Mut, Ihre Schülerinnen und Schüler nicht nur mit der Darstellung perspektivisch korrekt sich verjüngender Säulengalerien zu betrauen, sondern sie in Loslösung von der Vorstellung eines Kasten- oder Gefäßraumes auch dazu zu animieren, zu den folgenden Begriffen eigene Bildgestaltungen zu realisieren. Lassen Sie sich dazu von den vielfältigen Impulsen der an der Alanus Hochschule nahe Bonn lehrenden Katja Hoffmann inspirieren (Hoffmann 2017):

Freiraum
Rückzugsraum,
Hohlraum,
eine *Abstellkammer,*
einen *dunklen Ort*

Abgebildet finden Sie eine bildnerische Lösung zum Thema „Machtraum“ aus meinem Unterricht.

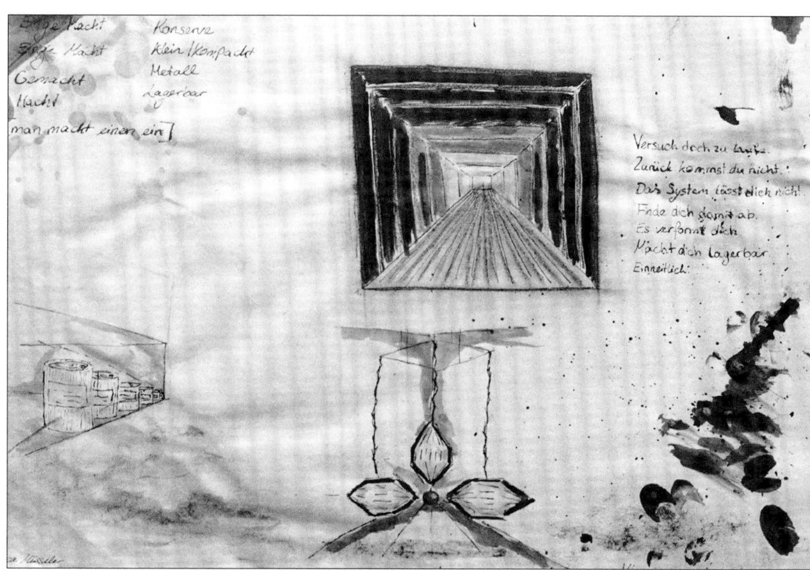

Umsetzung des Themas „Machtraum“

Bering, Kunibert/Rooch, Alarich (2008): Raum: Gestaltung – Wahrnehmung – Wirklichkeitskonstruktion, Oberhausen (2 Bde.).
Briegleb, Till (2011): Verstehen Sie Kunst? Die 10 geheimen Tricks der Kunst, in: ART-Magazin 11 2011, S. 20–29.
Hoffmann, Katja (2017): Jenseits der Zentralperspektive. Zu einem Dispositiv der räumlichen Darstellung im Zeichenunterricht – und seinen Alternativen, in: Marr, Stefanie, Staub aufwirbeln. Eine Anleitung zum Zeichnen lehren für die kunstpädagogische Praxis, Oberhausen (2. Aufl.), S. 357–376.
Marr, Stefanie (2017): Staub aufwirbeln. Eine Anleitung zum Zeichnen lehren für die kunstpädagogische Praxis, Oberhausen (2. Aufl.).
Wilsmann, Stefan (2016): Natur, abstrakt gedacht. Epochale Naturverständnisse materialästhetisch neu interpretieren, in: Kunst+Unterricht 399/400, S. 54–57.

#18 Ermöglichen durch spezifische Förderung

Fördern Sie die sogenannten „Begabten“ in Ihrem Kurs. Doch gibt es die überhaupt? Der Kölner Didaktiker Kersten Reich äußert stichhaltige Gründe für eine skeptische Haltung in dieser Hinsicht, denn:

> Die menschlichen Fähigkeiten sind, wenn sie entsprechend gefördert werden, bei jedem Menschen viel größer als das Begabungsvorurteil, das immer nur Grenzen der Möglichkeiten betont und auf Defizite statt Chancen fokussiert. (Reich 2014, S. 17)

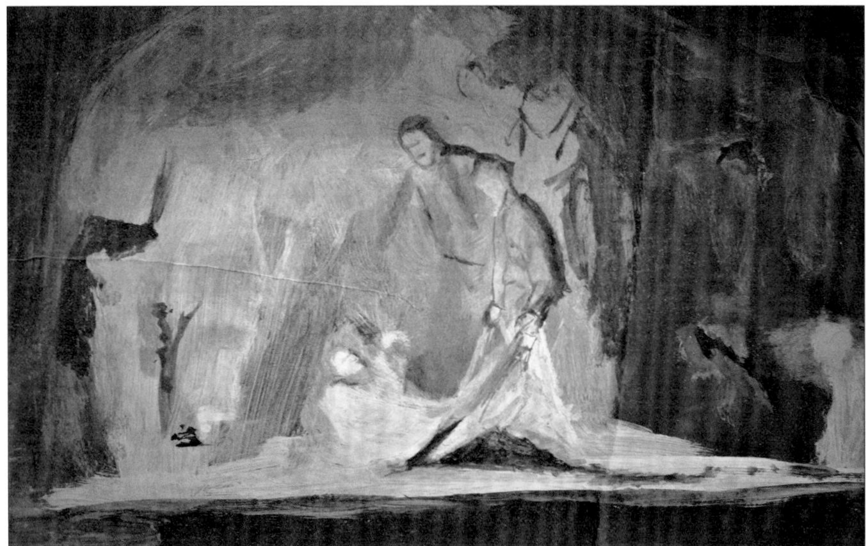

Farbskizze von Schaugi Issa

Auch in den 1990er-Jahren hochgehaltene Worte wie „Elitismus“ und „Exzellenz“ sollten uns vor einem eilfertigen Gebrauch des Begabungsbegriffs abhalten. Und dennoch gibt es sie immer wieder in unserem Kunstunterricht, diese „Goldadern“, die wie die großen Kicktalente im Fach Sport meist zu den „Stars“ der Klasse“ gehören. Fördern sollten wir sie. Eine von einem meiner begabtesten Schüler ganz nebenbei und in allerkürzester Zeit gestaltete Farbskizze in kongenialer Anlehnung an die *Grablegung Christi* von Rembrandt zeigt, was möglich ist.

Schülerinnen und Schüler mit enormem Leistungspotenzial im Bereich des Zeichnens, im Bereich des Erfassens und Formens dreidimensionaler Objekte oder aber auch im Bereich handwerklicher Fertigkeiten sollten in Ihrem Unterricht eine besondere Förderung erfahren. Dabei eignet sich die primär allerdings auf zeichnerische Begabung gemünzte Kriterienliste der Kollegin Monika Miller aus meiner Sicht sehr gut zur Überprüfung allgemeiner künstlerischer Begabung:

Indikatoren Begabung Kunst:

- Zeichnerisch begabte Kinder beginnen früher als durchschnittlich begabte zu zeichnen.
- Ihre Entwicklung erfolgt akzeleriert (beschleunigt).
- Zeichnerisch begabte Kinder zeichnen nicht allgemein den Typus der Objekte, sondern bestimmte, direkt gemeinte Objekte, die sie zudem mit zahlreichen Details ausstatten.
- Sie verfügen über ein reiches Formrepertoire.
- Ihre Zeichnungen entstehen durch schnelle und „flüssige“ Linien.
- Die Beherrschung von Raumtiefe ist ein Merkmal der Zeichnungen begabter Kinder (früher Realismus).
- Zeichnerisch begabte Kinder zeigen oft eine starke Faszination an bestimmten Themen und produzieren Zeichnungen, in denen sie die Motive endlos wiederholen.
- Zeichnerisch begabte Kinder schaffen sich zudem ständig neue Herausforderungen.
- Ihre Begabung kennzeichnet einen fast an „Obsession“ grenzenden Zeichendrang (von einigen auch als „zwanghaft“ wahrgenommen).
- Dieses Interesse, der Antrieb und der Wunsch zu zeichnen, sind wesentliche Indikatoren ihrer Begabung.
- Zeichnerisch begabte Kinder verfügen über einen hohen Grad intrinsischer Motivation.
- Das Üben fungiert dabei als bedeutender Entwicklungsfaktor bei der Perfektionierung der Motive und Techniken.
- Zeichnerisch begabte Kinder zeichnen sich durch emotionale Teilnahme aus. Sie zeigen eine ausgeprägte künstlerische Sensibilität. (nach Miller 2015, Sing/Miller 2017, S. 314 ff.)

Als Begabungskriterien für plastisches Gestalten könnten überdies die folgenden Punkte genannt sein:

Indikatoren plastischer Begabung:

- frühe Lust am Gestalten und Formen
- genaue Beobachtung und visuelle Aufmerksamkeit
- gutes visuelles Gedächtnis
- reiches Formrepertoire
- Gestaltungswille – erkennbare Motivation für das plastische Gestalten

(nach Sing/Miller 2017, S. 322)

Erahnen Sie ein besonderes Talent in einem Ihrer Schülerinnen und Schüler schlummern, bitten Sie diesen „Sonderfall" zu Zwecken der Diagnostik zu Hause ganz privat angefertigte Werke mit in den Unterricht zu bringen, etwa um eine Idee von der Richtung, in die ein Talent strebt, bekommen zu können.

Ist ein Ausnahmetalent erkannt, kann es zu seiner gezielten Förderung sogar sinnvoll sein, eine partielle „Exklusion" aus dem Regelunterricht anzustreben (Loffredo 2016, S. 27). Gewiss mangelt es an bundesdeutschen Schulen ohnehin an speziellen Begabtenprogrammen im Bereich Kunst. Doch bieten sich möglicherweise an der Schule vorhandene Kunst- oder Kulturzweige mit besonders starkem Stundenumfang auf dem musischen Feld an, um eine angemessene Förderung künstlerischer Talente anzubahnen. Allen Klageliedern zum Trotz, dass sich hier keine passenden Angebote finden ließen, behaupte ich, dass es relativ unproblematisch sein dürfte, eine Fünftklässlerin oder einen Fünftklässler am Kunstunterricht der Oberstufe teilnehmen zu lassen und auf diese Weise eine Art schulinternes „Drehtür"-Fördermodell zu installieren – ein klein wenig Trickreichtum bei der Organisation vorausgesetzt. Sind aber alle Wege dieser Art nicht beschreitbar, dann muss die findige Lehrkraft versuchen, Hilfe von außen zu suchen. Stellen Sie in einem solchen Falle beispielsweise Kontakte zu Angeboten lokaler Bildungsträger mit „Sommerschulen" oder Ateliertagen im Angebot her. Zusätzliche Förderung besonders herausragender Schülerinnen und Schüler mag darüber hinaus auch in Zusatzkursen wie AGs, Akademien, in Spezialschulen (Kunstateliers) gelingen.

Fachschaften sollten in dieser Sache besonders wachsam sein und können auf derartige Fördermöglichkeiten oft wenig fokussierte Schulleitungen auf konkrete Optionen zur Förderung von Schülerinnen und Schülern hinweisen. Kämpfen Sie für begleitete (Zeit-)Räume zu einer gezielten Förderung von Höchstleisterinnen und Höchstleistern, wobei es ein strategisch kluger Schachzug sein kann, Ihrer Schulleitung klarzumachen, dass ein solcher Einsatz auch in ihrem eigenen Interesse liegen könnte. Denn mehr und mehr Schulen haben heutzutage Probleme mit Blick auf das Mischungsverhältnis ihrer Klassen und vermögen es immer weniger, Schülerinnen und Schüler gerade aus eher bildungsnahen Haushalten zu akquirieren. Doch ist es schwerpunktmäßig diese Klientel, die bei Tagen der offenen Tür immer nach dem musischen Profil oder nach der Existenz eines Kunst-Leistungskurses fragt. Insofern sollten Schulleitungen ein Interesse an der Stärkung des Faches Kunst haben.

Leider wissen auch bis zum heutigen Tage viel zu wenige in und an Schule Beschäftigte, dass manche Bundesländer wie zum Beispiel Nordrhein-Westfalen den auf diesem Feld besonders engagierten Schulen Möglichkeiten anbieten, sich nach außen hin zertifiziert als Profil- und Kunstschulen darzustellen. Beinahe jede Schule ist heute MINT-Schule – Profil gewinnt man heutzutage dadurch also kaum mehr. Eine „Kunstschule" hingegen „zieht".

Nehmen Sie zur Förderung Ihrer begabten Schülerinnen und Schüler auch Kontakte auf zu Wettbewerbs- und Projektanbietern und beachten Sie dazu die gewöhnlich an den Fachvorsitzenden oder die Fachvorsitzende weitergeleiteten Broschüren und Angebote. Manche von diesen externen Organisationen wie zum Beispiel „denkmal-aktiv" bieten Lehrerinnen und Lehrern sehr gute Rahmenbedingungen. Und nicht wenige davon stellen zuweilen auch materielle Ressourcen für die Durchführung aufwendigerer Vorhaben bereit. Das betrifft in starkem Maße auch die Finanzierung von Sonderexkursionen oder -projekten, die auf besondere Weise in der Lage sind, das Interesse der Begabten zu bindcn. Schcucn Sic auch nicht davor zurück, schu lexterne Expertinnen und Experten einzuladen oder einen Atelierbesuch bei einer Künstlerin oder einem Künstler anzupeilen. Zimmern Sie gemeinsam mit Ihren Kolleginnen und Kollegen ein schuleigenes Förderkonzept für besonders interessierte Schülerinnen und Schüler. Im Folgenden sei das maßgeblich von meinem Kollegen Thomas Butzlaff initiierte Förderkonzept der Bertolt-Brecht-Gesamtschule in Bonn vorgestellt:

Das Konzept zur Begabtenförderung im Fach Kunst der Schule

Das Konzept zur Begabtenförderung im Fach Kunst dieser Schule erhält den Namen Künstlerschule. Es ist einer von vier Fachbausteinen der Schule.

Die Begabtenförderung ist ein Teilbereich künstlerischer Arbeit an der Schule. Um seine Einbettung zu verstehen, werden alle vier Bereiche zunächst kurz vorgestellt:

Künstlerschule – Konzept: Begabtenförderung

- *Zielgruppe:* Künstlerisch überdurchschnittlich begabte SchülerInnen der Jahrgänge: 7, 8, 9, 10, 11, 12
- *Ziele:* fachbezogene Förderung, Theoriebildung, Leistungskurs, Berufsvorbereitung
- *Arbeitsprozesse:* ergebnisorientiert – dann auch prozessorientiert

Projektschule – Konzept: Begabtenförderung

- *Zielgruppe:* künstlerisch überdurchschnittlich interessierte SchülerInnen der Jahrgänge: 7, 8
- *Ziele:* Schülerfirmen, Design, Berufsvorbereitung
- *Arbeitsprozesse:* ergebnisorientiert und prozessorientiert

Kunstschule – Konzept: Curriculum der Schule

- *Zielgruppe:* alle SchülerInnen der Jahrgänge: 5, 6, 7, 9, 11, 12, 13
- *Ziele:* allgemeine ästhetische Bildung in der Sekundarstufe I
- *Arbeitsprozesse:* prozess- und ergebnisorientiert

Lebensschule – Konzept: Jungenarbeit

- *Zielgruppe:* sozial-kulturell benachteiligte Schüler (Jahrgang 6)
- *Ziele:* fächerunabhängige Förderung, Prävention
- *Arbeitsprozesse:* prozessorientiert – dann auch ergebnisorientiert

Loffredo, Anna Maria (2016): Kunstunterricht und Inklusion. Eine bildungstheoretische und fachdidaktische Untersuchung gegenwärtiger Anforderungen an ausgewählten Unterrichtsbeispielen für die Primar- und Sekundarstufen, Oberhausen.

Miller, Monika (2015): Zeichnerische Begabung erkennen und fördern, in: Glas, Alexander u. a., Kunstunterricht verstehen. Schritte zu einer systematischen Theorie und Didaktik der Kunstpädagogik, München, S. 447–558.

Reich, Kersten (2014): Inklusive Didaktik. Bausteine für eine inklusive Schule, Weinheim und Basel.

Sing, Mona/Miller, Monika (2017): Zeichnen und modellieren einer Eidechse. Fallstudien über eine künstlerisch besonders begabte Schülerin, in: Sowa, Hubert/Fröhlich, Sarah (Hrsg.), Bildung der Imagination. Band 4: Verkörperte Raumvorstellung – gestaltungsdidaktische Praxis und Forschung, Oberhausen, S. 305–327.

SELBST-Konzept III: Kunstunterricht sollte lebensnah sein

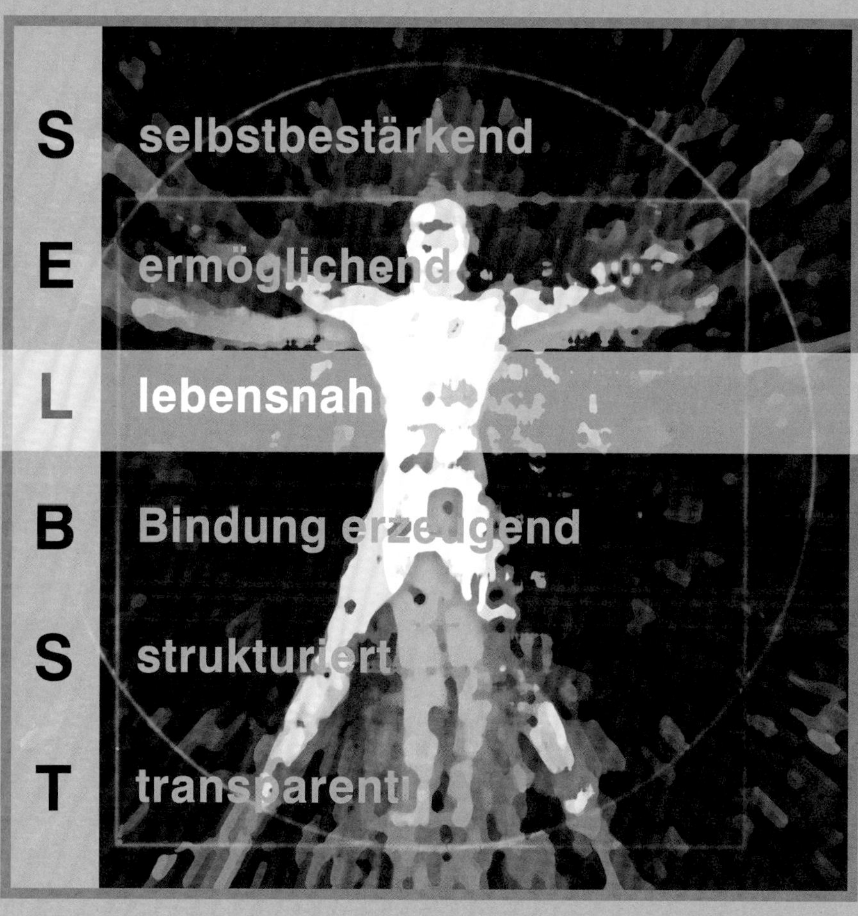

Vorüberlegungen

Gutes individuelles Lernen ist als ein vertieftes und damit vertiefendes Lernen immer ein lebensnahes und lebensweltlich bedeutsames Lernen. Dieses Verständnis ist in den letzten Jahren mit dem vorrangigen Fokus der Bildungspolitik(-en) auf das Erreichen besserer internationale Bildungsergebnisse und auf Wege zur Steigerung von Lerneffizienz ein wenig in Vergessenheit geraten.

Das auf die Kompetenzziele (Lebens-)Klugheit und Vorstellungskraft abzielende Konzept *Learning in Depth* des kanadischen Bildungswissenschaftlers Kieran Egan (Bräuer 2017, S. 8) setzt an dieser Stelle deutlich andere Schwerpunkte. Denn dieses primär auf mentale Bilder (wie beispielsweise Vorstellungen; zu ihrer Bedeutung vgl. Sowa u. a. 2014) setzende Modell einer „imaginative education" (Bräuer 2017, S. 8) verknüpft das Lernen unmittelbar mit dem *Leben* und zielt auf mehr ab als auf bloßes Behaltenswissen. Darüber hinaus fokussiert es auch die heute innerhalb der Kunstpädagogik zum Beispiel von Buschkühle diskutierte und allgemeindidaktisch von der Resonanzpädagogik für wichtig erachtete Verbindung von Lernerfolg und den subjekteigenen Vorstellungen von einem gelingenden Leben.

Nun haftet Lobliedern auf das Leben seit einigen Jahrzehnten immer etwas Eigentümliches und Ambivalentes an. Zu Recht. Jahrzehntelang hatten diskursprägende Theoretiker wie beispielsweise der Rembrandt-Liebhaber Julius Langbehn die Orientierungsmarke Leben als Kampfbegriff „germanischer Essentialisten" gegen die „enteigentlichten Zivilisationsmenschen" genutzt (Wilsmann 2004). Selbst die in unserem Fach größten Anbeter des Lebens wie beispielsweise die Anhängerinnen und Anhänger der Musischen Erziehung mussten ja manche ihrer Texte mit heute mehr als eigentümlich wirkenden Bildern aus der „großen germanischen Mythologie" (Haase 1951, S. 42) flankieren. Skurril beispielsweise der Vorschlag, der Kunstunterricht habe sich gegen das Krankhafte des Massenzeitalters zu richten. Er habe, wie Gunter Otto spöttelte, eine Art „Lebenshilfe" (Otto 1973, S. 19) zu sein und diene, statt auf Leistung auf Gesittung setzend, vornehmlich der „Hygiene der Seele" (Haase 1951, S. 44). Das alles kann freilich kein wirklicher Anknüpfungspunkt mehr für uns Heutige sein; allein schon, weil uns die von den Musischen als oberflächlich und bös erachteten Tätigkeiten wie „Kino, Fußball und Vergnügungsindustrie" (Haase 1951, S. 17) gegenwärtig eher als wertvolle Ressourcen für unser unterrichtliches Handeln dienen und sich kaum mehr als satanisches Schreckbild eignen.

Wegen dieses Flirts manch lebensphilosophischer Denkansätze unter anderem auch mit faschistoiden Theorien neuer Eigentlichkeit schwanden nach dem Zweiten Weltkrieg die bis dahin noch positiven Bezüge auf die Chiffre Leben. War in diesen Jahren von Leben der Rede, sprach man im legitimen Diskurs im Höchstfalle noch, man denke an Adorno, von „beschädigtem Leben“ (Fassin 2017, S. 13 ff.). Und so galt konsequenterweise auch das in den 1970er-Jahren als „Lebenswelt“ Bezeichnete weniger als Synonym für eine aus ihrem Innersten Sinn schöpfenden Gemeinschaft, sondern – sehr viel schnöder gedacht – nurmehr noch als eine Art von kommunikativem Zusammenhang. Schließlich vermochten es antiautoritäre Erziehungskonzepte, das Wort „Leben“ aus seiner bisherigen Umklammerung von Tiefsinn getragener Seinskonzepte zu befreien und mit der Frechheit und Unangepasstheit Pippi-Langstrumpf-artiger Alltagspraxen in Verbindung zu bringen. Dieser auch mit Abenteuerspielplätzen und einer neuen ästhetischen Wagnispädagogik assoziierbare Wende folgten „Strategien einer Eroberung des Lebensraumes Stadt gerade auch für Kinder“ (Fuchs 2019, S. 144). Und dann sei am Ende dieser Kurzaufzählung auch noch ein Mann wie Joseph Beuys erwähnt, der mit seiner Art kunstvermittelter Diskurse vergessene Größen wie Lebendigkeit, das Substanzielle, das Organische, Energie, Wärme, Kraft wieder erneut ins Rampenlicht zu rücken verstand.

Heute beziehen sich hochrangige Kunstdidaktiker wie Carl-Peter Buschkühle mit seinem *Lebenskunstkonzept* in vielerlei Hinsicht auf Beuys'sche Gedanken. Und so fragt, Reflexionen Wilhelm Schmidts miteinbeziehend, Buschkühles Konzept, zentral die Schulung einer „sinnlichen, einer strukturellen sowie einer virtuellen Sensibilität“ (Dreyer 2005, S. 76) von Schülerinnen und Schülern anstrebend, nach nichts weniger als nach den Grundbedingungen gelingenden und zu bejahenden Lebens.

Doch auch anders akzentuierende „Schulen“ innerhalb der Kunstdidaktik wie beispielsweise die Bildtheorie verweisen ihrerseits auf die Vermittlung „zwischen der Bilderwelt der Schüler, ihren Subjektivitäten, Identitäten, Lebens-, Wahrnehmungs- und Erfahrungssphären und den Gegenständen, Zusammenhängen und Prozessen der historischen und aktuellen Bildkultur“ (Bering/Niehoff 2018, S. 10). Auch hier also wird die Verbindung „zum Leben“ zu einem zentralen Zielpunkt kunstunterrichtlichen Handelns auserkoren.

Schließlich setzt auch der IMAGO-Forschungsverbund seinerseits auf „das Leben“. Dabei sind in diesem Konzept die in den Bildern der Kinder vorhandenen „fluiden“ imaginativen Ideen „der Lebensgemeinschaft“, in dem eine Schülerin oder ein Schüler sich aufhalte, von besonderer Wichtigkeit. Das von Schülerinnen und Schülern im Kunstunterricht erstellte Bild übersetze gewissermaßen dieses Leben, so heißt es,

> in die besondere Domäne bildlich festgeschriebener Zeichen. Die imaginativen Energien, aus denen sich diese Übersetzungsleistung speist, entstammen verschiedenen anderen Domänen:

- Der gemeinsamen biographischen und geschichtlichen Erinnerung an die Herkunft der Lebensgemeinschaft;
- Der körperlichen Erinnerung an das Gehen der Wege in der Landschaft;
- Der sprachlichen Erinnerung an die immer wiederholten Erzählungen;
- Der musikalischen Erinnerung an den Rhythmus der Schritte und die Melodien der Gesänge;
- Der Erinnerung an die Farben der Landschaft;
- Der Erinnerung an die materiellen Ressourcen des Landschaftsraumes (Pflanzen, Wasser, Fundstellen von besonderen Erden ...);
- Der Erinnerung an gemeinsam erlebte Szenen;
- Der topographischen Erinnerung, die sich wiederum den andere imaginativen Wirkfaktoren verdankt (Sowa 2016, S. 226)

Wenn ich nun im Folgenden den Kunstunterricht mehr an „das" Leben andocken möchte, an eine Welt außerhalb des „Containers" Klasse und jenseits von nach Schwierigkeitsgraden gestuften Aufgabenstellungen, dann ist das mehr als das, was die etwa mit Aufgabenplänen, Lernlandkarten, Lernkontrakten, Lerncoaching-Instrumenten sowie Lernportfolios, mit Skizzenbüchern und Scribbles verbundenen Methoden selbständigen Wissenserwerbs allgemeinhin vorsehen. Denn meine Idee verbindet sich mit einem Hinausgehen, mit der Vorstellung von einem Lernen in Form von Rallyes oder Exkursionen oder in und an „gerade nicht institutionell vorgeprägte[n] Orte[n]" (Erhorn/Schwier 2016, S. 11). Orientieren Sie sich bezüglich Ihrer Lehr-Lerninhalte, so dies schulrechtlich und -organisatorisch möglich ist, mehr als bisher an den Lernlandschaften ihrer Umgebung, mehr jedenfalls als am staubigen Buchbestand im Kunstnebenraum des Kunsttraktes. Trauen Sie sich dabei verstärkt zu, städtische Bildungsangebote (denkmal-aktiv, Museumspädagogen, Heimatvereine etc.) zu nutzen, oder animieren Sie Ihre Schülerinnen und Schüler, mit dem Tablet, mit Bleistift und Frottierabsicht bewaffnet dazu – aufgabenbasiert und kriterial nach Maßgabe eines Ihnen wichtigen Problembereichs fokussiert –, ihre konkreten Umwelten und Lebensumfelder genauer zu erkunden.

Stadterkundungen etwa unter dem Titel „Stadt unter der Lupe" ermöglichen sehr individuelle Blicke auf das Individuelle vor Ort. Das Material, das in solchen Settings entsteht, wird dann „zusammen mit den Schülerinnen und Schülern ausgewertet, ausgewählt, grafisch überarbeitet und umgestaltet. Direkt auf den Tablets werden, Unbekannte Wesen', die sich aus Verfallsspuren entwickeln, ‚Architektonische Super-Kontraste', ‚Merkwürdige runde Dinge im Stadtbild' präsentiert und besprochen" (Blohm/Fütterer 2016, S. 223). In einem Unterricht geht es um ein spielerisches Erkunden und Abtasten existierender Oberflächen, um ein Sichten, Tasten, Erschmecken der uns umgebenden Umwelt, wenn das Wissen an und in der „echten" Welt gewonnen wird und wenn dabei auf ein im Vergleich zu jetzigem Lernen eher auf die Sinne fokussiertes und körperfixierteres Reflektieren von Dingen angestrebt wird, das darüber hinaus als Orientierungswissen eine echte Relevanz hat. Das ist, wie ich meine, ein echtes „Anteilnehmen bzw. *mattering*" (Slaby 2008, S. 18), Grundfähigkeit des *homo sapiens sapiens,* weil Menschsein Teilsein ist, Teilnehmen und Teilhaben, was dennoch im Unterricht als Fähigkeit nicht immer ausreichend berücksichtigt wird. Mein Vorschlag im Folgenden ist: Machen wir uns Leib und Leben der Lernenden zunutze und setzen dabei, wie im Schaubild ersichtlich, auf die verschiedenen Lernmöglichkeiten, wie sie sich aus einem Abschreiten der Orte zwischen den Polen Vermittlung (institutionalisierte Bildung) und Aneignung (außerschulische Wissensaneignung) ergeben.

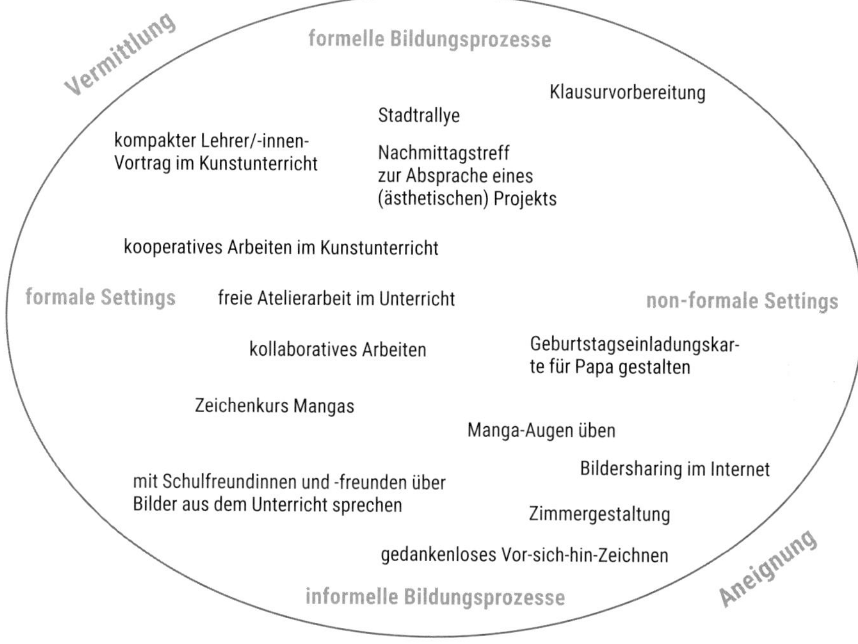

Bering, Kunibert/Niehoff, Rolf (2013): Bildkompetenz. Eine kunstdidaktische Perspektive, Oberhausen.

Blohm, Manfred/Fütterer, Werner (2016): Ortswechsel – andere Orte im Kunstunterricht, in: Erhorn, Jan/Schwier, Jürgen (Hrsg.), Pädagogik außerschulischer Lernorte. Eine interdisziplinäre Annäherung, Bielefeld, S. 214–226.

Bongaerts, Gregor (2012): Inkarnierter Sinn und implizites Wissen, in: Loenhoff, Jens (Hrsg.), Implizites Wissen. Epistemologische und handlungstheoretische Perspektiven, Weilerswist, S. 129–149.

Deinet, Ulrich/Dereick, Ahmet (2016): Die Bedeutung außerschulischer Lernorte für Kinder und Jugendliche. Eine raumtheoretische und aneignungstheoretische Betrachtungsweise, in: Erhorn, Jan/Schwier, Jürgen (Hrsg.), Pädagogik außerschulischer Lernorte. Eine interdisziplinäre Annäherung, Bielefeld, S. 15–28.

Dreyer, Andrea (2005): Kunstpädagogische Professionalität und Kunstdidaktik. Eine qualitativ-empirische Studie im kunstpädagogischen Kontext, München.

Dreyfus, Hubert/Taylor, Charles (2016): Die Wiedergewinnung des Realismus, Berlin.

Erhorn, Jan/Schwier, Jürgen (2016): Außerschulische Lernorte. Eine Einleitung, in: Dies. (Hrsg.), Pädagogik außerschulischer Lernorte. Eine interdisziplinäre Annäherung, Bielefeld, S. 7–13

Fassin, Didier (2017): Das Leben. Eine kritische Gebrauchsanweisung, Berlin.

Fuchs, Max (2019): Die Technik, die Stadt und das Subjekt. Aktuelle Anforderungen an die Kulturelle Bildung, München.

Haase, Otto (1951): Musisches Leben, Hannover (2. Aufl.).

Otto, Guter (1973): „Kunst als Struktur" und „Kunst als Prozess": zwei Aspekte des Kunstunterrichts, in: Ders./Breyer, Herbert/Wienecke, Günter (Hrsg.), Kunstunterricht. Planung bildnerischer Prozesse, Düsseldorf, S. 11–36.

Otto, Gunter/Otto Maria (1986): Ästhetische Erziehung als Praxis des Auslegens von Bildern, Seelze.

Penzel, Joachim (Hrsg.) (2017): Hands on: Kunstgeschichte. Methodik und Unterrichtsbeispiele der gestaltungspraktischen Kunstrezeption, München.

Schoppe, Andreas (2023a): Bildzugänge, Hannover.

Schoppe, Andreas (2024): Bilder erkunden: Methodenkarten für schülerorientierte Bildzugänge, Hannover.

Slaby, Jan (2008): Gefühl und Weltbezug. Die menschliche Affektivität im Kontext einer neoexistentialistischen Konzeption von Personalität, Paderborn.

Schirmer, Anna-Maria/Zumbansen, Lars (2023): KI, Bild und Kunst. Mensch-Technologie-Relationen in Veränderung, in: Kunst+Unterricht. Heft 475/476, S. 18–25.

Lewald-Romahn, Laura (2023): Pro(mpt)zessreflexion. Bildgenerative Darstellungsentscheidungen kooperativ reflektieren, in: Kunst+Unterricht. Heft 475/476, S. 18–25–35.

Sowa, Hubert (2016): Bild, Erzählung und Topographie im imaginativen Resonanzverhältnis. Das Bildverständnis in einem australischen Landschaftsbild, in: ders./ Glas, Alexander u. a. (Hrsg.), Sprechende Bilder. Besprochene Bilder, Bild, Begriff und Sprachhandeln in der deiktisch-imaginativen Verständigungspraxis, München, S. 219–239.

Wilsmann, Stefan (2004): Kritischer Empirismus. Die Soziologiekonzeptionen Theodor Geigers und Otto Neuraths im Kontext ihrer Zeit, Münster.

Praxis-Tipps

#19 Lebensnah unterrichten

Dem Kunstdidaktiker Kunibert Bering zufolge solle sich im Kunstunterricht alles drehen um die Entwicklung von

> visuelle[r] Kompetenz als Basis kultureller Kompetenz [...]. Dies kann allerdings nicht ein einzelnes Fach, etwa der Kunstunterricht, leisten, so dass es notwendig erscheint, Bezugsfelder aufzuzeigen, zu denen auch außerschulische Lernorte, z. B. das Museum, gehören. Kulturkompetenz auf der Basis von visueller Kompetenz ist für die Entfaltung von Identität und zur Fähigkeit, sich in differenzierten Kontexten zu bewegen, entscheidend. (Bering 2008, S. 3)

Das an der Universität Dortmund angesiedelte Institut für Kunst und Materielle Kultur ist seit Jahren spezialisiert auf das Einbeziehen außerschulischer Lernorte im Museum, im Stadtteil und an anderen Vermittlungsorten. Dabei sind aus der Vielzahl von dort stammender und sehr informativer Veröffentlichungen auf diesem Gebiet insbesondere die Arbeiten von Klaus-Peter Busse als herausragend anzusehen. Busse schlägt die Ausweitung des Unterrichts auf Realräume vor, beispielsweise auf:

- Umgebungsräume (lokale Orte: z. B. Stadtteil, Parks, Gärten, Einkaufszonen, Nutzungsflächen, Wege und Straßen, Grenzen, Brachen),
- Fern-Nachbarschaften (die globalisierten Räume),
- Zwischenräume (Bewegungen in Räumen),
- fiktive Räume (erfundene Räume, Raumplanung, Utopien, Raumveränderungen),
- Erinnerungstopografien (Geschichte des Raums und der Raumnutzung, kulturelle Topografien),
- Institutionen (Rathäuser, Kirchen, Museen, Schulen, Industriearchitektur).

Dabei sind für Busse unter anderem folgende mit Hinweisen zu einem methodischen Vorgehen verknüpfte Lernwege außerhäuslichen Arbeitens denkbar:

> - aufsichten (vermessen, erkunden, forschen): Karten lesen und benutzen, eigene Karten zeichnen: persönliche Geografien, Wege gehen und in Karten einzeichnen, Karten vergleichen, fiktive Karten entwerfen, besondere Orte entdecken und in Karten einzeichnen: Lieblingsorte, Treffpunkte, Schrebergärten, persönliche Karten zeichnen, fremde Orte erkunden, biografische Karten, Reisen planen, in die Tiefe und in die Höhe gehen, Karten mit gewohnten und ungewohnten Perspektiven zeichnen, Karten

desorientieren: falsche Karten zeichnen, Karten von ungewöhnlichen Daten entwickeln: Handyempfangsstärken, Szene, Treffpunkte, das beste Schnitzel, der schönste Spielplatz, Erlebnisse lokalisieren, Räume fiktiver Literatur rekonstruieren, digitale Karten benutzen, interdisziplinäre Aufsichten

- erkunden: Pflanzenarchäologie, Wasserproben, Nutzung von Räumen durch Tiere, historische Entwicklungen und Veränderungen von Räumen untersuchen, persönliche Stadtpläne, Objekte und Handlungen an Orten und Wegen markieren, Orte aus historischen Bildern suchen
- ansichten (Bilder über Räume und Raumuntersuchungen machen, das Aufsichten in Bilder bringen, Aufsichten ansichten): zeichnen, malen, fotografieren, filmen, Modelle bauen, Forschung dokumentieren, schreiben
- ausschneiden (Bilder von Räumen sammeln): Bilder von erforschten Räumen ausschneiden, ordnen und sammeln, cut and paste, wissenschaftliche Archive, künstlerische Archive: scrapbooks, altered books, Reenactment, Rekonstruktionen, Inszenierungen, reality hacking
- bewegen (an einen Ort gehen): bekannte und unbekannte Orte erschließen, Wege und Spaziergänge planen und durchführen, einrichten (einen Raum planen und einrichten) verändern (einen Ort verändern) (Busse o. J., S. 3 f.)

Förderschulen fassen das Aufsuchen außerschulischer Lernorte seit Langem schon unter die Rubrik „Lebenspraxis“ und verstehen dabei oft bereits vermeintlich banale Tätigkeiten wie das S-Bahn-Fahren sowie das selbstständige Sich-Bewegen in der Stadt als eine Form von Lernen. Warum sollten nicht auch wir von einer solchen Praxis profitieren und beispielsweise zu einer umfassenden Sensibilisierung der Schülerinnen und Schüler für gesellschaftliche Un- oder Nicht-Orte gelangen (Auge 2014)? In einem Projekt habe ich dazu Fotografien von Andreas Gursky mit Darstellungen von Orten, die von Schülerinnen und Schülern ihrer Hässlichkeit wegen eher unbeachtet blieben, als eine erste Ausgangsbasis für eigene Untersuchungen etwa mit Blick auf stigmatisierte Orte und Umfelder ausgewählt, wobei die Nutzung von Klischees und Zuspitzungen in dieser Einheit ganz ausdrücklich erlaubt war. Abgebildet sind hier einige der Ergebnisse, Beispiele einer Vor-Ort-Erkundung im Medium von Zeichnung, Malerei und Fotografie: eine wichtige Arbeit zu Schulung des Auges.

Doch Vor-Ort-Arbeit kann sich auch, das zeigen die folgenden Beispiele, ideal mit interkultureller Bildung verbinden, schließlich ist auch das ein Feld für individuelle Förderung: in unserem Unterricht die Heterogenitätsdimension Ethnizität/Kultur Thema werden zu lassen (Lutz-Sterzenbach 2017, S. 205).

Der interkulturellen Pädagogik […] kommt […] in unserer von Migration geprägten Gesellschaft die Aufgabe zu, die im Bereich des Bildlichen liegenden Bildungschancen für alle

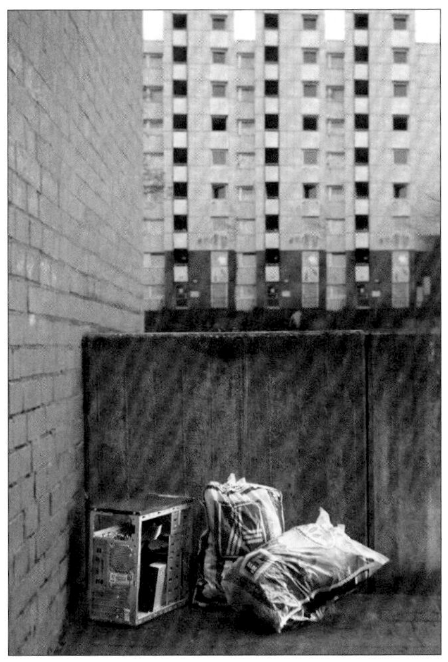

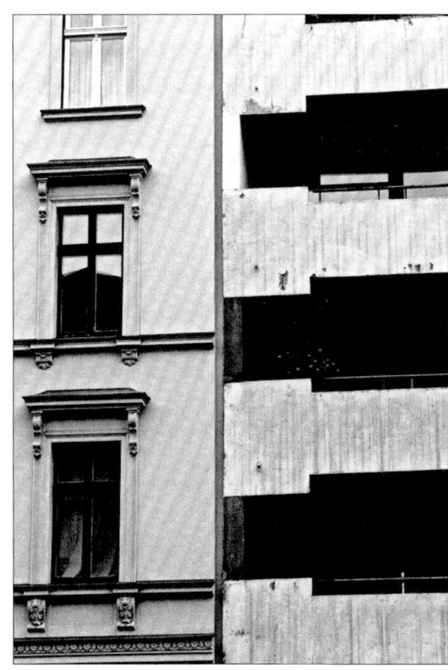

Un-Orte

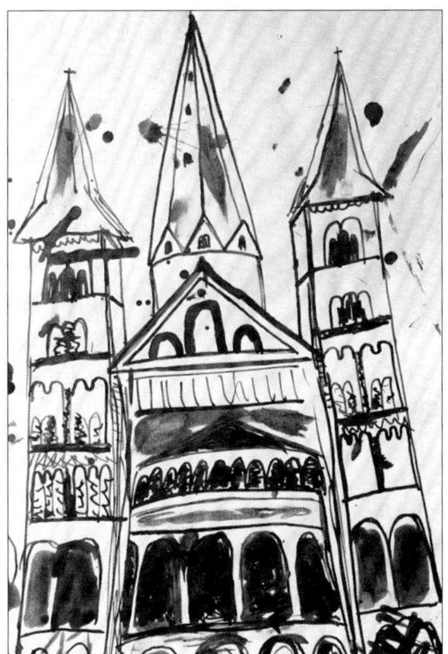

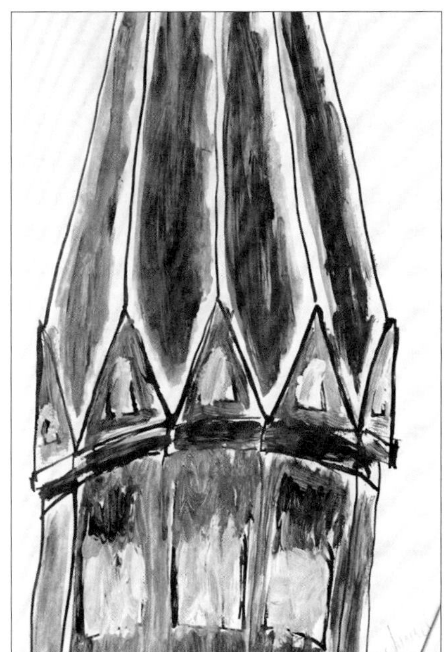

Das Bonner Münster

> Schüler in rezeptiven und produktiven Prozessen zu nutzen, um sie zu befähigen, Bilder in kulturellen Zusammenhängen zu erkennen und zu verstehen. Die Hinführung zu einem kompetenten Umgang mit Bildern, d. h. zu einer Bildkompetenz, wird als genereller Bildungsprozess für die Entstehung und Veränderung von Lebens(welt)orientierungen in einer pluralistischen Gesellschaft verstanden. Im Kontext einer interkulturellen Kunstpädagogik muss jedoch eine kritische Haltung gegenüber den Texten und Bildern eingenommen werden, die eine einseitig christlich-abendländische bzw. eurozentrisch geprägte Sicht fokussieren und sich an die an [den] [...] Begrifflichkeiten pädagogischer Diskriminierungskonzepte vom Eigenen und Fremden sowie Ihr und Wir orientieren. (Hermann 2017, S. 356)

Die Ausbildung einer „diversity-orientierte[n] Bildkompetenz“ (Wagner 2017, S. 19) kann dabei auf vielfältigem Wege stattfinden. Solche Versuche können zum einen damit beginnen, die Schülerinnen und Schüler den vorwiegend eurozentrischen Bildbestand realisieren zu lassen. Oder Sie als Lehrkraft können in diesem Kontext versuchen, bisher geltende Ausdeutungen zu bestehenden Artefakten infrage zu stellen: Welche Ideale offenbaren sich beispielsweise an der Architektur gründerzeitlicher Viertel mittelgroßer Städte? Oder, etwas provokativ: War die prohellenistische Ausrichtung nach Winckelmann am Ende gar implizit antiosmanischen Charakters?

Die Ausbildung einer *diversity*-orientierten Bildkompetenz kann sich aber auch auf andere Art zeigen. So habe ich in einer meiner Reihen die vor Bonns berühmtester Kirche, dem Bonner Münster, liegenden Köpfe der Bonner Stadtpatrone Cassius und Florentius thematisiert. In weißem Marmor erstrahlen hier zwei Köpfe nach Römerklischees à la *Asterix und Obelix*. Nun galt es die Schülerinnen und Schüler erarbeiten zu lassen, dass die nach ihrem Bekenntnis zum Christentum enthaupteten Helden Bonns – weil als aus dem ägyptischen Theben stammend Teil einer Multikultiarmee – wohl nur wenig den „White-Man“-Köpfen der dort liegenden Skulpturen geähnelt haben dürften. Die ägyptischstämmigen Soldaten hatten vielmehr so ausgesehen wie die meisten meiner Schülerinnen und Schüler. Das war für viele eine sehr wertvolle Erkenntnis, die in ihrem nicht selten von Diskriminierung geprägten Alltag eine luftige Schneise schlug und überdies den Aufbau einer Bindung zur sie umgebenen Stadtlandschaft im Allgemeinen sowie zu sakralen Bauten christlicher Prägung im Speziellen ermöglichte.

Nutzen Sie gegebenenfalls aber auch, freilich nach vorangegangener guter Absprache und auf eine genaue Zielperspektive fokussiert, auch Altenheime und Flüchtlingslager, wenn Sie außerschulische Lernorte aufsuchen (Leßmann/Schneider/Stangl 2015). Initiieren Sie Rallyes, die als gezielte Stadt- und Umraumerkundungen sensibilisierend wirken können. Optische Besonderheiten werden entdeckt, architektonische Planungsaspekte offenbar. Auch bisher nie erblickte historische relevante Bauten werden von den Schüle-

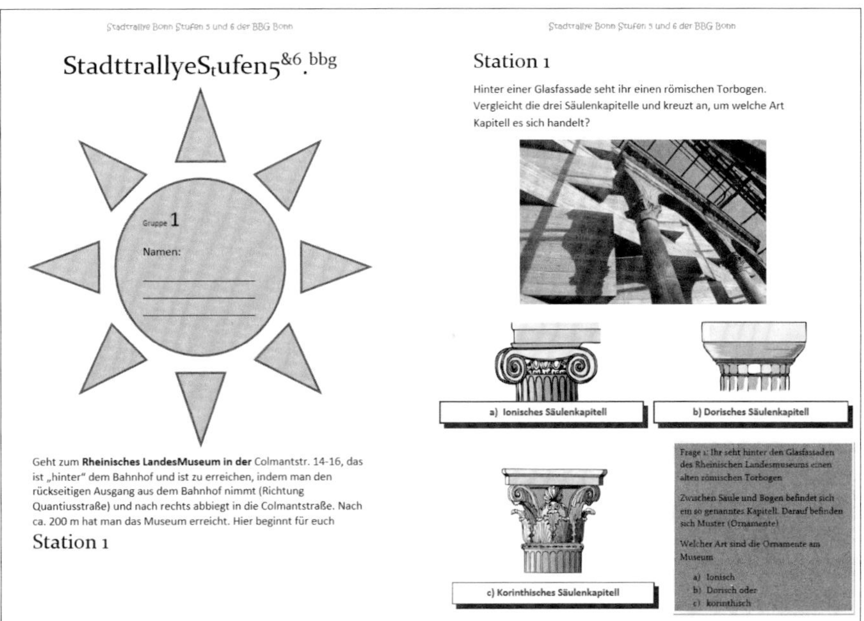

Stadtrallye Bonn Stufen 5 und 6 der BBG Bonn

StadttrallyeStufen5&6.bbg

Gruppe 1

Namen:

Geht zum **Rheinisches LandesMuseum in der** Colmantstr. 14-16, das ist „hinter“ dem Bahnhof und ist zu erreichen, indem man den rückseitigen Ausgang aus dem Bahnhof nimmt (Richtung Quantiusstraße) und nach rechts abbiegt in die Colmantstraße. Nach ca. 200 m hat man das Museum erreicht. Hier beginnt für euch

Station 1

Stadtrallye Bonn Stufen 5 und 6 der BBG Bonn

Station 1

Hinter einer Glasfassade seht ihr einen römischen Torbogen. Vergleicht die drei Säulenkapitelle und kreuzt an, um welche Art Kapitell es sich handelt?

a) Ionisches Säulenkapitell

b) Dorisches Säulenkapitell

c) Korinthisches Säulenkapitell

Frage 1: Ihr seht hinter den Glasfassaden des Rheinischen Landesmuseums einen alten römischen Torbogen

Zwischen Säule und Bogen befindet sich ein so genanntes Kapitell. Darauf befinden sich Muster (Ornamente)

Welcher Art sind die Ornamente am Museum

a) Ionisch
b) Dorisch oder
c) korinthisch

Aufgabenblatt für eine Stadtrallye

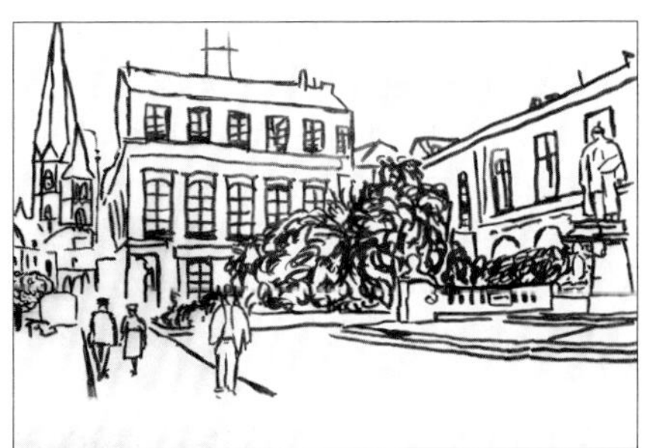

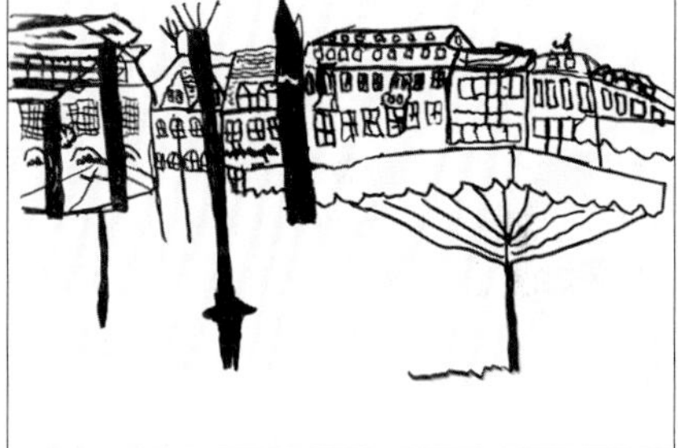

Frameoramen (Klasse 7)

rinnen und Schülern vielfach zum ersten Mal bewusst registriert. In Kleingruppen können sie sich selbstständig durch die Umgebung bewegen. Gut vorbereitetem didaktischen Material kommt dabei eine ganz besondere Lenkungsfunktion zu (bei uns: das Bonn-Buch, Skulpturen in Bonn/Köln etc.).

Möglich ist es auch, zur Fokussierung bestimmter Stadtstellen, mit Papprahmen und darin eingeklebten Overheadprojektorfolien zu arbeiten. Auf diese Weise können Sie die Schülerinnen und Schüler beim Durchstreifen der Stadtlandschaft Stadtpanoramen, Ausschnitte oder Segmente der Stadtlandschaft isolieren lassen. Außerdem erlaubt es dieses Hilfsinstrument, schließlich gefundene Motive auch mit einem Folienstift auf der Folie aufzuzeichnen. Das ist individuelle Förderung, weil mithilfe der Rahmen auch Schülerinnen und Schüler mit schwacher Zeichenkompetenz starke Bilder entwickeln können.

Arbeiten Sie in dargestellten Kontexten durchaus auch mit den vielen oft im Besitz der Schülerinnen und Schülern befindlichen Fitnesstrackern. Verweisen Sie dabei etwa auf den Künstler On Kawara, der auf einigen seiner Reisen die Routen, die er in Städten abgeschritten ist, auf Postkarten eingezeichnet hat, oder aber auch auf die Kartografie-Künstler Jeremy Wood und Hugh Pryor, die GPS-Routenzeichnungen mit Elefanten- und Bärenmotiven entstehen ließen. Auch der heute agierende Künstler Stephen Lund, der „mit seinem Fahrrad zeichnet", wäre an einer solchen Stelle zu nennen. Fordern Sie Ihre Schülerinnen und Schüler im Anschluss an eine solche Theorieeinheit dazu auf, ihre tagtäglichen Routen zu kartografieren: „Sichtet Besonderes. Dokumentiert auf einer x-beliebigen 500-Meter-Strecke alle Türklinken, Straßenschilder, Werbebanner, Stolpersteine etc." Serielle Fotografien hochspannender Art können infolge solcher Aufträge entstehen. Die unmittelbare Umgebung der Schülerinnen und Schüler bewusst wahrnehmbar zu machen, kann auch über Zeitraffervideoss, die die beschrittenen Wege einer Schülerin oder eines Schülers zeigen, oder aber auch mithilfe von Stop-Motion-Filmen gelingen.

Nutzen Sie im Bereich außerschulischer Lernorte natürlich ganz unbedingt auch die klassischen Bildungsorte wie zum Beispiel das Museum. Viele (größere) Museen verfügen über didaktische Abteilungen mit spezifischer und direkt auf die Artefakte vor Ort bezogener Expertise – ein großer Schatz für uns, und zeitweilig auch notwendige Entlastung. Absprachen über ein passgenaues und auf die eigenen Lernbedarfe der eigenen Schülerinnen und Schüler zugeschnittenes Angebot sind oft, so meine Erfahrung, recht einfach zu arrangieren. Überhaupt sind die Hürden in den letzten Jahren stark gesenkt worden. So bieten viele Museen Umsonst-Tage für Schulen an, andere locken durch attraktive Zusatzangebote. Oft sind zusätzliche Werkräume anmietbar, und kleinere praktische Übungen können zu einer intensiven Werkschau führen. Neuere museumsdidaktische Konzepte setzen nicht selten auf die Potenziale eines sogenannten entdeckenden Lernens, also auf ein von Schülerinnen und Schülern gesteuertes und damit auf ein, etwas umständlich formuliert, präferenzbasiertes Erkunden und Suchen der Bilder. Solche außerschulischen Lerneinheiten gewährleisten meist eine ganzheitliche Lernerfahrung auf Basis eigener Interessenschwerpunkte, Vorlieben und Sehgewohnheiten und vermögen es von daher, insofern zum Thema individuelle Förderung hervorragend passend, eine sehr heterogene Schülerinnen- und Schülerschaft einzubinden.

Augé, Marc (2014): Nicht-Orte, München.
Bering, Kunibert (2008): Kunstdidaktik und Kulturkompetenz, in Schroedel Kunstportal: http://www.kunstlinks.de/material/peez/2008-03-bering.pdf (zuletzt 15.05.2019).
Busse, Klaus-Peter (o. J.): Den Atlas öffnen. Ein kulturelles Skript, in: http://docplayer.org/13324478-Klaus-peter-busse-den-atlas-oeffnen-mapping-ein-kulturelles-skript.html (zuletzt 26.06.2018).
Commandeur, Beatrix/Kunz-Ott, Hannelore/Schad, Karin (Hrsg.) (2016): Handbuch Museumspädagogik: Kulturelle Bildung in Museen, München.
Eßer, Anne, 2017, Geschlechterrepräsentationen im Kunstunterricht, München.
Herrmann, Fatma (2017): Migration und Kunstpädagogik, in: Bering, Kunibert/Niehoff, Rolf/Lutz-Sterzenbach, Barbara (2017): Globalität/Globalisierung, in: Bering, Kunibert/Niehoff, Rolf/Pauls, Karina (Hrsg.), Lexikon der Kunstpädagogik, Oberhausen, S. 204–207.
Preuß, Kristine/Hofmann, Fabian (Hrsg.) (2016): Kunstvermittlung im Museum: ein Erfahrungsraum, Münster u. New York.
Pauls, Karina (Hrsg.) (2017): Lexikon der Kunstpädagogik, Oberhausen, S. 354–357.
Richthammer, Esther (2017): Spielräume für Geschlechterfragen. Re- und Dekonstruktion der Kategorie ‚Geschlecht' in kunstpädagogischen Kontexten, Wiesbaden, S. 186.
Leßmann, Sabine/Schneider, Wulkupela/Stangl, Kathrin (2015), Farben im Kopf: Malen und Gestalten mit Menschen mit Demenz: Praxishandbuch mit Anleitungen und Beispielen, Mühlheim/Ruhr.
Wagner, Ernst (2017): Diversity: Multi-, Inter- und Transkulturalität im Kunstunterricht, in: ders./Wenrich, Rainer/Ratzel, An-Jasmin (Hrsg.), Diversity im Kunstunterricht. Modelle inter- und transkultureller Vermittlungspraxis, München, S. 14–24.

#20 Leben in den Schulraum bringen

Initiieren Sie kleinere ästhetische Interventionen im Schulraum selbst. Das Erkunden von Besonderheiten der lokalen Vor-Ort-Umgebung ist natürlich, wie ich als Praktiker weiß, nicht immer möglich. So sind es Fragen der Aufsichtspflicht und Zwänge der Stundenstreckung, die zuweilen viele unserer größeren Ambitionen zunichtemachen. Öffnen wir in solchen Notlagen, in denen es es uns nicht gestattet wird, ins städtische Umfeld ausweichen zu können, einfach unsere Klassentüre zum Schulraum hin. Der Kunstpädagoge Carl-Peter Buschkühle fordert vom Kunstunterricht „die Schulung der Sensibilität, die in Übungen der Aufmerksamkeit auf alltägliche Dinge und Vorgänge beginnt und daran immer wieder ihre Bewährung findet“ (Buschkühle 2007, S. 160). Laut Buschkühle haben derartige Umfelderkundungen ein wesentlicher Bestandteil zu sein in einer umfänglichen, wie er es nennt, „Klugheitserziehung“ (Buschkühle 2007, S. 160).

Und wirklich bietet, die Offenheit der Schulleitung und die Toleranz der jeweiligen Hausmeisterei vorausgesetzt, der konkrete Schulraum eine wunderbare Fläche zur künstlerischen Anverwandlung: Foren, Innenhöfe, The-

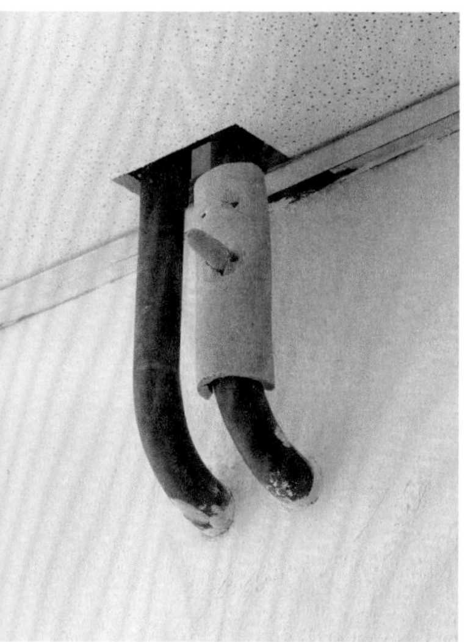

Aus dem Fortbildungsprojekt „Von Form anfangen"

aterräume, Treppenhäuser etc. bieten sich zum Beispiel an. Begreifen wir die hier vorfindbaren Bedingungen als Ressource für raumbezogene ästhetische Interventionen. Das Projekt „Parasiten" von Andrea Wagner, das auf die in der Kunsttheorie thematisierte Übergriffigkeit heutiger Bilder anspielt – wie ein Putzerfisch kleben sie sich an bestehende Sinngebilde, zehren von ihnen, schmiegen sich an, machen sich gemein –, setzte darauf, dass die Schülerinnen und Schüler ihre im Unterricht geschaffenen Figuren wie Pilze an die vorhandenen Körper des Schulraums an- und einfügen. In Form und Verlauf stark angepasste und im Gesamteindruck irritierende Hybride entstanden.

Beachten Sie also, dass es Ihnen auch mit kleineren, minimalinvasiven Umweltinterventionen gelingen kann, Aufmerksamkeit zu generieren, Selbstverständliches zu hinterfragen und Gegebenheiten, Dinge, wunderlich zu machen.

Buschkühle, Carl-Peter (2007): Die Welt als Spiel. Band 1: Kulturtheorie: Digitale Spiele und künstlerische Existenz, Oberhausen.

Urlaß, Mario (2009): Pendeln und Bündeln. Potentiale künstlerischer Bildung in der Grundschule. In: Buschkühle, Carl-Peter, Kettel, Joachim, Urlaß, Mario (Hrsg.), Horizonte. Internationale Kunstpädagogik Beiträge zum Internationalen InSEA-Kongress „horizons/horizonte – insea2007 germany". Oberhausen, S. 335–350.

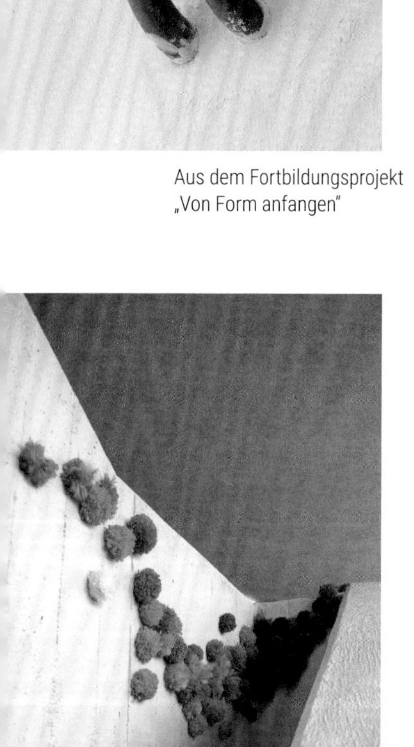

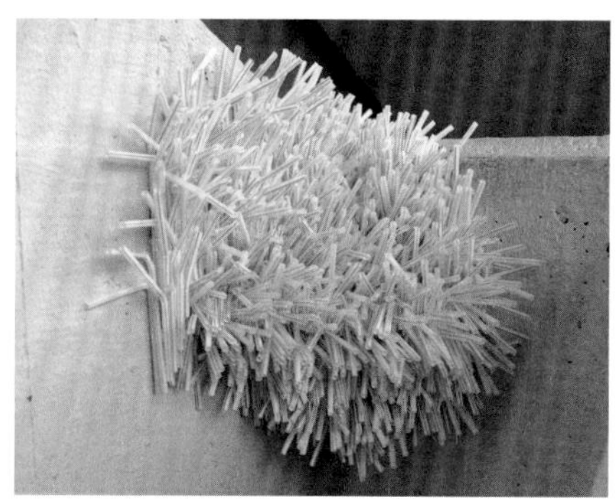

Projekt „Parasiten" im Treppenhaus (aus dem Unterricht von Andrea Wagner)

#21 Das eigene Leben als Kunstwerk nutzen

Nutzen Sie zwischendurch Leib und Leben der Schülerinnen und Schüler, um neue Wege des Verstehens und Begreifens ästhetisch und sozial relevanter Themen anzubahnen und um Schülerinnen und Schüler mit ganz anderen Zugangskanälen als den im Regelunterricht üblicherweise bedienten zu fördern und zu fordern. Greifen Sie dabei bewusst auch auf die herausfordernden Möglichkeiten des Umgangs mit der körperlichen Intelligenz Ihrer Schülerinnen und Schülern zurück. Dafür steht unter anderem die vom amerikanischen Philosophen Richard Shusterman stammende sogenannte Somästhetik, eine Trainingsmethode, die am Selbstverständlichsten, nämlich dem eigenen Körper, Hand anlegt. Beachten Sie, „dass allen Kunstwerken ein theatralischer Charakter innewohnt" (Nafe 2014, S. 46). Man kann sogar von einer „seltsame[n] Koinzidenz" (Nagel 2009, S. 11) zwischen Schauspiel und erzählenden Bildgeschichten sprechen, davon, dass Malerei Drama sei.

Manche Bilder sind geronnene Ereignisse und lassen sich in unterrichtlichen Settings wieder in eine zeitlich ausgedehnte Spanne übersetzen. Lassen Sie Kunstwerke nachstellen in Ihrem Unterricht. Und versuchen Sie, „flache" Kunstwerke zu rekorporalisieren. Lässt sich die Schwere eines Körpers bei einer Grablegungsszene nachempfinden? Performatives Nachstellen (zum Beispiel der *Nachtwache*) kann auch das Wütend-Dynamische der Handlungen dargestellter Akteure innerhalb von Bildern deutlich machen. Damit schließlich ist der Blick auf eine zentrale Intention von Bildschöpferinnen und Bildschöpfern lenkbar.

Nutzen Sie überdies verstärkt performative Verfahren auch zur Hinterfragung von Rollenhaltungen und -klischees (Esser 2019): so zielt das *doing gender* auf die aktive Konstruktion von Geschlechtlichkeit. Auch hier haben wir ein hervorragendes Arbeitsfeld für Kunstunterricht. Arbeiten Sie zum Beispiel wie Ines Seumel mit einer Gruppe Mädchen, können Sie diese beispielsweise mit der folgenden Frage konfrontieren: Was können Sie mit High Heels, Army-Boots und Zehentrenner tun? Tipps können erste Anregungen liefern:

> Mit den Absätzen von extremen High Heels lässt sich auch umgraben, ein Nagel in die Wand schlagen, eine Bierflasche öffnen, einen Schriftzug im Sand hinterlassen; mit verschiedenen Schuhen könnte man versuchen zu jonglieren. Ist es möglich, mit schweren Boots Ballettpositionen einzunehmen, die in die Handtasche zu stopfen oder aus ihnen Champagner zu trinken? Mit Flip-Flops an den Händen sind kindliche Abklatschspiele vorstellbar ... Was fällt euch noch ein? (Seumel 2015, S. 288)

Ergebnisse solcher Sessions können anschließend fotografisch dokumentiert werden. Überdies sind sie ein idealer Anlass für tiefergreifende Reflexionen zu Fragestellungen rund um das Thema Geschlechtlichkeit. Auch über diesbezüglich fest codierte Funktionsbezüge alltäglicher Gegenstände lässt sich anlassbedingt gut sprechen. Einen ganzen Reigen an hervorragenden Beispielen für sehr zielführende Übungen zur Sensibilisierung von Schülerinnen und Schülern für ihren eigenen Körper liefert der in Herzogenrath und Aachen tätige Kunstpädagoge Thomas Kleynen. Er gab seinen Schülerinnen und Schülern am Ende einer Stunde die folgenden „Hausaufgaben zur Reflexion bzw. zur Wahrnehmung des eigenen Körpers und der Emotionen im Alltag" mit an die Hand. Schließlich wurden die Lernenden darum gebeten, „sich Notizen im Sinne eines Tagebuchs" zu machen. Als Beispielfragen wurden genannt:

- Wie verhält sich mein Körper im Alltag? Ändert sich meine Körperhaltung zu verschiedenen Zeiten (Aufstehen, in der Schule, nachmittags zuhause)?
- Wie fühle ich mich zu verschiedenen Zeiten?
- Wie macht sich das an meiner Körpersprache bemerkbar?
- In welcher Körperhaltung fühle ich mich wohl (und warum)?
- Versetze dich in eine der Grundemotionen deiner Wahl. Setze die entsprechende Mimik auf und verharre in der entsprechenden Körperhaltung für wenige Minuten. Schreibe danach auf: Wie fühlst du dich, hat sich etwas verändert?
- Mache dir gute Laune: Springe nach dem Aufstehen 5-mal hoch, breite die Arme aus (und rufe ggf. „JA" – wenn es andere nicht stört, weckt, o. ä.). Gehe zu einem Spiegel und lächle dich an. Geschieht etwas mit deinem Gefühl? (Kleynen 2018, S. 34)

Machen explizit korporale Zugänge zur Spezifizierung eines ästhetischen Phänomenbereiches für Sie Sinn, können Sie auch, sehr sensibel vorgehend und dabei immer die Möglichkeiten einer individuellen Nichtteilnahme offenhaltend, im Mittel kleiner Performances versuchen, unterschiedliche Bewegungs- und Körperstile von Jungen und Mädchen in Ihrem Unterricht zum Thema zu machen. Reflexionsgegenstand wäre in einer solchen Einheit der leibliche Weltbezug, wie der Philosoph Hartmut Rosa einmal schrieb, als „Folge tiefliegender, überwiegend vorsprachlicher und habitualisierter kultureller Muster" (Rosa 2016, S. 126). „Wie fühlt ihr euch?" Und: „Was glaubt ihr, wie seid ihr in die Welt gestellt?" Nutzen Sie als einen guten Stein des Anstoßes die Fotografien von Rineke Dijestra, „Körper auf der Schwelle" (Sowa 2009). Thematisieren Sie Körpermuster und an- sowie einsozialisierte Rollenanforderungen. Und beziehen Sie durchaus auch queere Werke mit in Ihren Unterricht ein (Eßer 2017, S. 109; Brenne 2017, S. 187).

Die meisten Oberstufenkurse im Fach Kunst bestehen heute für gewöhnlich in der Mehrheit aus Mädchen. Stunden zu gendersensibler Pädagogik mit dem Schwerpunkt Jungenpädagogik lohnen dabei vor allem in der Sekundarstufe I. Haben Sie es beispielsweise in Ihrer Unterrichtspraxis mit von Verhaltensschwierigkeiten geprägten Jungen aus marginalisierten sozialen Herkunftsmilieus zu tun, dann besteht im Kunstunterricht die Möglichkeit, Ideen des Soziologen Benjamin Moldenhauer aufgreifend, etwa über Performanceeinheiten und mittels theaterpädagogischer Übungen möglicherweise problematisches Verhalten zu spiegeln. Ich denke da insbesondere an machistische Muster, wie sie in späteren Laufbahnphasen der Schülerinnen und Schüler zum Inklusionshemmnis werden könnten. Denn sie sind aktuell das größte Problem im Bereich der intergenerationellen Vererbung von sozialer Ungleichheit (Moldenhauer 2010). Eine aus meiner Sicht hervorragende Reihe zu diesem Thema stammt vom Kunstpädagogen Werner Bloß. Bloß hatte 2007 an einer Hauptschule in einem sozialen Brennpunkt unterrichtet und dort eine sehr gute Reihe zum Thema fotografische Selbstdarstellung durchgeführt. Das Besondere an dieser hervorragend ausgestalteten Einheit war, dass es ihm gelang, die milieu- und rapeigene „Eindeutigkeit gewalttätig ignoranter, sadistisch selbstbewusster Herren- und Herrschaftsbekundungen" (Hecken 2012, S. 374) als Ressource zu einer spielerischen Auseinandersetzung zu nutzen (Bloß 2007).

Wenn Sie vom Mehrwert eines solchen Arbeitens überzeugt sind, dann zehren Sie auch von den hervorragenden Impulsen, die das vom Kunstdidaktiker Pierangelo Maset entwickelte Konzept der Ästhetischen Operation bereithält. Denn dieses Konzept bietet aus meiner Sicht sehr anregende Möglichkeiten der Nutzung des immer schon an sich maximalinvasiven Körpers zu Zwecken minimalinvasiver Interventionen. Denn es involviert körperbezogene Strategien, die Irritationen auslösen können. Mithilfe von ästhetischen Operationen lassen sich überdies ideal ästhetische Umwelten und soziale Umwelten aufeinander beziehen. Dies wiederum führt bei Schülerinnen und Schülern zu einem tiefen Verständnis von Abläufen, Regelhaftigkeiten und ästhetischen Selbstverständlichkeiten in unserer Welt.

Als Beispiel für ein sehr gelungenes Projekt dieser Art möchte ich an dieser Stelle Inga Eremjan 2013 in einer 8. Klasse in Lübeck durchgeführtes „Zipfelmützenprojekt" vorstellen: In diesem Projekt wurden Schülerinnen und Schülern über mehrere Tage Zipfelmützen aufgesetzt. Dabei ging es der Lehrerin in besonderer Weise darum, sowohl bei den Zipfelmützenträgerinnen und -trägern als auch bei den anderen Mitschülerinnen und Mitschülern, die sich zu diesem Geschehen in ein Verhältnis setzen müssen, ein Gefühl vor allem zu folgender Frage zu generieren: „Was passiert nun, wenn sich eine ganze Gruppe bewusst ausgrenzt und gleichzeitig eingrenzt, gekennzeichnet und symbolisch bewusst durch das äußere Merkmal der Andersartigkeit, eine Zipfelmütze?" (Eremjan 2016, S. 337) Fremdheitserfahrung wurde unmittelbar erleb- und erspürbar. Sie

> fordern den Einzelnen heraus, sich neu zu orientieren, eigene Einschätzungen und Kategorisierungen des Fremden und damit des Eigenen neu zu ordnen. Fremdheitserfahrungen weisen auf die eigenen Grenzen hin, legen die Fragilität der eigenen Ordnung offen und stellen die eigene Identität in Frage. (Eremjan 2016, S. 99)

Was dieses Projekt auf besonders überzeugende Art und Weise zu leisten vermochte, war, die insbesondere in rassistischen, sexistischen und behindertenfeindlichen Diskriminierungsakten von den Betroffenen deutlich verspürbare Choreografie des Blicks für die Schülerinnen und Schüler leibhaftig erfahrbar zu machen. Dies wiederum bedeutet nichts weniger als eine Sensibilisierung für die reale Praxis des Sehens, genauer: für die Existenz eines „habituellen Sehens", das weitaus mehr ist als ein bloßes Registrieren, sondern das vielmehr als etwas gewissermaßen Einsozialisiertes anzusehen ist:

> Sehkonventionen werden im Laufe eines Lebens ausgebildet und prägen, was man zu sehen gewohnt ist. Typische Formen des Nicht-mehr-Wahrnehmens und des Übersehens haben hierin ihre Ursachen. (Schürmann 2018, S. 81)

Auch zu erkennen, dass der Sehakt immer etwas Performatives ist, galt als Lernziel. Und dass anders als beim primär auf Genuss fokussierten ästhetischen Sehen oder beim auf Erkenntnis abzielenden epistemischen Sehen in diesem ganz speziellen Falle eine Art, nach Schürmann, ethisches Sehen vorliegt. Schülerinnen und Schüler erkannten, dass dem Blick eine machtpolitisch entscheidende Größe zukommen kann:

> Die Macht des Blicks im Sinne sozialer Kontrolle, der gleichgültige, der sexualisierte oder indiskrete Blick, der erzieherische Blick, der wortlos lobt oder tadelt, – das alles sind Beispiele für Formen von Blickbezügen, die perlokutive Effekte auf die gesehenen Personen ausüben. (Schürmann 2008, S. 84)

Als Vater eines behinderten Kindes schätze ich solche induktive und auf körperlich-leibliche Erfahrung zugeschnittene Problematisierungen existenzieller Fragen insofern deshalb ganz besonders, als dass das Leben unserer Familie seit Jahren ganz maßgeblich geprägt ist von der Allgegenwart irritierender Blicke. Bleibt dennoch der Hinweis, dass derartige Projekte bei nicht passgenauer Planung und ohne von fachlicher Klarheit getragene Zwischenreflexionen, das heißt ohne ein Bewusstsein für die Funktionalität der experimentell eingesetzten Methode, Gefahr laufen können, ins Gaudihafte umzukippen.

Bloß, Werner (2007): Was geht, Alter? Kunstpädagogik am Rande des Möglichen – Selbstdarstellung als letzter und erster Anlass für eine Auseinandersetzung mit Bildern, in: BDK Mitteilungen (o. Jg.), 2/07, S. 20–23.
Brenne, Andreas (2017), Gender, in: Bering, Kunibert/Niehoff, Rolf/Pauls, Karina (Hrsg.), Lexikon der Kunstpädagogik, Oberhausen, S. 186–188, hier S. 187.
Eremjan, Inga (2016): Transkulturelle Kunstvermittlung. Zum Bildungsgehalt ästhetisch-künstlerischer Praxen, Bielefeld.
Esser, Anne (2019): Alles fließt Gender, Vielfalt, Akzeptanz im Kunstunterricht, in: Kunst+Unterricht, Heft 429/430, Im Fokus: Gender, S. 2–8.
Kleynen, Thomas (2018): Wie Katz und Hund. Vom Körperbild zur Malerei. In: Kunst+Unterricht 423/424. S. 32–36.
Moldenhauer, Benjamin (2010): Die Einverleibung der Gesellschaft. Der Körper in der Soziologie Pierre Bourdieus, Köln.
Nafe, Nadja (2014): Installation und Betrachterrolle: ästhetische Erfahrung perfomativer Prozesse, in: dies./Bering, Kunibert/Niehoff, Rolf u. a.: Bildbegriff und Kunstverständnis im kunstpädagogischen Kontext, S. 45–85.
Nagel, Ivan (2009): Gemälde und Drama. Giotto, Massaccio, Leonardo, Frankfurt/Main.
Prengel, Annedore (2006): Pädagogik der Vielfalt. Verschiedenheit und Gleichberechtigung in Interkultureller, Feministischer und Integrativer Pädagogik, Wiesbaden (3. Aufl.).
Rebentisch, Juliane (2013): Ästhetik der Installation, Frankfurt/Main (5. Aufl.).
Rosa, Hartmut (2016): Resonanz. Eine Soziologie der Weltbeziehung, Berlin.
Schürmann, Eva (2008): Sehen als Praxis. Ethisch-ästhetische Studien zum Verhältnis von Sicht und Einsicht, Frankfurt/Main.
Seumel, Ines (2015): Performative Kreativität. Anregen – Fördern – Bewerten, München.
Shusterman, Richard (2003): Der schweigende Körper der Philosophie, in: Deutsche Zeitschrift für Philosophie (51), S. 703–722.
Sowa, Hubert (2009): Körper auf der Schwelle, in: Kunst+Unterricht 329/330, S. 37–41.

#22 Lebendige Bilder, gestaltete Phänomene

Vielfalt fördern heißt auch Bilder in ihrer Vielfalt zu sichten und wahrzunehmen. Im Folgenden eine Aufzählung Rolf Niehoffs, die zeigt, wie vielfältig allein das ist, was sich hinter dem Begriff der Bildkompetenz versteckt:

- Bilder als gestaltete Phänomene wahrnehmen, erleben, verstehen, analysieren und gestalten zu können,
- Bilder als komplexe spezifische Form- bzw. Form-Inhaltsgefüge wahrnehmen, erleben, verstehen, analysieren, deuten und herstellen zu können,
- Bilder als spezifische Zeichensysteme von anderen Zeichensystemen, wie z. B. der Wortsprache, differenzieren zu können,
- Bilder durch ihre jeweiligen Urheber subjektiv-biografisch bedingt wahrnehmen, erleben, verstehen und deuten zu können,

- Bilder durch ihre jeweiligen Rezipienten subjektiv-biografisch bedingt wahrnehmen, erleben, verstehen und deuten zu können,
- Bilder als durch historisch-kulturelle Kontexte determiniert wahrnehmen, erleben, verstehen und deuten zu können,
- Unterschiedliche Bildsorten differenzieren und rezeptiv sowie auch gestalterisch in Wechselbeziehung bringen zu können,
- Unterschiedliche Bildmedien differenzieren und rezeptiv sowie auch gestalterisch in Wechselbeziehungen bringen zu können,
- interkulturelle Differenzen und transkulturelle Zusammenhänge von Bildern verstehen zu können. (Niehoff 2006, S. 242 f.)

Bildkompetenz zu schulen bedeutet dabei für Sie zunächst einmal: das Bild an sich erst einmal zu einem ständigen Dreh- und Angelpunkt des eigenen Kunstunterrichts zu machen. Konrad Fiedler nannte diese Art des bildzentrierten Vorgehens „reines Sehen“, Max Imdahl „sehendes Sehen“, und ein Mann wie Robert Delaunay formte das Gemeinte zu dem berühmten Imperativ „Cherchons à voir“ (Winter 1996, S. 7) um. Diesem Motto folgend, hat sich auch alles Tun im Kunstunterricht *der Arbeit am konkreten Bild* zu widmen. Individualisieren heißt hier – in diesem Kontext – zum Beispiel, das genaue Sehen des sichtbaren Bildbestands einzustudieren, also an uns als Lehrkräfte gerichtet: das Bild *als Bild* bedeutend zu machen. Verbieten Sie, um in diesem Bereich voranzukommen, Referate über Künstlerinnen und Künstler, die aus dem Aufsagen von im Internet gefundenen Textschnipseln bestehen. Fordern Sie die Referentinnen und Referenten vielmehr dazu auf, selber in die Rolle des Lehrenden schlüpfen und für ihre Mitschülerinnen und Mitschüler eine eigene, das genaue Sehen bezogene Unterrichtsübung zu konzipieren und durchzuführen. Nutzen Sie bei der Erschließung von Künstlerinnen- oder Künstlerbiografien durchaus auch die vielen im Handel erhältlichen Comicbiografien, denn diese auszuwerten und in eine klassische Textform zu übersetzen hilft dabei, das bloße Copy-and-Paste aus dem Netz zu verhindern. Ein möglicher Auftrag dazu könnte etwa lauten: „Wandeln Sie die Ihnen vorliegende Bildgeschichten in einen Fließtext um.“

Bildzentriert zu arbeiten bedeutet auch, dass bei einer Sicherung am Schluss einer Stunde das in der Stunde produzierte Bild im Mittelpunkt aller reflektierenden Betrachtungen stehen sollte. Dokumentenkameras machen das möglich. Und Bluetooth-Verbindungen können Unterrichtsergebnisse von Handys auf das Whiteboard oder auf andere digitale Displays bringen. Dabei gilt natürlich immer, dass das besprochene Bildmaterial für alle und aus jedem Winkel des Klassenraums deutlich erkennbar sein sollte.

Finden Sie Schnittstellen von Gemälden zu anderen Themen und Bildern und versuchen Sie mit Ihren Schülerinnen und Schülern beispielsweise, die Essenz bestimmter Bilder zu extrahieren, sie als „Interface" (Fritzsche 2016, S. 235 ff.) zu begreifen. Cross-overn Sie. Mixen Sie bei diesem Vorgehen verschiedene Bildmotive und Traditionen in Ihrem Kunstunterricht (Bering/Niehoff 2013). Konfrontieren Sie beispielsweise die Werbung des neuen Porsche Cayenne in Sehnsuchtslandschaft mit einer arkadischen Öl-Träumerei von Giovanni Battista Lusieri oder Nicolas Poussin (Bering/Niehoff 2018, S. 16 f.).

Und verwenden Sie viel Mühe darauf, Bildern „aus der Gruft" zu helfen. Machen Sie etwa den Wandel des niederländischen Gruppenbildnisses von Geertgen tot Sint Jans und Jan van Eyck bis hin zu den barocken Porträts der Schützengilden klar, indem Sie Ihre Schülerinnen und Schüler etwa durch die Methode des Bildernachstellens (Schoppe 2011, S. 115) verstehen lassen, was das heißt: die Eroberung des Freiraumes, und zwar in physischer, in anthropologischer wie auch in politischer Hinsicht. Oder aber Sie machen über eine von Ihnen angeleitete oder per Abbildung gezeigte Kampfsportübung deutlich, wie in ottonischer Buchmalerei (Schlüsselübergabe-Perikopenbuch Heinrichs II., ca. 1007–1012) ein „Augenblick der Entscheidung" (Bering/Niehoff 2019, S. 144) dargestellt werden konnte.

Versuchen Sie darüber hinaus auch, den inhärenten Sinn manch bekannter Bilder herauszuschälen: Warum hält der ehemalige US-Präsident Barack Obama 2014 im Amsterdamer Rijksmuseum seine Erklärung zum Recht der Ukraine auf Unabhängigkeit vor Rembrandts *Nachtwache?* Weil dieses Gemälde ein Symbol ist für den Widerstand der kleinen niederländischen Stadtstaaten gegen die großen Inhaber der Diskurs- und Militärhegemonie aus Spanien. Das gibt enorm viele Anknüpfungspunkte, gerade im inklusiven und kulturell sehr heterogenen Unterricht. Und warum hält die deutsche Bundeskanzlerin Angela Merkel ihre Rede zu den Autonomiebestrebungen der Ukraine vor Michelangelos *David?*

Der mögliche Sieg der Kleinen und Schlauen gegen übermächtige Gegner, diese auf beschriebene Weise fokussierbare Thematik kann auch als Ausgangspunkt für eine abstraktive Arbeit dienen, etwa indem Sie mithilfe von Fotokartons und Styroporkugeln eine abstrakte Umsetzung des Themas „Machtvoll einst – und groß, siegt das Schwache doch" anbahnen.

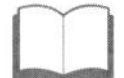

Bering, Kunibert/Niehoff, Rolf (2013): Bildkompetenz. Eine kunstdidaktische Perspektive, Oberhausen.

Bering, Kunibert/Niehoff, Rolf (2018): Horizonte der Bild-/Kunstgeschichte mit kunstpädagogischem Blick (Bd. 1), Oberhausen.

Bering, Kunibert/Niehoff, Rolf (2019): Horizonte der Bild-/Kunstgeschichte mit kunstpädagogischem Blick (Bd. 2), Oberhausen.

Fritzsche, Marc (2016): Interfaces – Kunstpädagogik und digitale Medien. Theoretische Grundlegung und fachspezifische Praxis, München.
Sommer, Manfred (2016): Von der Bildfläche. Eine Archäologie der Lineatur, Berlin.
Winter, Gundolf (1996): Das Werk als Ereignis. Max Imdahls Texte zur Kunst der Tradition, in: ders. (Hrsg.), Max Imdahl. Zur Kunst der Tradition, Frankurt/Main, S. 7–32.

#23 Lebensbilder nutzen

Nutzen Sie Bildkarten, Bildermenüs und Bildatlanten zur Initialisierung und Vitalisierung von Kontakten in Ihrer Klasse. Sozial- oder Sonderpädagogen aller Länder greifen auf dieses Potenzial schon lange zurück, um Verschiedenheit an sich anschaulich zu machen. Ob in Warm-up-Phasen, zur Anbahnung fachlicher Diskussionsanlässe oder in Vorbereitung auf Problemstellungen: die Arbeit mit einer Bildervielfalt kann von großem Nutzen sein. „Wähle ein Bild aus, das dich anspricht. Bringe die dir vorliegenden Bilder in eine Ordnung." Zunächst beginnt alles mit einer Think-Phase, daraufhin schließlich folgt die Share-Phase, was die Einzelnen zu einer bestimmten Bildauswahl oder -ordnung getrieben hat. Im Begründen, Benennen, Belegen, Beschreiben, Beurteilen und Bewerten, im Darstellen, Diskutieren und Erläutern, im Erörtern, Interpretieren und Vergleichen wird das Individuelle Form – im Verein mit der Erkenntnis: „Wie unterschiedlich wir doch sind!" Zielführend operationalisierte Bildermenüs können insofern aus meiner Sicht als regelrechte Paradebeispiele für eine *Erziehung zu Vielfalt* gelten.

Die Kollegin Tanja Schauerte glänzte mit einem anderen Modell des kollektiven Bilderarrangements, von „Mapping". Auch hier wurden über individuelles Aussuchen und kooperatives Zuordnen von Bildern einsozialisierte Assoziationsmuster und individuelle Blickpolitiken bewusst, der Konnex von physischen und mentalen Bildern klar. Schauertes Einheit hieß „Erzähl von dir". Am Anfang stand ein Bildermenü. Schülerinnen und Schüler sollten sich zunächst aus einem Pool von der Lehrkraft vorgegebener Bilder Motive auswählen.

1 *Betrachten und auswählen:* Betrachte die Bilder und wähle ein Bild aus, das dir intuitiv gefällt.
2 *Untersuchen und beschreiben:* Betrachte das Bild genaustens, entdecke Details, Auffälligkeiten, Farbkontraste etc. – bereite deine Erkenntnisse als Kurzvortrag vor.
3 *Erläutern:* Erläutere, warum ausgerechnet dieses Bild dich angesprochen hat und was es mit dir zu tun hat.

Erläuterungen zur Unterrichtseinheit:
Als Material wurde genutzt:

- Bilder aus sämtlichen Bereichen: Malerei, Skulptur/Plastik, Fotografie;
- Architektur;
- Dokumentenkamera.

Als Funktion dieser Einheit wurde festgehalten:

- Kennenlernen einer neuen Lerngruppe;
- Bilder als Gesprächsanlass kennenlernen;
- „Was hat das Bild mit mir zu tun?"
- Auslöser von Erinnerungen, Gefühlen, Assoziationen;
- Einsatz in fast allen Jahrgangsstufen (Ausnahmen: Klasse 9 + EF).

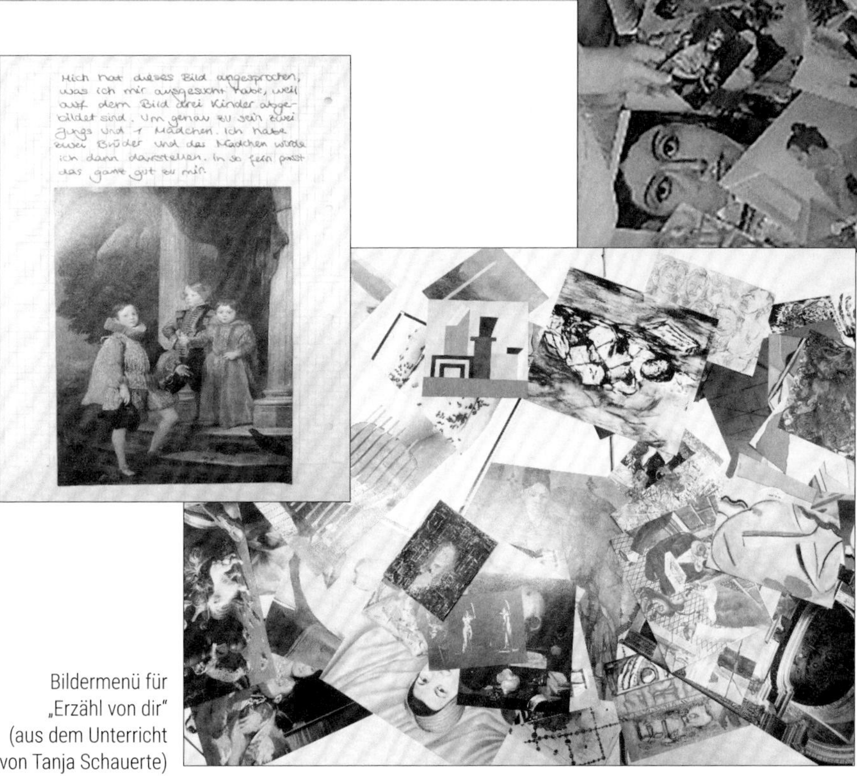

Bildermenü für „Erzähl von dir" (aus dem Unterricht von Tanja Schauerte)

Was genau sollten die Schülerinnen und Schüler tun? Die Lehrerin gab ihnen ein Beispiel: Was könnte ein Zugang sein? Sie erzählte dazu im Plenum über das für sie selbst über Jahre bedeutsamste Bild, genauer: über Johann Heinrich Füsslis Gemälde *Nachtmahr.* Warum der *Nachtmahr?* Weil sich mit diesem Bild ein Initialmoment aus ihrer eigenen Kindheit verband; das wurde nun geschildert: Als junges Mädchen, so berichtete Schauerte der Klasse, habe sie sich einmal abends ins Wohnzimmer geschlichen. Ihr älterer Bruder habe einen Gruselfilm schauen dürfen – „und warum ich nicht?" Übliches Gequengel. Dann gab der Vater nach, als Film wurde gegeben: *Nosferatu.* Ein Schock, von dem sie sich über Jahre kaum erholt habe, so die Lehrerin im Bericht. Noch bis weit in die Studienzeit hinein habe sie sich geängstigt in Situationen der Dunkelheit oder des Unwegsamen.

Die Schülerinnen hatten von dieser Geschichte aus startend einen ersten „Anpack": Auf welche Momente sollte bei der Wahl eines für sie relevanten Bildes geachtet werden? Und wie und in welcher Ausführlichkeit war der Zusammenhang von Bild und Situation zu beschreiben?

Die Schülerinnen und Schüler begannen, aus einem reichhaltigen Bildermenü einzelne für sie relevante Bilder herauszunehmen und für sich zu adaptieren. Schließlich sollten sie in einer in Einzelarbeit durchgeführten ersten Reflexionsphase Notizen zum Grund der Bildauswahl machen, um von hier her in eine Share-Phase eintauchend ihrer Nachbarin oder ihrem Nachbarn zu erklären, was das Bild mit ihnen zu tun habe. An diese Arbeitsphase schloss sich der Folgeauftrag mit einer Vielzahl an kreativen Bildlösungen an:

Aufgabenerweiterung: Symbiose zweier Bilder

Arbeitsauftrag: Aus zwei macht *eins!*

- Betrachtet die Bilder eures Nachbarn, Vordermannes etc.
- Welches Bild passt gut zu eurem – oder bildet einen Kontrast dazu?
- Welche Geschichte ergibt sich aus der Symbiose?

Beachtet dabei folgende Aspekte:

- Es dürfen Bildelemente weggelassen werden.
- Es muss ein Wiedererkennungseffekt erzeugt werden, das heißt, die von euch ausgewählten Bildelemente sollen möglichst genau übernommen werden.

In einem anderen Projekt versuchte Kollege Ralf Stratmann-Kurzke, über Bilderatlanten auf der Basis einer Reihe einiger von den Schülerinnen und Schüler selbst ausgewählter Bilder die fundamentale Differenz all unseres Weltwahrnehmens deutlich zu machen. Die Lernenden hatten den Auftrag, die eigens zusammengesuchten Bilder schließlich aneinanderzureihen. Hierzu das zu diesem Verfahren verwendete Arbeitsblatt:

Aufgabenbereich: Sammeln und Ordnen (Q2 GK Kunst)

Aufgabe: Erstellt einen Bildatlas zum Oberthema „Mensch und …“.

- Steuert jeweils 20 Bilder zu diesem Bildatlas bei.
- Mit dem Bild in der ersten Spalte (A1 – A20) sollt ihr jeweils das Thema vorgeben. Wählt dazu ein Thema aus dem Bereich „Mensch und seine Beziehung zu einem für den Menschen relevanten Aspekt (Mensch und Natur, Mensch und Arbeit, Mensch und Bewegung usw.)“.
- Als einzige Informationsquelle zu diesem Thema soll das Bild gelten – also keine weiteren Erläuterungen.
- Die Zuordnung zu den weiteren 19 Bildfeldern ergibt sich aus der alphabetischen Reihenfolge des Kurses und einer zufälligen Anordnung (siehe Tabelle).
- Die ausgewählten Bilder sollen Bezug nehmen auf das erste Bild der Zeile bzw. auf die benachbarten Bilder.
- Nutzt verschiedene Bildquellen (Zeitschriften, Bücher, eigene Fotos, Internet usw.).
- Erstellt in Form einer Tabelle ein kurzes Protokoll (Bildfeld, Bezug zu anderen Bildern, Quelle, Intention, Begründung).
- Erläutert an einzelnen Bildbeispielen eure Auswahl, Zuordnung und Intention.

	1	2	3	4	5	6	7	8	9	10	11	12	13	14	15	16	17	18	19	20
A	*1*	10	18	2	9	12	15	3	16	5	13	19	6	8	20	11	7	17	14	4
B	*2*	11	19	3	10	13	16	4	17	6	14	20	7	9	1	12	8	18	15	5
C	*3*	12	20	4	11	14	17	5	18	7	15	1	8	10	2	13	9	19	16	6
D	*4*	13	1	5	12	15	18	6	19	8	16	2	9	11	3	14	10	20	17	7
E	*5*	14	2	6	13	16	19	7	20	9	17	3	10	12	4	15	11	1	18	8
F	*6*	15	3	7	14	17	20	8	1	10	18	4	11	13	5	16	12	2	19	9
G	*7*	16	4	8	15	18	1	9	2	11	19	5	12	14	6	17	13	3	20	10
H	*8*	17	5	9	16	19	2	10	3	12	20	6	13	15	7	18	14	4	1	11
I	*9*	18	6	10	17	20	3	11	4	13	1	7	14	16	8	19	15	5	2	12
J	*10*	19	7	11	18	1	4	12	5	14	2	8	15	17	9	20	16	6	3	13
K	*11*	20	8	12	19	2	5	13	6	15	3	9	16	18	10	1	17	7	4	14
L	*12*	1	9	13	20	3	6	14	7	16	4	10	17	19	11	2	18	8	5	15
M	*13*	2	10	14	1	4	7	15	8	17	5	11	18	20	12	3	19	9	6	16
N	*14*	3	11	15	2	5	8	16	9	18	6	12	19	1	13	4	20	10	7	17
O	*15*	4	12	16	3	6	9	17	10	19	7	13	20	2	14	5	1	11	8	18
P	*16*	5	13	17	4	7	10	18	11	20	8	14	1	3	15	6	2	12	9	19
Q	*17*	6	14	18	5	8	11	19	12	1	9	15	2	4	16	7	3	13	10	20
R	*18*	7	15	19	6	9	12	20	13	2	10	16	3	5	17	8	4	14	11	1
S	*19*	8	16	20	7	10	13	1	14	3	11	17	4	6	18	9	5	15	12	2
T	*20*	9	17	1	8	11	14	2	15	4	12	18	5	7	19	10	6	16	13	3

Unerwartete Bildreihen entstanden. Was könnte ein passendes Anschlussbild sein für die Fotografie mit dem Mann, der ein Jesusbild auf der Schulter trägt? Die meisten hätten wohl andere Bilder zum Thema Religion angeschlossen. Ein Schüler aber sah: Der Mann mit dem Jesus auf der Schulter, der transportiert doch etwas. Also entschied er sich für ein Bild mit einem Umzugswagen, das er an das Vorgängerbild platzierte.

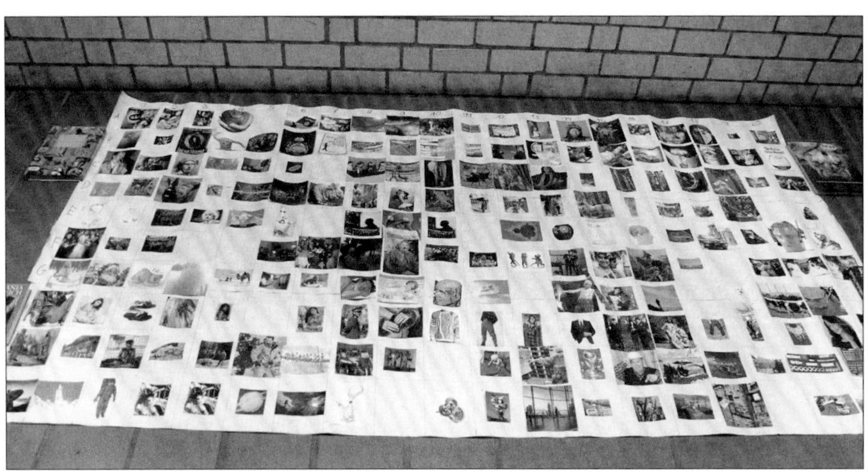

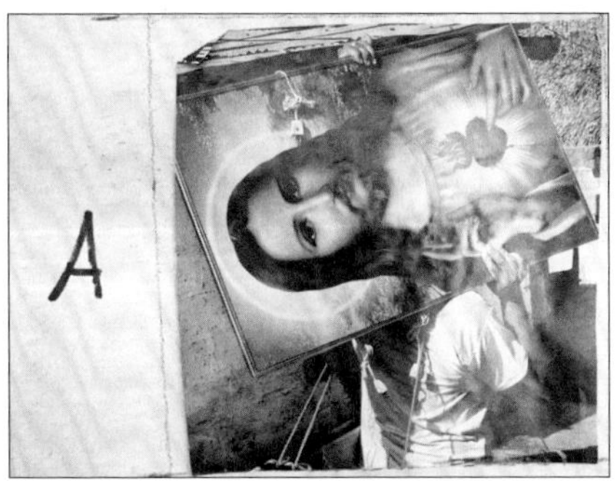

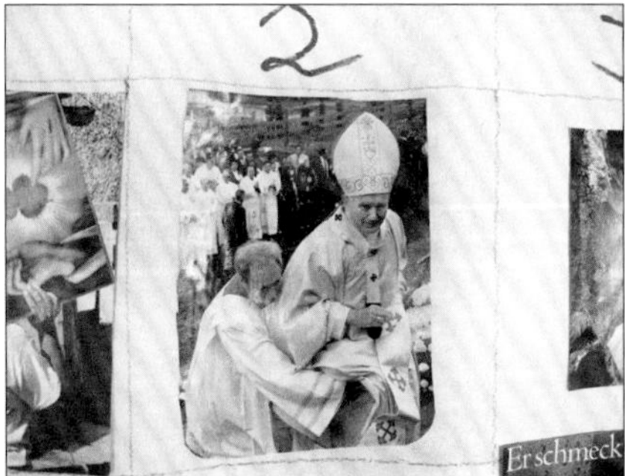

„Sammeln und Ordnen“: Bilderzuordnungen (aus dem Unterricht von Ralf Stratmann-Kurzke)

Eine weitere Möglichkeit, mit Bildern zu arbeiten und mit ihnen Verschiedenheit zu dokumentieren, besteht auch darin, die Kinderbilder Ihrer Schülerinnen und Schüler mit in den Kunstunterricht einzubeziehen. Egal, ob die eigenen Kinderzeichnungen aus früheren Zeiten oder aber auch alte Fotos von sich selbst. Die beiden Kunstpädagogen Ahmet Camuka und Georg Peez haben aus diesem Gedanken heraus ein plausibles Konzept geformt. Kinderbilder sind in ihren Kursen und Seminaren Eröffner von Gesprächsphasen.

Zugleich sind sie mögliches Vehikel zu einer ersten Fokussierung auf spezifische Forschungsaspekte. Das macht faszinierende Reisen zurück in die eigene Biografie möglich. Nach gruppenweisem Erstbetrachten, freundlichem Bestaunen, leisem Lachen und Glucksen entstehen Geschichten. Man kann dieses Wiederentdecken und Wiedererinnern zum Anlass einer Erörterung von bildnerischen Entwicklungsstufen im Kindes- und Jugendalter nehmen. Die in Stundeneinstiegen dieser Art möglicherweise entstehenden atmosphärisch dichten Gewebe aus Bildern, Düften und Farb- und Lichtverhältnissen bieten aber auch Zugangsmöglichkeiten zu formsprachlich sehr komplexen Kunstwerken; man denke an dieser Stelle beispielsweise an diejenigen von Louise Bourgeois oder Christian Boltanski.

#24 Lebensnahe Themen finden

Suchen Sie lebensnahe Themen aus, um zu einer möglichen Integration Ihrer heterogenen Schülerinnen- und Schülerschaft zu gelangen. Das soll am Beispiel eines Unterrichtsprojektes von Christine Raschke und Svea Becker für eine 6. Klassenstufe illustriert werden. Gegeben sei die folgende Lernausgangsanalyse:

- Viele Schülerinnen und Schüler haben einen Migrationshintergrund.
- Die Schülerinnen und Schüler haben sich in der 5. Klasse mit der Textsorte Märchen und dabei speziell mit deutschen Märchen auseinandergesetzt.
- Einige Schülerinnen und Schüler gehörten der Theater-AG an.

Die Lehrerinnen entschieden sich angesichts dieser vielfältigen Vorbedingungen für ein Projekt in Kooperation mit dem Deutschunterricht mit dem Titel „Eigene und fremde Heimat“. Zu Beginn ließen sie, als eine Art erste Ausgangsbasis für eine spätere zielgenaue Erarbeitung, eine Fülle an Assoziationen ihrer Schülerinnen und Schüler zum Thema „Heimat“ sammeln. Schließlich wurde ein kleines Puppentheaterstück verfasst. Auf diese Weise wurden die (Lebens-)Erfahrungen von Schülerinnen und Schüler sehr lebendig. Dann entstanden über mehrere Wochen hinweg aufwendige Stockpuppen in einem aufregenden Spagat zwischen dreidimensionaler Objektkunst, Malerei und Textilkunde. Inklusion gelang in dieser Reihe zum Beispiel durch

- die Integration von multi- und transkulturellen Erfahrungen,
- die intensive Eigenarbeit (mit handwerklichen Komponenten wie das Nähen und Schneidern) und
- das Zusammenlaufenlassen der Stränge zu einem gemeinsamen Theaterstück.

Das von Raschke und Becker entwickelte kooperative Langfristprojekt ermöglichte es darüber hinaus über die Themensetzung individuelle Zugänge und Assoziationen (Heimat), durch die Anlage der Zusammenarbeit (kooperativ) und durch das primär sinnlich orientierte Arbeiten (haptisch) einer großen Zahl auch an nicht deutschsprechenden Kindern, zu Erfolgserlebnissen zu gelangen. Nach intensiven Wochen voller komplexer Entscheidungsprozesse wurde das Stück mit den Puppen öffentlich aufgeführt.

Das vorgestellte Projekt war über die bisher genannten Vorteile einer inklusiv orientierten Beschulung hinaus in der Lage, Verbindlichkeit zu erzeugen, Gemeinschaftserfahrungen zu ermöglichen und vermochte als Nebeneffekt ideal auch, Klassenneue in die gewachsenen Sozialstrukturen der Lerngruppe zu integrieren.

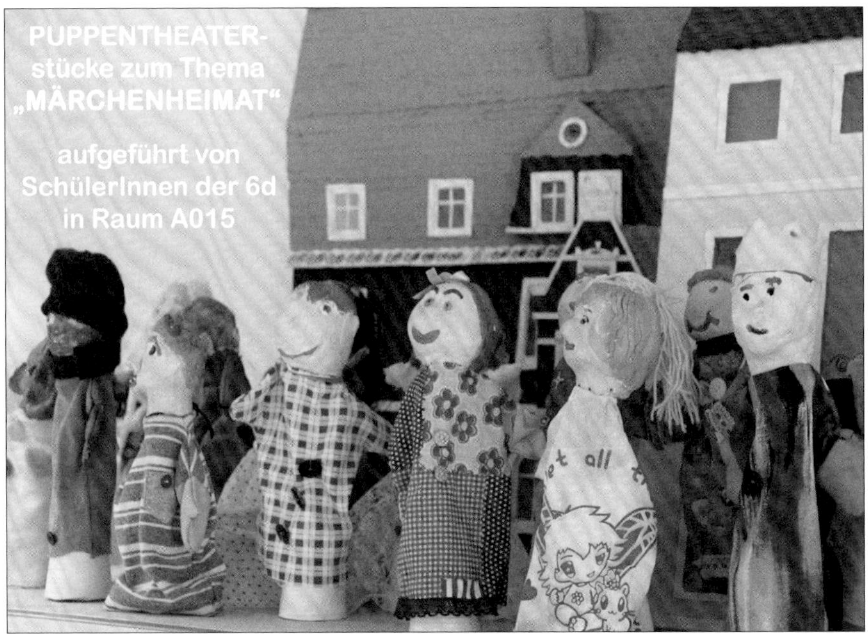

Das Projekt „Märchenheimat": Entwicklung eines Puppentheaterstückes (aus dem Unterricht von Christiane Raschke und Svea Becker)

Bell, Hannah (2013): Von Kunstunterricht, Interkulturalität und Märchen – Förderung der interkulturellen Kompetenz im Kunstunterricht einer 6. Klasse. In: Impulse. Kunstdidaktik 13, S. 37–47.

Schlegel, Werner/Müller, Thorsten (2010): Puppentheater (Stabpuppenbau/Inszenierung), in: dies. (Hrsg.): Projekt Kunst. Der Kopf alleine reicht nicht aus. Paderborn, S. 28–29.

SELBST-Konzept IV: Bindung erzeugen

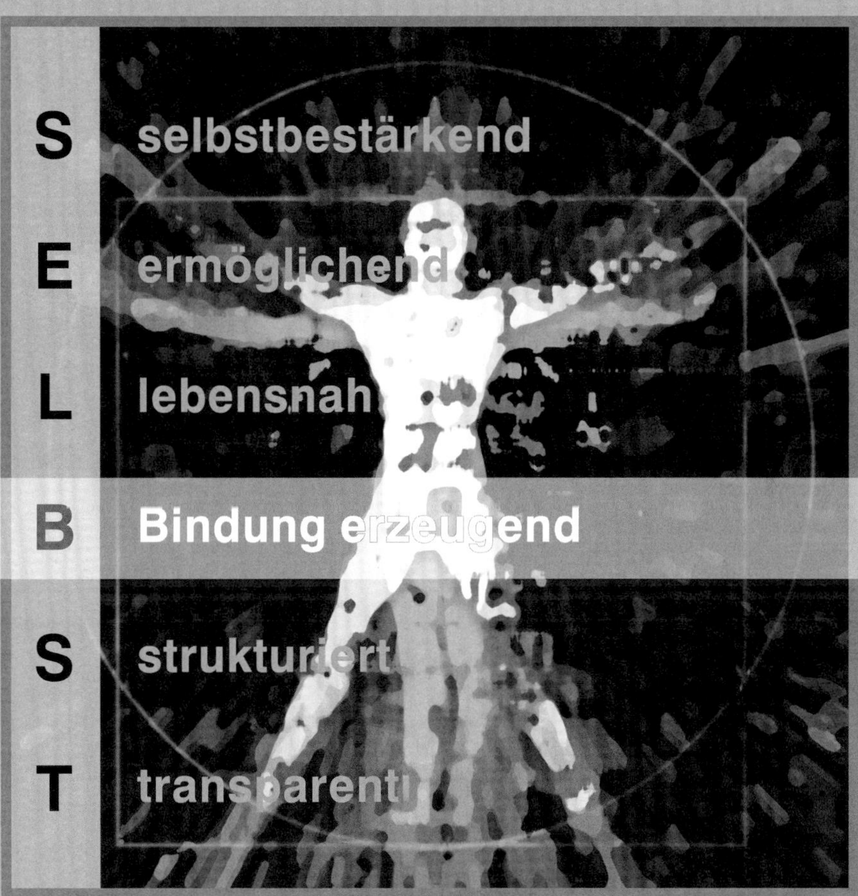

Vorüberlegungen

Unterricht ist insbesondere dann individuell fördernd, wenn er in der Lage ist, Aufmerksamkeit, Konzentration, Kraft zu *binden.* Betrachten wir deshalb im Folgenden einige der möglichen Techniken zur Herstellung von Bindung ein wenig genauer, zum einen hinsichtlich von Fragen der personalen Interrelationen, aber auch hinsichtlich der für gelingenden Unterricht ebenfalls sehr wichtigen Ver*bind*lichkeit.

Beginnen möchte ich diese Vorüberlegungen mit der Überzeugung, dass Unterricht ein Geschehen ist, das von allen an und in ihm Beteiligten – und insbesondere von der Lehrperson – ein beträchtliches Maß an Emotionsarbeit erfordert. Unterricht ist nämlich bei genauer Betrachtung nichts weniger als ein Aufeinandertreffen von 30 differenten Gefühlshaushalten – eine durchaus wuchtige Einsicht, die viele aus dem Studium Kommende mit einiger Überraschtheit zur Kenntnis nehmen. Das heißt, dass ohne ein explizites Beachten der affektiven Intentionalität der Kinder und Jugendlichen ein lernwirksamer Unterricht auch und gerade im Fach Kunst kaum gelingen kann. So müssen Lehrerinnen und Lehrer besonders bei emotionalen Schwankungslagen mit großem Einfühlungsvermögen intervenieren und hier und da immer wieder auch mal emotional stärkend, aber im Großen und Ganzen doch eher ausgleichend wirken und in der Lage sein, bei aller erwünschter Dynamik ein gewisses Maß an Stabilität und Zurechenbarkeit herstellen zu können; wie immer man zu Einzelfragen dieses Themas auch stehen mag, fest steht: Die Schülerinnen und Schüler eine oft lange Wegstrecke (wirklich) zu begleiten, ist ohne die Beachtung des Faktors Bindung schlechterdings ein Ding der Unmöglichkeit.

Also ist Beziehungsarbeit nötig, was nichts anderes bedeutet als die Notwendigkeit eines Steuerns und Erzeugens von Bindung von Lehrerseite aus. In den letzten Jahren haben Befunde John Hatties wieder die Bedeutung des funktionalen Zusammenhangs von Lernwirksamkeit und einer von den Schülerinnen und Schülern akzeptierten und auch größere Wegstrecken begleitenden Lehrperson ins Gedächtnis einer breiteren Öffentlichkeit gerufen. Und tatsächlich sind die positiven Aspekte einer durchgängigen Begleitung der Kinder und Jugendliche durch eine (oder, im Falle von Teamteaching: durch zwei) personale Bezugsperson(-en) von der empirischen Bildungswissenschaft belegt. Das wissen vor allem solche Kunstlehrerinnen und -lehrer, die als Fachkraft zweistündig die Woche durch ihnen unbekannte Lerngruppen springen, denn wirkliche Beziehungsarbeit ist in solch sporadischen Kontexten kaum zu leisten. Haupt-, Real-, Sekundar- und Gesamtschulen beantworten die Notwendigkeit einer intensiveren Betreuung der Lernenden durch wenige Tutorinnen und Tutoren nicht selten mit einer Unmenge an fachfremd unterrichteten Kunststunden, was als andere Seite der Medaille die Gefahr einer sukzessiven Entfachlichung des Kunstunterrichts nach sich zieht und in benachbarten Ländern wie Dänemark, „wo die Ausbildung von KunstlehrerInnen keine selbstständige Ausbildung“ (Arvedsen 2018, S. 19) ist, zu nicht wünschbaren Folgen geführt hat.

Im Kontext aktueller kunstdidaktischer Debatten favorisiert vor allem der gegenüber konstruktivistischen Didaktiken äußerst kritisch aufgestellte fachdidaktische Zusammenschluss IMAGO gebundenere und verstärkt kooperativ organisierte Unterrichtsformen. Für diese lose Gruppe aus unterschiedlichen Kunstlehrenden stehen andernorts positiv besetzte Begriffe wie „Individualisierung“ nicht für Freiheit und Selbstverantwortung, sondern für Vereinzelung und Desozialisierung. IMAGO plädiert, ungute Erinnerungen an die an Kunstakademien übliche gnostische Nicht-Pädagogik wachrufend, für einen positiven Blick auf Kunstlehrende in ihrer besonderen Funktion als Erziehende. Ein guter und (individuell) fördernder Kunstunterricht wird dieser Denkrichtung zufolge vornehmlich als eine Veranstaltung in und mit dichter personaler Steuerung begriffen, wobei es bei den Schülerinnen und Schülern einen unbedingten Lernzuwachs in handwerklicher und kognitiver Hinsicht geben sollte und man dazu rät, von postmodernen Spielereien sinnbefreiter Art tendenziell Abstand zu nehmen. Favorisiert wird ein Unterricht, in dem eine etwa über das Zeigen in konkreten Beratungssituationen (etwa beim Zeichnen und Gestalten) tippgebende Lehrkraft den Lehr-Lernprozess recht eng begleitet und/oder recht dichte kooperative Arbeitseinheiten in deutlicher Anlehnung an die Ausdruckswünsche der Schülerinnen und Schüler initiiert. In einem solchermaßen konfigurierten Unterricht möge ein solides und von Personen mit großer Rollenklarheit veranstaltetes Lernen dominieren.

Doch auch ohne Bekenntnis zu dieser als relational etikettierten Kunstdidaktik ist das allgemeinhin für eine vertrauensvolle, dauerhafte und durch verlässliche Strukturen gekennzeichnete Beziehung zu anderen Menschen stehende Wort *Bonding,* das ursprünglich auf die Wichtigkeit der Interrelation von Mutter und Kind im Kontext frühkindlicher Entwicklung hinwies, auf den schulischen Kontext zu übertragen. Dabei ist zum einen die Bindung zwischen der Lehrperson und ihren Schülerinnen und Schülern fokussierbar, aber gewiss auch, was für das Feld der individuellen Förderung beinahe noch wichtiger ist, der Kontakt der Schülerinnen und Schüler untereinander, denn all diese Netzwerke und Beziehungen sind im Kontext funktionierenden sozialen Lernens und individueller Förderung von äußerster Wichtigkeit. So kann ein Fach wie Kunst gerade in potenziell konfliktbeladenen Szenen wie sie zum Beispiel in Passagensituationen entstehen können (etwa beim Übergang von der Grundschule zur weiterführenden Schule) auf viele bereits aus der Allgemeinpädagogik bekannte Maßnahmen wie die Einrichtung eines Klassenrats beim Versuch einer Stärkung des Klassenteams zurückgreifen. Und viele für diese Fragen sensibilisierte Kunstfachschaften haben in ihren schulinternen Lehrplänen zu Beginn der Klasse 5 auch an dieser Stelle einen Schwerpunkt gelegt.

Für einen individuell fördernden Kunstunterricht bedeutet das insbesondere, dass die Lehrerin oder der Lehrer den Versuch unternehmen sollte, die Interaktivität der Schülerinnen und Schüler untereinander deutlich zu erhöhen. Dabei ist die im Folgenden aufgeführte Unterscheidung von vier Formen der Zusammenarbeit aus meiner Sicht sehr hilfreich:

- *Koordination:* hilft Verfahrens- und Organisationsabläufe durch Zielformulierungen (Kontrakte), Verabredungen und Verantwortlichkeiten zu verbessern;
- *Vernetzung:* angelegte Struktur zur dichteren Kommunikation von Personengruppen, Teams oder Institutionen;
- *Kollaboration:* im Unterschied zur Kooperation (zielgenaue und temporäre Hilfestellung) eine längerfristiger angelegte und tiefergehende Zusammenarbeit zum Beispiel zum Zweck der Erreichung eines gemeinsamen Ziels;
- *Teamarbeit:* auf komplementäre Ergänzung unterschiedlicher Fähigkeiten basierende Zweckgemeinschaft mit einem Ziel (Boller/Fabel-Lamla/Wischer 2018, S. 7);
- *Kokonstruktion:* intensiver innergrupplicher und auf Vertrauen basierender Austausch und gemeinsames Handeln, um ein gemeinsames Ziel zu erreichen.

Vernetzte, kollaborative, teamorientierte oder kokonstruktive Unterrichtsmethoden dienen dabei vor allem zur Stärkung der positiven sozialen Abhängigkeiten. Sie zielen vornehmlich auf

- eine durch erhöhte Schüleraktivierung mögliche Stärkung des Selbstwertgefühls der Einzelnen,
- die Überschreitung der je eigenen Kompetenzstufe durch den Austausch mit anderen,
- das Adaptieren anderer Ideen und kreativer Lösungen,
- die Förderung von Sozial-, Kooperations- und Kommunikationskompetenz,
- das Einüben von Toleranz, Respekt, Zugehörigkeit und am Ende auch
- eine Entlastung der Lehrerinnen und Lehrer.

Über den gerade erwähnten Aspekt des Affektmanagements vonseiten der Lehrperson hinaus möchte ich das Wort „Bindung“ aber auch, wie eingangs bereits angedeutet, im Sinne von Ver*bindlich*keit verstehen, was mich in den Beispielen des folgenden Praxistipps #24 dazu führen wird, die in gebundeneren Settings getroffenen erzieherischen Entscheidungen stärker in Augenschein zu nehmen. Dabei sei insbesondere an die innerhalb der Kunstdidaktik oft vernachlässigten Chancen erinnert, die in Maßnahmen einer geschlossenen Differenzierung in einem relativ stark gesteuerten, durch eine große Ablaufklarheit sowie durch Maßnahmen des Classroom-Managements flankierten Unterrichts stecken, gerade, wenn von individueller Förderung die Rede ist.

Als „spießig“ und „kleinkariert“ mögen einige der Referendarinnen und Referendare möglicherweise die Ansicht bewerten, einen derart geschlossenen und gebundenen Unterricht für wirksam zu halten, wenn es um den Bereich der individuellen Förderung geht – zumindest tun das nicht wenige Auszubildende zu Beginn ihrer Lehrerinnen- oder Lehrerkarriere. Manche von ihnen entschuldigen sich sogar vorab dafür, wenn sie vorhaben, einen solcherart gebundenen Unterricht etwa im Kontext eines Unterrichtsbesuchs anzubieten. Doch, wie ich in solchen Zusammenhängen immer wieder versichere, sie tun das zu Unrecht. Denn eine gezielte Unterrichtssteuerung ist in manchen Konstellationen geradezu unabdingbar, und das nicht zuletzt deshalb, weil der Verzicht auf bestimmte Lenkungstools in einigen Fällen den Unterricht sogar insgesamt unmöglich machen würde. Und damit schließlich wäre eine Förderung nicht nur einzelner Schülerinnen und Schüler ausgeschlossen, sondern sogar aller Schülerinnen und Schüler – wobei an dieser Stelle unbedingt hinzuzufügen gilt, dass es ein weit verbreiteter Irrtum ist, ein solcher Unterricht sei weniger schülerzugewandt.

Kommen wir noch auf eine letzte Verwendungsweise des Wortes „Bindung“: Denn mit dem Bindungsbegriff ist auch ein dichtes Verhältnis der Schülerinnen und Schüler *zur Sache* zu bezeichnen. Ist eine solche Bindung gegeben und der Lehrperson ist es gelungen, eine Bindung unterrichtlicher Themenstellungen mit lebensweltlichen Problemlagen und individueller Motivation herzustellen, dann entsteht bei den Lernenden für gewöhnlich eine Art innere Notwendigkeit, *ihre* Dinge zu tun und bestimmte Aufträge mit Lust und Laune zu erledigen. In einer solchen Phase kommt es dann allmählich zu einer Verbundenheit mit dem eigenen Projekt, was für gewöhnlich zur Folge hat, dass Ideen auch außerhalb des Unterrichts eigenständig weiterentwickelt werden. Dies wiederum führt dazu, dass die Schülerinnen und Schüler die für ihr Projekt notwendigen Materialien freiwillig und mit Lust besorgen und dass sie eine Menge an freiwilligen Absprachen treffen. In solchen Momenten kommen wir in eine sogenannte Care-Phase. Das bedeutet, dass die Schülerinnen und Schüler damit beginnen, Sorge für ihr eigenes Projekt zu tragen: Ist eine Bindung dieser Art erst einmal hergestellt, dann ist das für die lehrende Person eine enorme Entlastung, denn in solchen „Fließphasen“, wie ich sie nennen will, braucht es im Grunde keine Rollenkarten mehr und auch die üblichen strengen Hinweise etwa auf die Notwendigkeit zur Beachtung eines Abgabetermins können unterbleiben – umgangssprachlich ausgedrückt würden Schülerinnen und Schüler eine solche Phase wohl mit folgendem Wort kommentieren: „Läuft!“

Es sei ganz am Ende dieser Vorüberlegungen noch der Gedanke angefügt, dass allem Lob auf gut organisierte Langzeitprojekte mit dem Schwerpunkt auf kooperative oder kollaborative Arbeitsprozesse im Fach Kunst immer auch die Erkenntnis auf dem Fuße folgen muss, dass das Ziel einer weitgehenden Deprivatisierung von Unterricht und Erkenntniszuwachs auch ins Gegenteil umschlagen kann. Ein Zuviel an Team kann das Ende von Individualisierung bedeuten, auf Standardisierung hinauslaufen. Das aber wäre gerade für den nicht ganz unwesentlich von *Typen* und „Kunst-Nerds“ lebenden Kunstunterricht sehr schlecht. Natürlich hinterfragt man heute die aus dem 19. Jahrhundert stammende Vorstellung vom Künstlergenie, das unterm regenundichten Dach auf Musenküsse wartet. Doch vergessen wir die gerade im Bereich künstlerischer Tätigkeiten sich sammelnde und hier ihre Kraft findende Menge an Solipsisten nicht, Menschen, die vor allem dann glücklich sind, wenn sie *ihre eigene Bildsprache* entwickeln.

Arvedsen, Karsten (2018): Probleme im Kunstunterricht – Kunstunterricht mit Problemen, in: Billmayer, Franz (Hrsg.), Schwierige Schülerinnen & Schüler im Kunstunterricht, Hannover, S. 13–29.

Hänze, Martin (2008): Was bringen kooperative Lernformen? Ergebnisse aus der empirischen Lehr-Lern-Forschung, in Friedrich Jahresheft 26, S. 24–25.

Mosebach, Heike/Penzel, Joachim (2018): Lösungswege für schwierige Situationen im Unterricht, in: Billmayer, Franz (Hrsg.), Schwierige Schülerinnen und Schüler im Kunstunterricht, S. 169–176.

Schmidt-Wetzel (2017): Kollaboratives Handeln im Kunstunterricht, München.

Praxis-Tipps

#25 Bindung an die Sache stärken

Haben Sie den Mut, Ihre Schülerinnen und Schüler eigene Themen wählen zu lassen, damit diese eine Bindung zum zu erarbeitenden Thema aufbauen können. Denn mit allgemeinpädagogischen Erkenntnissen jüngeren Datums ausgestattet können wir feststellen: Adaptiv und individuell fördernd ist ein Unterricht vor allem immer dann, wenn er auf die Interessen und die Talente der Schülerinnen und Schüler eingestimmt ist. Dazu mag, als ein Beispiel, ein Abchecken von Themen- und Schwerpunktpräferenzen zu Beginn des Schuljahres (und zwischendurch immer wieder) eine Hilfe sein. Die eigenen unterrichtlichen Ziele sollten daraufhin angepasst werden. Farb- bzw. Komplementärkontraste sind nicht nur über die ebenso berühmten wie absurden Feuerfische in der Nordsee erfahrbar, auch rote Ferraris auf Rennstrecken in Bahrein – mit Gurskys Fotos als Dreingabe – können das Thema „Kontraste" lebendig werden lassen. Alternativ zu konzentrierter Farbkreisfüllung können Sie das Thema Farbe auch materialintensiv gestalten – man denke an expressive Drippingsessions ... Oder sie entscheiden sich für kleine Farbfeldexperimente auf Mini-Pappen, die, auf alte und noch im Keller befindliche Fidget Spinners gelegt, im Drehzustand die Logik unterschiedlicher Farbmischverhältnisse anzeigen.

Binden Sie die Schülerinnen und Schüler an ein Thema an, um damit die Möglichkeit zu erhalten, dass es zu *ihrem Thema* werden kann. Das erhöht die Akzeptanz der Schülerinnen und Schüler zum Geschehen, es erhöht zugleich die Qualität der Produkte und wirkt ferner, folgt man den Autoren Heike Mosebach und Joachim Penzel, auch deutlich störungspräventiv.

Lassen Sie Schülerinnen und Schüler, etwa über „Voting"-Fragebögen, für Themenbereiche abstimmen. Oder erlauben sie ihnen hier und da, ganz freie Vorschläge einzureichen:

> Neben konventionellen Inhalten wie eine Gipshand bauen, Ton- bzw. Lehmfiguren modellieren oder Graffitis malen wird hier im Kontext von Schule bzw. der jugendlichen Erlebniswelt überraschend Funktionales vorgeschlagen: Türschilder für die Klassenräume entwickeln, Skateboards gestalten, Automarken entwerfen, Namen dreidimensional umsetzen, für ein Survivaltraining Unterschlüpfe im Wald bauen oder individuelle Taschen anfertigen. (Mosebach/Penzel 2018, S. 170 f.)

Individuelle Präfenzen der Schülerinnen und Schüler sind des Weiteren aber auch ermittelbar über folgende an die Schülerinnen und Schüler ausgegebenen Aufforderungen:

- Liste so schnell wie möglich 10 Dinge auf, die du gut kannst. Das kann alles sein, von Sport und Hobbys angefangen bis zu banalen Dingen.
- Wähle nun eine Sache aus, mit der du dich vertieft beschäftigen willst.
- Mache zu einem bestimmten Thema ein Freewrite (3–5 Minuten non-stop schreiben), was dich daran am meisten interessiert und welche Elemente dazugehören.
- Überlege, wie du diese Tätigkeit in einem Icon (Logo) einfangen könntest, um über eine Graffiti-Schablone (wahlweise: einen Stempel) eine individuelle Kennung (Ich-Logo).

Sind geeignete Projektideen erst einmal gefunden, ist es überdies möglich, die Verbindlichkeit weiterhin etwa durch schülerinnen- und schüleraktivierende Arbeitsaufträge zu erhöhen. Diesbezügliche Maßnahme wirken durch die Erhöhung der persönlichen Verantwortung, die jede Schülerin und die jeder Schüler für den Lernprozess übernehmen muss, noch einmal in bindender Weise. Wobei diese Bindung der Lernenden an den Auftrag bzw. an die Problemstellung durchaus auch technisch vonseiten der Lehrkraft – und also extrinsisch – erhöht werden kann, etwa durch ein Zufalls- oder Losverfahren am Ende einer Arbeitsphase, das die Verbindlichkeit einer Aufgabe und Konzentration dafür durch die Unklarheit, wer mit dem Präsentieren ‚dran' ist, noch einmal massiv erhöht.

Ferner gibt es heute auch sehr viele digitale Methoden, die sich als Möglichkeiten zur Erhebung von Präferenzen eignen, ich denke da etwa an über Schlagwortwolken visuell schnell sichtbar werdende Vorlieben, Interessenslagen und Themenschwerpunkte.

#26 Schülerinnen und Schüler ein-binden

Die Schülerinnen und Schüler tiefer ein- und fester anzubinden an curriculare Inhalte erfordert überdies, die Urteilskraft der Einzelnen ernstzunehmen. Stärken Sie diesbezüglich zum Beispiel gegenseitige Bildberatungen unter Schülerinnen und Schülern, sodass Tipps von der Nachbarin oder dem Nachbarn möglich werden zu Fragen wie: „Wie soll ich weiterarbeiten? Was gilt es zu verbessern?" Ein derartiges Involvieren der basalen bildnerischen Intelligenz der Lernenden eignet sich aus meiner Sicht zum Beispiel in gestaltungspraktischen Phasen sehr gut dazu, ihre Wertungsfähigkeit und Urteilskompetenz zu stärken. Dabei gilt es insbesondere eine Haltung einzuüben, die klarmacht, dass das Bild der Mitschülerin oder des Mitschülers wertzuschätzen im Grunde nichts andere heißt, als es als einen Schatz anzusehen.

Nutzen sie darüber hinaus auch weitere Feedback-Möglichkeiten zur Förderung der Fähigkeit Ihrer Schülerinnen und Schüler, konkret Stellung zu beziehen: Evaluationszielscheibe, Blitzlicht, Ampel (Schülerinnen und Schüler erhalten Karten in den Farben Grün, Gelb, Rot und können „voten"), Rezension, Feedback-Briefe, Geschenk übergeben etc. Als eine schnell anwendbare und nicht materialintensive Methode empfehle ich hier den Einsatz der sehr effizient und unbürokratisch nutzbaren Fünf-Finger-Methode:

- *Daumen* („Daumen hoch"): „Das war super!"
- *Zeigefinger* („Zeigen"): „Das wäre beim nächsten Mal zu bedenken …"
- *Mittelfinger* („Stinkefinger"): „Das fand ich nicht gut, verbessernswert."
- *Ringfinger* („Ehering"): „Das nehme ich mit, das halte ich fest …"
- *Kleiner Finger:* „Das ist mit zu kurz gekommen."

Sie können auch mit Symbolzeichen arbeiten oder eine Schlussauswertung mit der Blitzlicht-Methode durchführen, wenn es Ihnen als Lehrkraft darum zu tun ist, eine schnelle und direkte Rückkoppelung zu einem vorangegangenen Geschehen zu erhalten:

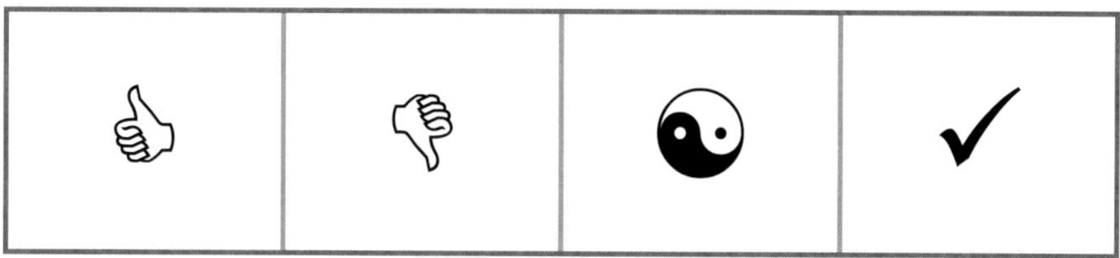

Symbolzeichen zur schnellen Rückmeldung

Die Meinungen aller Schülerinnen und Schüler sind auch über kostenlose und sehr leicht und zweckgenau zu initiierende Programme wie *Nearpod* oder *answer garden* einzuholen, die dazu nötigen Zugänge sind für jede Schülerin und jeder Schüler auf ihrem/seinem Handy mühelos aktivierbar. Auf diese Weise lässt sich ein virtuelles Tafelbild erstellen und es sind Meinungen zu Bildern, Ersteindrücke, einfangbar; aber auch erste Bildbeschreibungen oder -annäherungen sind mithilfe dieser Angebote durchführbar. Gut an derartigen „Meinungseinholinstrumenten", wie ich sie nennen möchte, ist, dass auf diese Weise alle Lernenden involviert sind und die Lehrerin oder der Lehrer auch – wie bei der sogenannten Mastereye-Funktion im PC-Raum – nachverfolgen kann, wer sich konstruktiv und themengebunden einbringt.

Freilich ist es uns auch unbenommen, auch weiterhin auf ganz analogem Wege Feedback einzuholen, so wie das folgende Beispiel aus dem Unterricht zum Schluss einer Reihe zur Portfolioarbeit zeigt:

M

Ein kleiner Fragebogen zum Schluss

1 Würdest du dieselben Aufgaben wieder wählen, wenn du das Projekt noch einmal machen dürftest?

☐ Ja, weil ....

....

☐ Nein, weil ....

....

2 Welche Aufgabe hat dich am meisten begeistert?
Aufgabe ...., weil ....

3 Welche Aufgabe war besonders leicht?
Aufgabe ...., weil ....

4 Welche Aufgabe war besonders schwer?
Aufgabe ...., weil ....

5 Was hast du während des Projektes Besonderes gelernt?

....

....

....

Doch ist in den letzten Jahren zu registrieren, dass elektronische Feedbackmethoden (Audience Response Systems) wie ARSnova (arsnova.eu) einen immer größeren Stellenwert einnehmen, und das nicht zuletzt deshalb, weil es mit vielen dieser Programmen für die Lehrkraft zumeist recht einfach ist, sich einen schnellen Überblick über unterrichtliche Entwicklungsbedarfe zu verschaffen.

Nutzen Sie in diesem Zusammenhang auch die Methode des *kollektiven Standbilds* bzw. einer Meinungslinie, um individuelle Haltungen der Schülerinnen und Schüler zum Beispiel zu komplexen Fragen der Kunst kennenzulernen. Schülerinnen und Schüler müssen, wird diese Methode angewandt, im wortwörtlichen Sinne Stellung beziehen und sich nach dem Vorbild der Familientherapie (Familienaufstellung) im konkreten Klassen- oder Kursraum positionieren.

Zunächst befindet sich auf dem Boden des Kunstraumes ein Skalierungsband (oder einzelne Punkte, auf denen Nummern stehen). Solche Bänder sind als Coachingbänder käuflich erwerbbar, können aber auch rasch mit Kreppband hergestellt und dann einlaminiert immer wieder genutzt werden. Alternativ dazu ist es auch möglich, an zwei unterschiedlichen Seiten des Klassen- oder Kursraumes die Zeichen Plus und Minus (oder auch eine Null und eine 10) zu hängen. Schließlich fragt man in der Klasse nach der Selbsteinschätzung der Schülerinnen und Schüler zu spezifischen Fragen, wodurch diese sich nun spontan selbst zu einer Frage positionieren müssen und damit sozusagen körperlich ein Voting abzugeben haben. Eine Anweisung der Lehrperson zu einer solchen Standbildübung könnte dabei in etwa wie folgt lauten: „Positioniert euch zu folgender Frage: Ich kenne mich im Themengebiet Renaissance aus. Wer sehr gut sagt, geht zum Plus, wer weniger gut sagt, zum Minus."

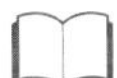

Mosebach, Heike/Penzel, Joachim (2018): Lösungswege für schwierige Situationen im Unterricht, in: Billmayer, Franz (Hrsg.), Schwierige Schülerinnen und Schüler im Kunstunterricht, S. 169–176.
Wordle Tag-Clouds: http://www.wordle.net/.

#27 Die Lernenden in Bildbeurteilungsprozesse einbinden

Nutzen Sie in Ihrem Unterricht auch die vielfältigen Möglichkeiten von komparativen Bildvergleichen zur Stärkung der ästhetischen Urteilskompetenzen von Schülerinnen und Schülern. Dazu zählt man u.a. folgende Methoden: *Gallery Walk, Tischgalerie* (Berkel/Peez 2015), *Zentraler Tisch* (Borchardt 2015), *Komparative Beurteilungsbögen* (Nier 2014), *Kriterienorientierte Wertestationen* (Michel 2014).

Eine Möglichkeit zur Durchführung eines beliebten *Gallery Walks* zur Präsentation erarbeiteter Stunden- oder Projektergebnisse ist die folgende: Alle Schülerinnen und Schüler legen neben ihre angefangene Arbeit ein leeres Blatt. Dann wandert die ganze Lerngruppe durch den Arbeitsraum, wobei jede Schülerin und jeder Schüler bei möglichst vielen ihrer oder seiner Mitschülerinnen oder Mitschüler kurze, möglichst konkrete Anmerkungen auf das Blatt schreibt (im Falle einer Zwischenstandanalyse etwa entlang der Fragen: „Was am Bild ist gelungen? Was könnte wie verbessert werden? Welche Fehler sollten künftig vermieden werden?"). Empfehlenswert bei Gallery Walks ist es, die Schülerinnen und Schüler dazu zu ermutigen, möglichst konkrete Beobachtungsaufträge (etwa entlang vorher erarbeiteter Kriterien) zu formulieren; auch die Bepunktung von Werken mit Klebepunkten mag an dieser Stelle ein probates Mittel sein, um allzu oberflächlichen und unkonzentrierten Rundgängen zu begegnen.

Wahlmöglichkeiten sind dabei durchaus nicht nur in den Lernphasen einer Unterrichtseinheit zu gewähren, auch durch die Konzeption und den Einsatz binnendifferenzierender Prüfungsformate, wie an der folgenden Grundkurs-Klausur beobachtbar, offenbaren sich Optionen der Förderung individueller Ausdrucksbedürfnisse selbst in gebundenen Leistungsformaten:

Klausur GK Q1: Gestaltung von Bildern mit schriftlichen Erläuterungen

Erstellen Sie eine *surreale Bildgestaltung* zu einem *selbstgewählten Titel*. Kombinieren Sie hierfür mindestens *zwei* der Ihnen bekannten Verfahren (Collage, Frottage, Zeichnung, Klecksografie/Tusche-Dripping).

1a Konzipieren Sie zunächst einen *surrealen Bildtitel*. Wählen Sie hierfür aus der Wörterliste (Titel aus dem Werk Max Ernsts) *mindestens zwei* Substantive aus, die Sie mit Präpositionen, Adjektiven, Verben und Artikeln erweitern können. Sie können die Wörter bewusst wählen oder eine Zufallsentscheidung treffen. Beachten Sie die im Unterricht besprochenen Kriterien für eine surrealistische Gestaltung. (10 Punkte)
Wörterliste Grätenwald – Hausengel – Einkleidung – Regen – Versuchung – Götter – Köpfe – Vogelschreck – Kampf – Himmel – Familienausflug – Schutzengelin Unsterblichkeit – Spitze – Schwalbennest – Ungeheuer – Milchstraße – Lebenswandel – Sonnenrad – Mutterschaft – Schneeblumen – Frau – Seestück – Schnabelmax – Grabbeigabe – Sohn – Mitteilungen – Nacht – Europa

1b Erstellen Sie eine Liste von Assoziationen, die Ihnen zu dem Titel einfallen.

2 Sichten Sie das zur Verfügung gestellte Material und entwickeln Sie ausgehend davon mögliche Umsetzungsideen zum Thema in Form von *verschiedenen* (mind. zwei) Skizzen oder/und Notizen. (15 Punkte)

3 Realisieren Sie eine surreale Bildgestaltung (DIN A3) auf Grundlage Ihrer Vorarbeit (Assoziationen/Skizzen/Notizen). Achten Sie dabei besonders auf:

- die Kombination von mindestens zwei Verfahren (Collage, Frottage, Zeichnung, Klecksografie/Tusche-Dripping)
- die Nutzung von mindestens 6 verschiedenen Elementen pro Verfahren (z. B. 6 Collageelemente, 6 verschiedene Frottagen, etc.)
- eine spannungsreiche Formatnutzung (DIN A3 ist das Ausgangsformat, es kann etwas kleiner geschnitten oder erweitert werden, das Format muss nicht ganz ausgefüllt werden, Leerstellen können auch interessant sein …)
- eine kreative* Kombination der gewählten Verfahren
- erkennbare Bezugnahme auf den gewählten Titel
- die Prinzipien des Surrealismus

Hinweis: Die Collageelemente müssen nicht im Ganzen verwendet werden. Klecksografien/Frottagen können auch zunächst separat auf einem Extrapapier erstellt und dann ausgeschnitten und zusammengestellt werden. (60 Punkte)

* Als kreativ werden von der Forschung Ergebnisse bezeichnet, die sich zum Beispiel durch Flexibilität (gewohnte Wege des Denkens verlassen; neue Sichtweisen entwickeln), Redefinition (bekannte Objekte neu verwenden, improvisieren) oder Originalität (Unverwechselbarkeit) auszeichnen.

4 Erläutern und reflektieren Sie Ihr Ergebnis in einem schriftlichen Kommentar. Beschreiben Sie zunächst, wie Sie bei der Titelfindung vorgegangen sind (Strategie) und welche Assoziationen Sie mit diesem Titel verbinden. Gehen Sie anschließend auf die von Ihnen beabsichtigte Idee und die von Ihnen als wichtig eingeschätzten Entscheidungen ein und bewerten Sie diese mit Blick auf die entstandene Bildlösung. (25 Punkte)

Material: Collagematerial, Frottagematerial, Papier DIN A3, Skizzenpapier DIN A4, Steinpapier, Tusche, Kaffee, Strohhalme, Pinsel, Sprühfläschchen, Pipetten, Becher, Fineliner, Textmarker, Aquarellbleistifte (können mit Wasser vermalt werden), Fön, Schere, Cutter, Kleber. (aus dem Unterricht von Annkathrin Gockel-Nelißen)

#28 Themen- und Sachbindung durch Ernstsituationen schaffen

Wenn Sie die Lernenden in längerfristige Projekte einbinden, schaffen Sie sogenannte Ernstsituationen, und dies nicht allein zu dem Zweck, Demotivation und leistungsschädliches oder gar zerstörerisches Verhalten zu minimieren, wie Kirchner nahelegt:

> Wenn Kinder merken, dass ihnen ernsthaft Verantwortung übertragen wird, d. h., dass das Gelingen eines bestimmten Geschehens von ihrer Person abhängt, dann erhöht der Erfolg einen Wert, der über das Herstellen eines gestalteten Produktes, das ohnehin meinst niemanden interessiert, in hohem Maße hinausgeht. Mit der Anerkennung des Geleisteten wachsen das Selbstbewusstsein und die innerpsychische Stabilität, was wiederum die Person stärkt und damit durch Unsicherheit hervorgerufene Konflikte schmälert. Wird beispielsweise ein Schattenspiel inszeniert, ist es sinnvoll, allen Schülerinnen und Schülern ihren Interessen gemäß verantwortungsvolle Aufgaben zu übertragen. Bei 28 Kindern gibt es vielleicht acht Rollen, die gespielt werden, dazu acht Sprecher und eine Erzählerin, zwei Beleuchtungs- und zwei Tonspezialisten, zwei Auf- und Abbauverantwortliche sowie fünf Kinder, die für die Kostüme und das Bühnenbild zuständig sind. Allen Aufgabenbereichen kommt eine hohe Bedeutung zu, tragen sie doch alle gleichermaßen zum Erfolg des Stückes bei. (Kirchner 2018, S. 90)

In solcherart Ernstsituationen ist das zu erarbeitende Produkt Teil einer Gruppenleistung, was bedeutet, dass die Schülerin oder der Schüler nicht mehr nur für das eigene Gestaltungsergebnis Sorge zu tragen hat, sondern für das Ganze miteinsteht, etwa weil am Ende einer vorgegebenen Zeit etwas gemeinsam präsentiert oder aufgeführt wird. Der Erfolg eines so konzipierten Langfristprojektes hängt also, wenn man so will, an allen. Und der durch die anderen Gruppenteilnehmer erzeugte Gruppendruck wirkt sich positiv auf die Leistungsbereitschaft aller Schülerinnen und Schüler aus.

In sozial- und erlebnispädagogischen Settings ist ein solches Arbeiten schon seit Langem bekannt. In der Arbeit mit schwer vermittelbaren Jugendlichen zum Beispiel versucht man Menschen durch intensive Theater-, Performance- oder Kunstprojekte in ein Leben in und mit Verbindlichkeiten einzubinden. Ganz wichtig bei der Durchführung solcher Projekte ist dabei, etwa über die Ankündigung einer kommenden Ausstellungseröffnung Deadlines zu erzeugen, d. h. konkrete und nicht überschreitbare Abgabetermine festzusetzen, um damit einen realen Projektbedingungen ähnlichen Echtheitsdruck zu erzeugen, der in angemessener Dosis verabreicht und die Kontextbedingungen der Schülerinnen und Schüler einbeziehend motivierend wirken kann.

Im folgendem Projekt als Teil einer an meiner Schule durchgeführten Reihe wurden Skulpturen auf der Basis von aufblasbaren Schwimmspielzeugen (Mini-Pools, aufblasbare Flamingos, Reifen etc.) gefertigt: Nur teilweise aufgeblasen und an gewissen Stellen abgeklebt, war es auf diese Weise möglich, sehr schnell, sehr unterschiedliche und bis ins Monumentale ausgreifende Skulpturen entstehen zu lassen. Am Ende dann stand die mühselige Skulpturenverkleidung mit Pappmaché, eine Phase, die üblicherweise zu einem Sich-gehen-Lassen und zu Zeitverlust führt. Die Dinge zu verdichten half, Schlendrian zu verhindern. Ferner war es in dieser Einheit wichtig zu vermeiden, dass allzu lange Leerlaufzeiten („Exitphasen“) entstehen. Solche Phasen tauchen gerade auch in einem auf Freiräume setzenden und zu Kreativität und Eigensinn animierenden und damit sehr ergebnisoffen konzipierten Kunstunterricht auf. Klar sein muss, dass sich zu große Exitphasen, anfangs von den Lernenden durchaus mal genossen, langfristig als meistens deutlich kontraproduktiv erweisen. Nicht nur, dass Schülerinnen und Schülern sie oft als ineffizient empfinden. Auch haben solche Durchhängephasen für gewöhnlich ungute Auswirkungen auf den Fortgang der Erarbeitung und sollten durch Maßnahmen einer Nachverdichtung des Unterrichts – Extraaufgaben, Zusatzherausforderungen etc. – unbedingt vermieden werden.

Sehr bedeutsam ist es in derartigen Settings auch, als Lehrkraft dafür zu tun, Materialschwänzerei zu unterbinden. Denn vergessen wir nicht, dass es im Kunstunterricht eine Art Pendant zum vergessenen Sportzeug im Sportunterricht gibt: Und vergessenes Material ist ein Drama, wenn das Weiterarbeiten einer ganzen Gruppe daran hängt.

Gewiss, Ernstsituation helfen, einen solchen Schlendrian zu minimieren, wie andernorts behauptet. Und doch sind über Jahre eingesogene Defizite im Bereich der Selbstorganisation natürlich nicht so einfach durch Verabreichung von Selbstbeobachtungsbögen oder andere erzieherische Maßnahmen ausgleichbar. Auch in einem gut organisierten und dicht strukturierten

Unterricht kommt es immer wieder dazu, dass Material nicht mitgebracht wird. In diesem Falle sollten Alternativaufgaben entstehenden Leerlauf vermeiden helfen, damit alle Schülerinnen und Schüler im Unterricht bei der Arbeit bleiben und ihre Aufmerksamkeit themenspezifisch gebunden bleibt. Dabei kann ein Kärtchen mit einer Alternativaufgabe etwa wie folgt aussehen:

Alternativaufgaben für Schülerinnen und Schüler, die keine Materialien mitgebracht haben

Das Ziel dieser Unterrichtsstunde ist eine Skizze für die Zeichenaufgabe der nächsten Wochen zu erstellen.

Erstelle nun eine „schriftliche Skizze" zu deiner Bildidee. Beantworte dazu in einem Fließtext genau und ausführlich folgende Leitfragen:

- Welche Darstellungsabsicht verfolgst du? Welche Sünde möchtest du darstellen?
- Welche Gegenstände verwendest du?
- Wie sollen die Gegenstände angeordnet sein?

Lass diese Ausarbeitung gemeinsam mit den anderen beiden Arbeitsblättern dieser Unterrichtsstunde von einem Lehrer bis spätestens Donnerstag in mein Fach legen.

Von Ihnen geschaffene Ernstsituationen können also sehr hilfreich sein bei dem Vorhaben, den Druck auf die Schülerinnen und Schüler zu erhöhen, ihre Objekte fertigzustellen. Darüber hinaus fördern sie auch noch die planvolle Zusammenarbeit der Schülerinnen und Schüler, die in solchen Projekten auch über den Unterricht hinaus eine Menge an außerschulischen Verabredungen zu koordinieren haben. In unserem Falle sollten die Kunstwerke langfristig im öffentlichen Raum Bestand haben, eine breitere

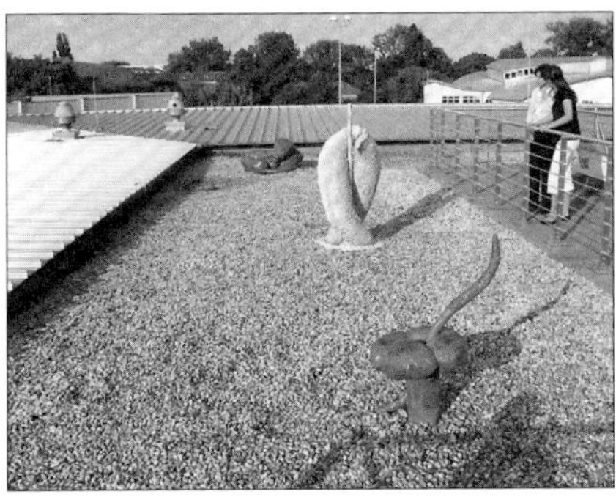

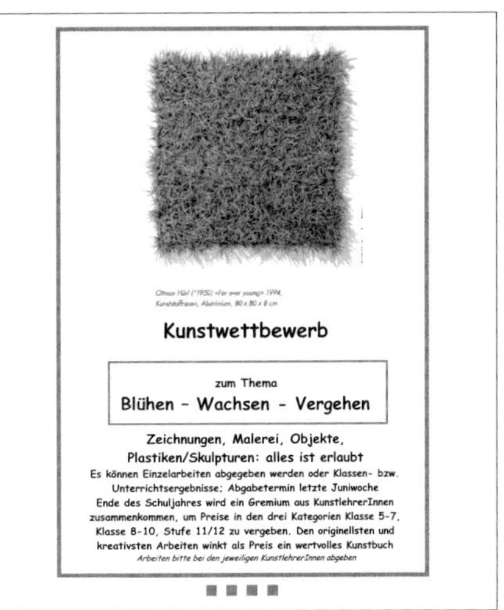

Ernstsituationen: Skulpturen im öffentlichen Raum, Wettbewerbe, Versteigerungen

Öffentlichkeit würde sie sehen, die Presse war eingeladen und ein Publikum, das nicht nur aus den Eltern der künstlernden Schülerinnen und Schüler bestand, sollte sie wahrnehmen. Auf diese Weise wurde die Arbeit von allen ernst genommen.

Am Ende solcher Reihen empfehlen sich variationsreich gestaltete quartalsweise Projektpräsentationen, wobei sich meiner Erfahrung nach an Ausstellungen gekoppelte Versteigerungen auf die Lernenden als ebenso motivationsfördernd auswirken wie die Teilnahme einer ganzen Kunstgruppe an Wettbewerben bestimmter Art.

Kirchner, Constanze (2018): Verbindlichkeit, Verantwortung, Vertrauen. Konflikte im Kunstunterricht kompetent lösen, in: Billmayer, Franz (Hrsg.), Schwierige Schülerinnen und Schüler im Kunstunterricht, Hannover, S. 87–93.

#29 Bindung erhöhen durch kooperative Methoden

Variable, adressaten- und themenangemessene Methoden sind ebenfalls vielfaltsfördernd, weil sie gegenüber einem monomethodischen Unterricht eine Vielzahl an unterschiedlichen Fähigkeiten ansprechen, weil mit ihnen bei passgenauem Einsatz eine Ausdifferenzierung von Schwierigkeitsgraden möglich ist oder unterschiedliche Erarbeitungszeiträume Berücksichtigung finden können. Über Jahre sind kooperative Methoden stets mit dem Namen Heinz Klippert in Verbindung gebracht worden, und seine Methodenkompendien dürften noch immer das A und O auf diesem Feld darstellen (Klippert 2018). Doch ist dazu in den letzten Jahren eine Vielzahl weiterer Methodensammlungen sowohl in Buchform (Matthes 2011) als auch im Internet getreten. Besonders empfehlenswert ist die unter der Ägide des sozial-konstruktivistischen Didaktikers Kersten Reich erstellte Sammlung unter methodenpool.de. Fachspezifische Methoden bietet die Seite kunst-unterrichten.de und eine Ausgabe von *Kunst + Unterricht* mit dem Titel „Methoden im Kunstunterricht" aus dem Jahre 2006, in der vor einer Festlegung auf die *eine* gute Methode im Kunstunterricht gewarnt wird (Seydel 2006).

Hervorragend sind auch die Publikationen Andreas Schoppes aufgrund der darin gebotenen Fülle an vielfältigen Methoden (Schoppe 2011, 2017, 2019). Seine Bücher sind ein unverzichtbarer Schatz, wenn es um Anregungen rund um für das Stundenziel sinnvolle und den Lernausgangsvoraussetzungen der Schülerinnen und Schüler adäquate Arbeitsformen geht. Oft kann es hilfreich sein, schon vor Beginn einer Reihe Überlegungen zu einem möglichen Einsatz bestimmter Methoden anzustellen, wie die in der Tabelle gezeigten Beispiele zeigen. Für die Planung einer Stunde gilt dabei immer, die unterschiedlichen Aufgaben- und Schwierigkeitsbereiche nicht nur zu beachten, sondern auch abzudecken. Diese Forderung wiederum beinhaltet konkret, neben den subjektiven Zugängen bei Schülerinnen und Schülern auch das semantische, das kontextuelle und das allgemeine Sinnverstehen anzubahnen. Dabei empfiehlt es sich in besserer Verschaltung der Ebenen von Produktion (Bildgestaltung) und Rezeption, voneinander separierte Praxis- und Theoriestunden zu vermeiden und den allgemeinen Kompetenzschwerpunkt auf kognitive Aktivierung und somit auf die Förderung der Selbstreflexivität zu legen (Schoppe/Wilsmann 2024).

Aufgrund der erwähnten Vielzahl bereits andernorts dezidiert vorgestellter und mit Blick auf den konkreten Ablauf erklärter Methoden genügt es, an

Phase	Methode	Erläuterungen
Stundeneinstieg	Advance Organizer	Schafft Klarheit im Hinblick auf Verortung der Stunde in der Reihe und im Kontext, führt zu einer Aktivierung von Vorwissen und zu einer Verortung der anstehenden Lern- oder Leistungsaufgabe in den Reihenkontext.
Stundeneinstieg	Verlaufsfries	Antizipation des Kommenden, Schaffung von Ablaufklarheit im Hinblick auf zeitliche und inhaltliche Phasierung der heutigen Stunde.
Erarbeitung I (Annäherung)	Methode(-n) Bildermenü, Bilder ordnen, Bilderfamilie, Gruppenpercept	Erlaubt individuelle, perzeptive Zugänge zu Beginn einer Arbeitsphase; das Gruppenpercept schafft den kommunikativen Abgleich des eigenen Zugangs zu anderen subjektiven Zugängen.
Erarbeitung II	Stationenlernen mit Quellentexten und einem zu erstellenden Schülerinnen- oder Schülerprodukt am Ende	Von der Lehrkraft beigegebene Materialien führen zu einer Kognitivierung des zuvor induktiv Erarbeiteten.
Präsentation	Produktvorstellung der Einzel- oder Gruppearbeitsergebnisse entweder elektronisch zum Beispiel über Mirror-App oder über Dokumentenkamera	Schafft durch das plenare Auditorium eine stundenbezogene Verbindlichkeit hinsichtlich der Qualität des Produkts und führt überdies durch ein Unklarlassen, wer am Ende vorstellen wird, zu einer Erhöhung der Schülerinnen- und Schüleraktivität in der Breite.
Sicherung	Kunstlexikon	Extrahierung wesentlicher Erkenntnisse aus der Erarbeitungsphase etwa in Form von in ein Kunstlexikon übertragener weniger Merksätze oder durch ein anderweitiges Festhalten der Ergebnisse, die für den Folgelernschritt wesentlich sein sollten.

Vorbereitende Überlegungen zum Einsatz bestimmter Methoden in einer Reihe

dieser Stelle nicht mehr in die Details zu gehen. Gleichwohl soll kurz noch einmal zu betont werden, wie wichtig kooperative Lehr-Lernmethoden für einen individuell fördernden und auf unterschiedliche Ausgangsvoraussetzungen und Lerntempi ausgelegten Kunstunterricht sind. Denn was sowohl den gestaltungspraktischen Umgang mit Materialien angeht, die handwerklichen Fähigkeiten und Fertigkeiten sowie auch die Kenntnisse im Bereich der Bildgattungen und -sorten, die Kenntnis von Epochen und Stilen, Richtungen und Strömungen, die Fähigkeit zum Vergleichen, Analysieren, Kommunizieren, Bewerten, zum Deuten und detaillierten Wahrnehmen sowie dem Gewahrwerden von Stimmungen und Atmosphären – immer gilt: Je diverser die methodischen, je diverser die methodischen Settings sind, desto mehr Kompetenzen wird man ansteuern können und desto mehr Schülernnen und Schüler wird man als Lehrkraft auf Sicht erreichen können.

So bieten sich allgemeinhin bekannte Methoden wie die des Lerntempoduetts an, um zum Beispiel unterschiedlichen Lern- und Arbeitsgeschwindigkeiten Rechnung tragen zu können, oder die sogenannte Bus-Stop-Methode, bei der sich Schülerinnen und Schüler einer Erarbeitungsgeschwindigkeit an fixen Punkten im Klassenraum (Bus-Stops) treffen.

Und als immer wieder zielführend erweist sich auch die weithin gern genutzte und mittlerweile auch in der Breite allseits geschätzte *Think-Pair-Share-Methode,* die aus meiner Sicht die Qualitäten von Einzelarbeitsphasen (Phase Think) ebenso zu heben weiß wie die Qualitäten, die sich aus der Begegnung eines Menschen in einer Zweier (Paar-)Konstellation (Phase Pair) ergeben. Durch diese Methode gewinnt das in der relationalen Kunstdidaktik zugrunde gelegte und aus der themenzentrierten Interaktion entlehnte dreipolige Ich-Du/Wir-Welt-Modell an Komplexität. Komplexität und die etwa von Theodor Litt und Theodor Geiger herausgearbeiteten wesentlichen Differenzen von Paar- und Gruppen-Interaktionen rücken besser ins Bild. Ich spreche von den unterschiedlichen Qualitäten diverser Gesellungsformen im Lehr-Lernprozess.

Nachfolgend möchte ich ein praktisches Anwendungsbeispiel für die Erarbeitung eines kunstrelevanten Themas im Think-Pair-Share-Verfahren vorstellen. Im Fokus einer meiner Unterrichtsreihen, der Kurzreihe „Das Grauen grauen?“, standen die Birkenau-Bilder Gerhard Richters.

Hier rankten sich viele Fragen um das aktuell auch im anderen Kontext heiß diskutierte Thema von der Zumutbarkeit von Bildern bestimmten Typs. Dabei wurden die Gemälde Richters, die auf der Basis von Fotografien aus dem Konzentrationslager Birkenau entstanden, gewissermaßen blind gemacht, da in Richter'scher Manier überrakelt. Mit einem Diktum Adornos in Verbindung gebracht, hatten die Schülerinnen und Schüler ein Placemat mittels des Think-Pair-Share-Modells zu bearbeiten:

Das Grauen grauen?

Schritt 1 (Think):

„Nach Auschwitz ein Gedicht zu schreiben, ist barbarisch", schrieb der Philosoph Theodor W. Adorno 1949 kurz nach dem Zweiten Weltkrieg. Die Alliierten hatten eben erst die KZs geöffnet und versuchten systematisch, das Unfassbare zu katalogisieren und zu dokumentieren. Adorno versuchte mit seinem Satz zum Ausdruck zu bringen, dass angesichts dieses Schreckens einerseits nichts mehr Schönes und Reines zu Papier gebracht werden kann, aber auch, dass sich diese Dinge nicht mehr abbilden lassen. Setzen Sie Richters Birkenau-Bilder in einen Bezug zum Adorno-Zitat und sammeln Sie erste Assoziationen dazu.

Schritt 2 (Pair):

Tauschen Sie sich mit Nachbar 2 aus über das Notierte und erörtern Sie die Frage: Ist das Blindmachen der Welt – die Abstraktion, das Übermalen – eine geeignete Reaktion auf die Schrecken?

Schritte 3 und 4 (Share):

In der Gruppe Austausch und Formulierung eines Satzes: Darf man das Grauen grauen, das Konkrete wegrakeln?

Schoppe hat als ein hervorragendes Beispiel für eine gute, individuelle Entwicklungsstände berücksichtigende Methode im Kunstunterricht die sogenannte Künstlerkonferenz als eine Möglichkeit zur Plenumsberatung vorgestellt (Schoppe 2017). Wenig Berücksichtigung in der bisherigen kunstdidaktischen Literatur hat darüber hinaus auch eine weitere, im Kunstunterricht gut nutzbare Methode gefunden, nämlich die des Botengangs, die vor allem auf die Verbesserung einer genauen Bilderfassung zielt. Bei dieser Methode geht es darum, dass zwei sich in je getrennten Räumen befindende Schülerinnen- und Schülergruppen möglichst genau über einen komplexen Gegenstand (Objekt) oder ein Bild zu kommunizieren versuchen. Die eine Gruppe hat dabei besagten Gegenstand oder besagtes Bild vor sich liegen, die andere, im anderen Raum befindliche hingegen hat nichts weiter als ein leeres Blatt Papier (und ein paar Bleistifte) vor sich. Zwei Botinnen oder Boten der Gruppe ohne Bild sollen nun ihrer Gruppe, die keine Kenntnis hat, was konkret sich im Nebenraum befindet, allein via Sprache und Bilderinnerung berichten, was auf diesem Bild zu sehen ist. So wechseln die Boten hin und her und versuchen sich an einer möglichst genauen und detailgetreuen Übertragung des Bildes (aufpassen, dass keine Handyfotos gemacht werden!). So entsteht in einem gut halbstündigen Prozess auf der Grundlage sehr genauer Beobachtung eine Bildskizze, die in einem späteren plenaren Abgleich mit dem Original Dinge aufscheinen lässt, die über eigene Bilderschließungen womöglich nie gesehen worden wären. Man kann mit dieser Methode produktive Konkurrenzsituationen erzeugen, wobei die Gruppe gewinnt, deren Skizze dem Original am nächsten ist. Was das mit individueller Förderung zu tun hat? Dass hier nicht nur die „visuellen Typen“ mit ausgeprägtem visuellen oder gar eidetischen Gedächtnis zu einer angemessen schnellen Kategorisierung des sichtbaren Bildbestands gelangen können, sondern über das Moment der Bewegung und unter Einbeziehung des Wettbewerbsmomentes auch weniger bildaffine Schülerinnen und Schüler ein solides Bildwissen erwerben können.

Nutzen Sie im Bereich der Bilderschließung auch die Methode des Fensterblicks. Dabei blickt jemand, ein Bild von beispielsweise ein Bild von Caspar David Friedrich in der Hand, aus einem imaginären Fenster. Diese Schülerin oder dieser Schüler hat den Auftrag, den Mitschülerinnen und Mitschülern zu erzählen, was zu sehen ist. Nutzen Sie überdies den alten Theatertrick der Mauerschau (Teichoskopie). Manfred Sommer hat an diese Methode in einem seiner lesenswerten Bücher erinnert:

> Weil in einem Schauspiel Großereignisse wie untergehende Schiffe, blutige Schlachten oder brennende Städte nur schlecht auf die Bühnenbretter gestellt werden können, lässt der Dichter diese Ereignisse von einem Akteur des Dramas schildern. Dieser postiert sich als beobachtender „Reporter“ oben auf dem Wehrgang einer Mauer und kann über die Mauer hinterschauen, was sich jenseits von ihr ereignet. Den übrigen Personen des Dramas und dem Theaterpublikum ist aber, was da passiert, nicht sichtbar. Sie alle schauen „von innen“ auf die Mauer und auf ihn, er aber schaut von der Mauer herab und hat ihnen den Rücken zugewandt. (Sommer 2016, S. 464)

Klippert, Heinz (2018): Methoden-Training: Bausteine zur Förderung grundlegender Lernkompetenzen, Weinheim und Basel (22. Aufl.).

Kunstunterrichten.de: Methodenpool https://kunst-unterrichten.de/unterricht/methoden/methodenpool (zuletzt 09.05.2019).

Matthes, Wolfgang (2011): Methoden für den Unterricht: Kompakte Übersicht für Lehrende und Lernende, Paderborn.

Schoppe, Andreas/Rompel, Judith (2017): Aufgaben im Kunstunterricht. Didaktische Grundzüge und Beispiele einer praxisorientierten Unterrichtsplanung, Seelze.

Schoppe, Andreas (2023): Bildzugänge, Hannover.

Schoppe, Andreas/Wilsmann, Stefan (2024): Bildanalyse auf neuen Beinen. Reflexivität als Motor von Lernprozessen, in: Kunst+Unterricht. Heft 479/480, S. 47–50.

Seydel, Fritz (2006): Es gibt keine guten Methoden, in: Kunst und Unterricht 304/305, S. 5–11.

Sommer, Manfred (2016): Von der Bildfläche. Eine Archäologie der Lineatur, Berlin.

#30 Bindung erzeugen durch kollaboratives Arbeiten

Nutzen Sie im Kunstunterricht auch die vielfältigen Möglichkeiten kollaborativen Arbeitens. Im Unterschied zu den in Praxis-Tipp #29 beschriebenen kooperativen Arbeitsformen steht der Begriff des kollaborativen Arbeitens für eher längerfristig funktionierende und dichte Handlungsabläufe selbstgesteuerter Art. Verbindet sich der Begriff „kooperative Unterrichtsmethoden" mit technisch-kurzfristig und eher utilitär ausgerichtetem Arbeiten mit oft starker Lenkung und dem Fokus auf Lerneffizienz, soll „kollaboratives Lernen" der Kunstdidaktikerin Miriam Schmidt-Wetzel zufolge eher als Inbegriff „wirklicher" Zusammenarbeit und gegenseitiger Hilfe zu verstehen sein. So solle mit dem Begriff des kollaborativen Handelns, schreibt Schmidt-Wetzel,

> deutlich zum Ausdruck gebracht werden, dass der Grad der Strukturiertheit und das hohe Maß an Effizienzorientierung, die für diese [das kooperative Arbeiten, S. W.] Konzeption charakteristisch sind, nur sehr bedingt als Merkmale auf die Zusammenarbeit im Kunstunterricht übertragen werden können. (Schmidt-Wetzel 2017, S. 29)

Zu Beginn eines solchen echten Gruppenprozesses versucht die Lehrerin oder der Lehrer den Schülerinnen und Schülern eine langfristige Verantwortung für das Lernergebnis zu übertragen. Die hieraus resultierende Aufgabe soll auch den Lernprozess betreffend weitgehend selbstgesteuert bewältigt werden. Somit wird aus der Lerngruppe ein selbstlernendes System mit kollektiver Verantwortung für das Endergebnis.

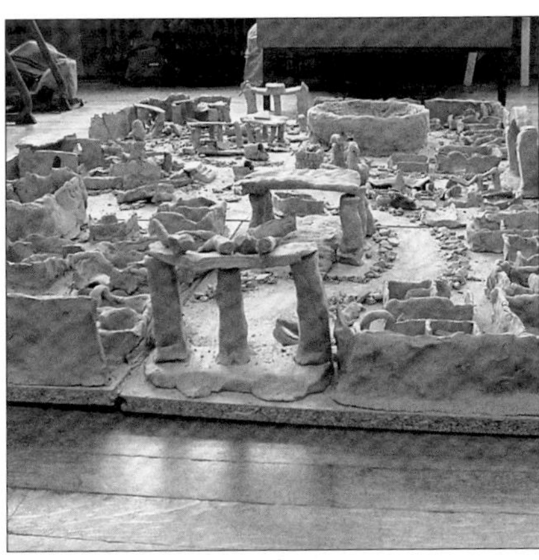

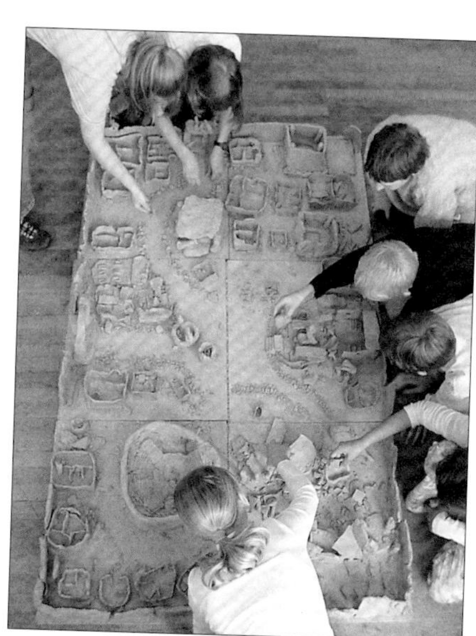

Kolloboratives Projekt „Antike Stadt"

Kollaborative Projekte können auch die gesamte Klasse einbeziehen und auf diese Weise ein Beitrag zur Stärkung des Klassenzusammenhalts sein. Die in den Abbildungen gezeigte antike Stadt aus Ton entstand infolge eines großen Projekts in einer Klasse 5 und stellt das Endergebnis einer monatelangen, intensiven und fächerübergreifenden Beschäftigung mit verschiedenen Aspekten der Antike dar.

Das folgende Beispiel aus dem Unterricht Annika Kemmers zeigt die Nützlichkeit ko-konstruktiven Zusammenarbeitens im Bereich der Zeichnung. Kemmer initiierte über eine zeichnerische Übung ein Nachdenken über die freie Linie und ihre Veränderung durch Interdependenz und ließ durch kluge Steuerung ursprünglich autonom beginnende Linienfolgen eine Beziehung zu den anders konfigurierten Linien der Nachbarin oder des Nachbarn eingehen. Wie kaum etwas anderes vermochte diese Übung die Dialektik von individuellem Formgestalten, das heißt von – frei nach Alois Riegl – subjektivem „Kunstwollen" und Gestaltungswillen, sowie dessen notwendige Grenze und Ver-Formung zu veranschaulichen, welche sichtbar wird, wenn man sich auf den Gestaltungswillen eines Gegenübers einlässt und wenn daraufhin die Folgen von Inter-Aktivität eines teamorientierten Gestaltens deutlich sichtbar werden (teamorientiertes ästhetisches Arbeiten etwa in Architekturbüros ist von derartigen Arbeitsprozessen bestimmt).

Kemmer trug den folgenden Text simultan zum Zeichenakt vor. Die Ergebnisse, die nach einer kurzen, intensiven Zeichensession entstanden, informierten aus meiner Sicht hervorragend über hochgradig individuelle Persönlichkeitsaspekte wie Wagemut, Zaghaftigkeit sowie über sowie über den beanspruchten Eigenraum, die die jeweils zeichnende Person für sich beanspruchte. In dieser Hinsicht erweise sich diese Übung als Diagnostik in Reinform:

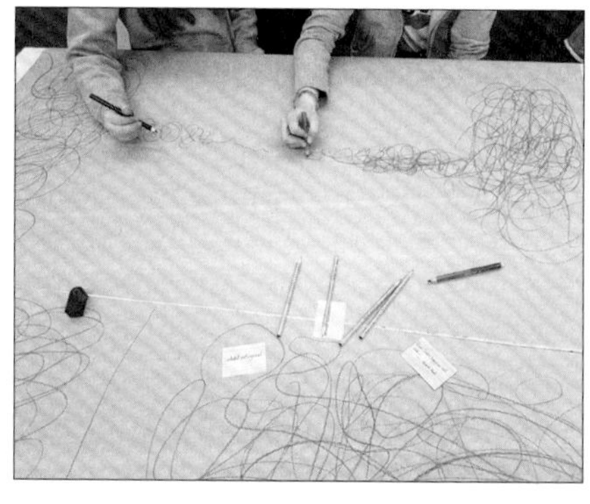
Freie Linien (aus dem Unterricht von Annika Kemmer)

M

„Die Linie: Bewegt sich ein Punkt über die Bildfläche, so hinterlässt er eine Spur, die Linie. Sie krümmt sich, spannt sich, verbreitet sich und verjüngt sich wieder. Sie splittert auf, schwillt an und ab, hat eine Richtung, ändert diese auf vielfältige und ungeahnte Weise, wirkt locker, verkrampft, langweilig, interessant, ruhig, nervös, fahrig, konzentriert, kraftvoll, hart, weich, zart, zögernd, spontan, gewollt, schneidend, brutal, dynamisch, schwung-

> voll, lyrisch, unsicher, tastend, heiter. Sie ist ausgefranst und wird wieder präzise, klar, dann angedeutet, durchzogen, unterbrochen, sie wird wieder aufgenommen, vielleicht leicht versetzt, ist langsam gezogen oder schnell hingefetzt."

Wichtig in und für kooperative sowie in kollaborativen Phasen erarbeitete Prozesse ist dabei, dass die Lehrkraft den Arbeitsgruppen Tools in die Hand geben sollte, ihr gemeinsames Arbeiten an Projekten und Werken überhaupt erst einmal strukturiert planen zu können. Das mag gelingen etwa durch die Nutzung der sogenannten Strukturlegemethode, die es ermöglicht, einzelne Schrittigkeiten zu planen und Relevanzen festzulegen. Ein langfristiges Planen kann aber beispielsweise auch über ein sogenanntes Sitzungs-Canvas erfolgreich sein, welches es einer Projektgruppe erlaubt, konkret und verbindlich Verabredungen aufzuschreiben und diese schließlich zu kontraktieren – dies zu dem Zweck, jede und jeden der Teilnehmenden verbindlich in den Prozess einzubinden.

Schmidt-Wetzel (2017): Kollaboratives Handeln im Kunstunterricht, München.

#31 Schülerinnen und Schüler als Helferinnen und Helfer einbinden

Setzen Sie in Fällen einer überbordenden Vielzahl an Beratungsbegehren auf in dieser Sache vorbereitete Schülerinnen und Schüler. Helferinnen- und Helfersystemen nutzen auch im Kunstunterricht. Sie bewirken durch das Auslagern von Beratungskompetenz nicht nur eine Stärkung der Bildbeurteilungs- und Beratungskompetenz von Schülerinnen und Schülern, sondern haben überdies auch den Vorteil, die Lehrperson massiv entlasten zu können.

So können Sie beispielsweise vereinzelte Schülerinnen und Schüler darauf trainieren, in Beratungssituationen Methoden konstruktiver Gesprächsführung (Methoden Musterunterbrechung, Paradoxe Intervention, Reframing, Zirkuläre Fragen, Tetralemma, Stereotype nutzen) zur Anwendung zu bringen (Brüggemann/Ehret-Ivankovic/Klütmann 2012). Mithilfe spezifischer Kenntnisse und Methoden zum Beispiel im Bereich der systemischen Beratung wird es den Schülerinnen und Schülern möglich, erste, sehr einfache Instrumente zu im Unterricht durchführbaren Mini-Coachings an die Hand zu bekommen. Diese können dabei helfen, bei ratsuchenden Mitschülerinnen und Mitschülern Hilfe zur Selbsthilfe anzubahnen.

Eine andere sehr gute Möglichkeit der Zweierberatung stellt die freiwillige Partnerberatung dar: Hier suchen sich Beratung nachsuchende Schülerinnen oder Schüler ihre Expertinnen und Experten selbst aus und wenden sich an eine beliebige Mitschülerin oder einen beliebigen Mitschüler in der Lerngruppe. Hier angekommen, stellt sie ihre oder er seine gestalterische Arbeit sowie ihre oder seine Fragen dazu vor. Das ganze Setting ist freilich auch anders konfigurierbar: Wer Beratung benötigt, bleibt vor seiner Arbeit sitzen, wer beraten möchte, geht in der Klasse umher und sucht sich einen Partner, mit dessen gestalterischer Arbeit er sich beratend auseinandersetzt.

Entlasten Sie sich auch über die Einbeziehung von gegebenenfalls zusätzlich in ihrem Fachraum befindlichen Kräften. Binden Sie die zusätzlichen Sonder- und Förderschullehrerinnen/-lehrer sowie Schulassistentinnen/-assistenten und Schulbegleiterinnen/-begleiter und auch Integrationshelferinnen/-helfer mit in die Organisation des Unterrichts ein. Das betrifft vornehmlich den Sekundarstufe-I-Unterricht und beschränkt sich nicht selten stark auf Gesamtschulen mit Profil im Bereich des Gemeinsamen Lernens (GL). Doch auch in der gymnasialen Oberstufe ist es möglich, etwa hospitierende Praxissemesterstudierende oder begleitende Referendarinnen und Referendare in die erzieherische Netzwerkarbeit (etwa in Form eines Ko- und Teamteachings) einzubeziehen und auf diese Weise zu einer Verdichtung des Lernprozesses zu gelangen. Dabei haben Menno Baumann, Tijs Bolz und Viviane Albers (2017, S. 93) sechs verschiedene Möglichkeiten des Ko-Teachings ermittelt:

- *One teaching, one observing,* wo ein Beobachter ganz wie bei einer kollegialen Unterrichtshospitation mit einem vorher verabredeten Beobachtungsauftrag ausgestattet ist,
- *One teaching, one assisting,* wo die Zweitkraft assistierend und damit partiell eingreifend das Geschehen begleitet,
- *Station teaching,* wo die zusätzliche Kraft eine Arbeitsstation aktiv betreut,
- *Parallel teaching,* wo die Ko-Kraft eine zweite Gruppe gleichberechtigt anleitet,
- *Alternative teaching,* wo zwei Gruppen aufgabendifferenziert unterrichtet werden, und
- *Teaming,* wo zwei Kräfte auf Augenhöhe und gemeinsam geplant den Unterricht durchführen.

Baumann, Menno/Bolz, Tijs/Albers, Viviane (2017): „Systemsprenger“ in der Schule. Auf massiv störende Verhaltensweisen von Schülerinnen und Schülern reagieren, Weinheim/Basel.

Brüggemann, Helga/Ehret-Ivankovic, Kristina/Klütmann, Christopher (2012): Systemische Beratung in fünf Gängen. Ein Leitfaden, Göttingen (4. Aufl.).

SELBST-Konzept V: Kunstunterricht sollte gut strukturiert sein

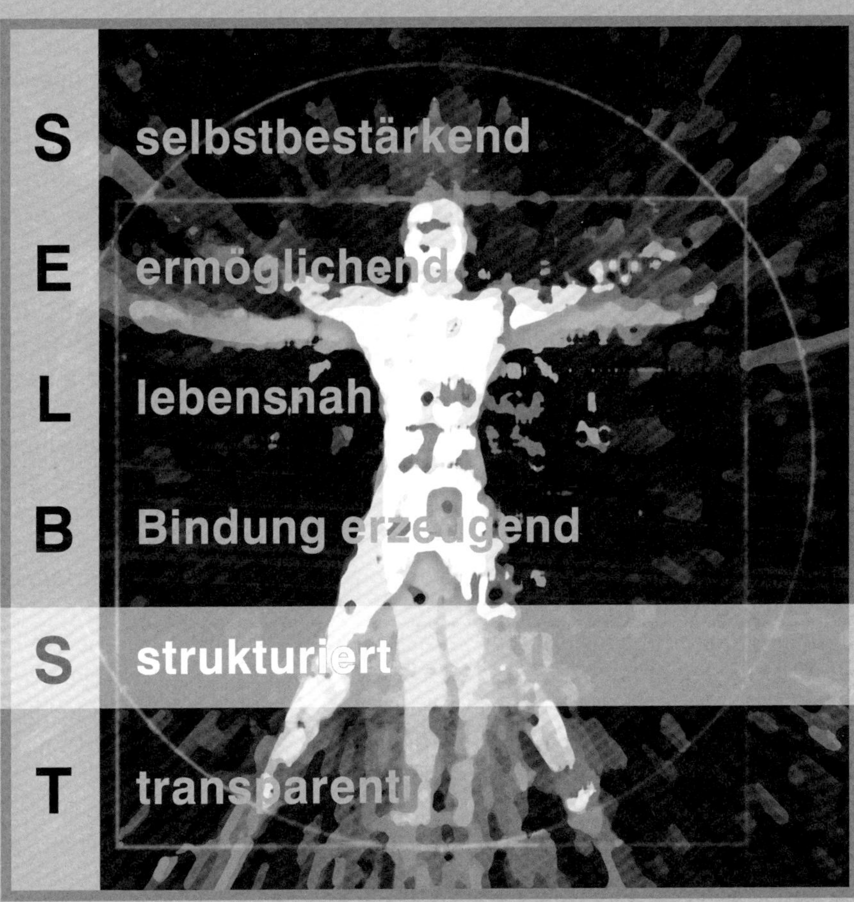

Vorüberlegungen

Guter Unterricht ist immer, so viel lässt sich sagen, ein Unterricht, der gut strukturiert ist. Dabei gilt es, den auf die Vielfalt von Schülerinnen und Schülern zugeschnittenen Unterricht seinerseits vielfältig zu strukturieren. Die außerhalb des Klassenraumes stetig pluraler werdende Welt lässt die Frage nach der rechten Passung bestimmter Selbst-Setzungen immer wichtiger werden: Was ist angemessen, welche Kleidung, welches Verhalten, welcher Höflichkeitsritus?

Logisch, dass auch im Kunstunterricht eine der zentralen Fragen von Lehrerinnen und Lehrern inmitten des pluralisierten Marktes der Möglichkeiten lauten muss: „Was passt?" Denn auch curricular ist ja Vielfalt in der Ausrichtung des Kunstunterrichtes gefordert. Das wird erkennbar an dem in allen Kernlehrplänen der Länder zentral gesetzten sehr weiten Bildbegriff, der eine große Vielfalt der Kunstgattungen, Medien und Künstlerinnen- und Künstlerpersönlichkeiten und -konzepte umfasst. Und es lässt sich ferner erkennen an der Forderung an die Lehrkräfte, für all diese Vielfältigkeit an möglichen Kompetenzfeldern passgenaue praktisch-rezeptive Methoden zu entwickeln. Allein ein Blick auf die unterschiedlichen Operatoren offenbart die Vielfältigkeit möglicher Praktiken im Kunstunterricht:

> skizzieren • variieren • nennen/angeben • überprüfen • erklären • beschreiben • analysieren/untersuchen • einordnen • beurteilen • zusammenfassen/wiedergeben • erstellen/konstruieren • diskutieren/erörtern/reflektieren • ergänzen/vervollständigen/verändern • bewerten/Stellung nehmen • reinzeichnen • zeichnen/malen • begründen/zeigen/nachweisen/belegen • vergleichen • experimentell erproben • nennen/angeben • entscheiden • bewerten/Stellung nehmen • werktranszendent interpretieren • werkimmanent interpretieren

Im Bereich der Planung und bei der Durchführung von gutem und individuell förderndem Kunstunterricht rankt sich beinahe alles um Fragen wie die folgenden: Welche unterschiedlichen Kompetenzziele benötigen welche Lernsettings und -umgebungen? Und wann ist eine gewählte Methode funktional? Welches Lernarrangement ist am Ende wirklich adäquat? Das Abwägen unterschiedlicher Parameter nämlich – beim Lernziel angefangen bis hin zu Spezifika der Lerngruppe (aber auch Faktoren wie die Lage der Stunde) –, hat mit der Frage nach der idealen Passung von Lehr-Lernangebot und Lernausgangslage eng zu tun. Ist das so, müssten fundamentale Streitigkeiten innerhalb der unterschiedlichen Kunstdidaktiken streng genommen an ein Ende kommen. Denn statt tradierter Glaubenssätze zählen dem Lehrenden mit diesem neuen Fokus nun in erster Linie analysegeleitete Aspekte entlang der Frage nach der besten Passung eines Settings zum Ziel, wenn es um Unterrichtsmethoden und -ziele geht. Methodenpluralistisches Vorgehen bedeutet für die Lehrkraft, in einem Falle festzustellen zu können, dass ein offener Werkstattunterricht die beste Lösung zur Erreichung einer solchen Passung ist, in einem anderen Fall hingegen eher eine kleinschrittig gelenkte Abfolge von kleinen Übungen etwa im Medium kooperativer Methoden zielführender zu finden. Wer sich solchen Passungsfragen konsequent stellt, kann dann experimentelle und ungewöhnliche Annäherungsweisen nicht mehr gegen klassische Sequenzen rund um handwerkliches Können und inhaltliches Wissen ausspielen. Kunstunterricht nämlich ist, wie die folgende Grafik zeigen soll, ein Mehrvariablenspiel:

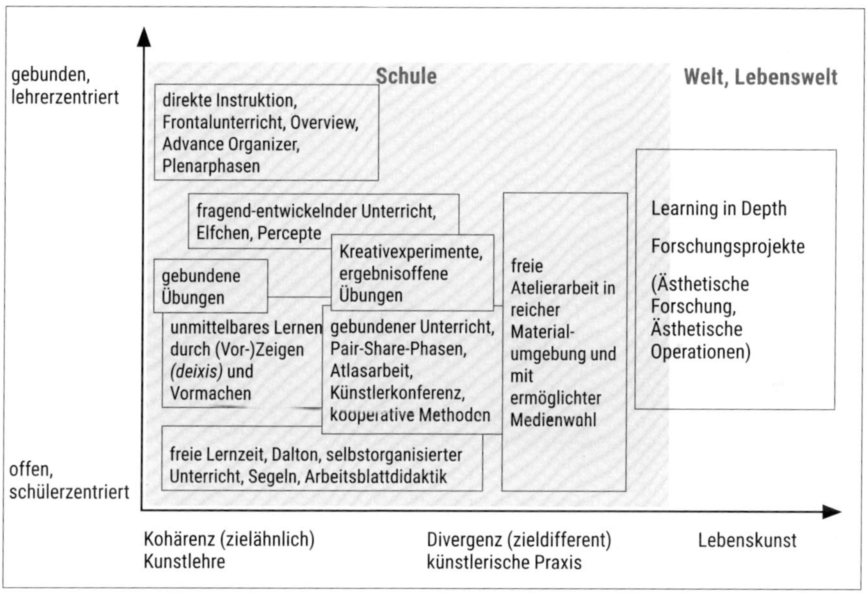

Übungsformen und Methoden im Kunstunterricht

Praxis-Tipps

#32 Mit Bildern strukturieren – Bilder strukturieren

Schülerinnen und Schüler leben in und mit der sogenannten Bilderflut. Nutzen wir die durch das Durch-die-Welt-Scrollen entstehenden Begegnungen mit Bildern. In folgender kurz vorzustellender Reihe aus meinem Unterricht sollten Schülerinnen und Schüler auf der Basis von selbst ausgewählten Arbeitsergebnissen riesige Bildmengen zusammenstellen und (kategorial) sortieren. Dabei kam in einer zweiten Phase den jeweils anderen Mitschülerinnen und Mitschülern, die nicht für die Auswahl zuständig waren, die Aufgabe zu, zu er- und zu begründen, welche individuellen Bildauswahlkriterien und Beziehungen zu bestimmten Bildern wohl dem Erstsammler zugrunde gelegen haben mochten. Dann schließlich wurden die einzelnen Bilder aus den individuellen Bilderpools kriterienorientiert an einer Wand (auf einer LKW-Plane) zugeordnet. Aus dem zu Beginn individualisierten Atlas entstanden in der Folge Bildzyklen, mit denen ein umfassendes und vertieftes Reflektieren über Bilder (in Zeiten der „Bilderflut") möglich wurde.

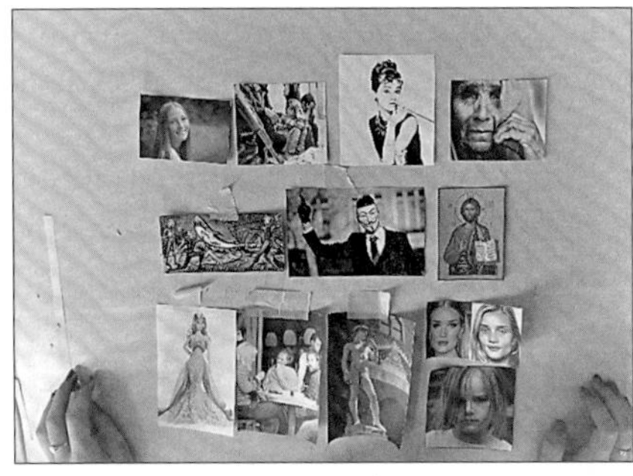

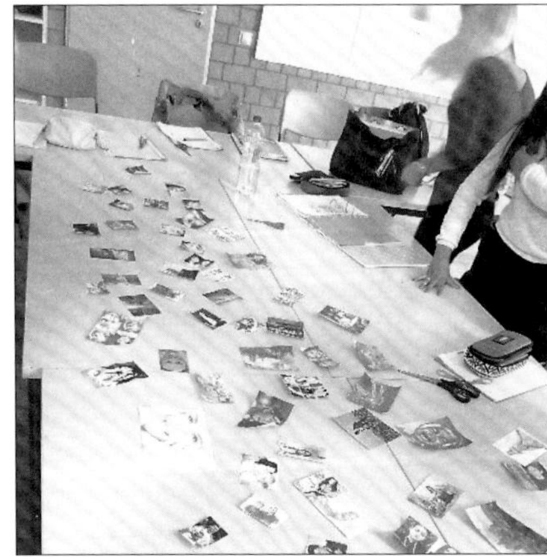

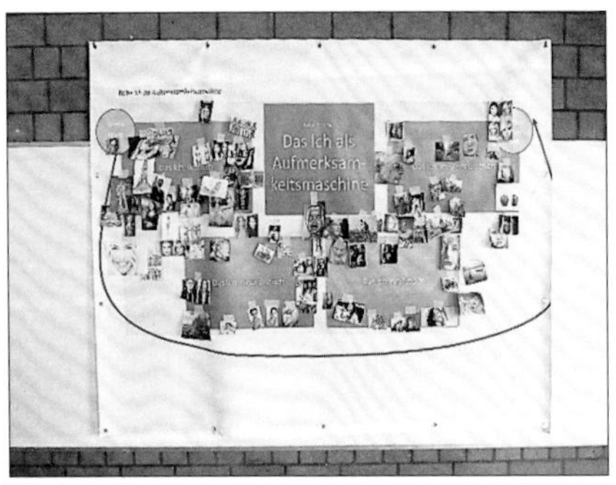

Bildmengen sortieren und ordnen

Möglicherweise bevorzugen Sie es aber auch, den Weg genau anders herum zu gehen und Ihre Schülerinnen und Schüler mit bereits fertigen Bildatlanten arbeiten zu lassen. Gewiss stellt auch das eine Möglichkeit dar, einen Weg zur und durch die heutige Vielfalt an Bildern zu finden. So habe ich beispielsweise in einer meiner Reihen im Kontext der Beschäftigung mit dem zentralen Thema „Meer“ selber sehr viele Bilder ausgesucht und vorab sortiert. Zum Reihenauftakt wurden sie zum Zwecke eines thematischen Erstzugangs zu diesem Gegenstandsbereich verabreicht, eine vermeintlich einfache Zuordnungsübung wurde in der Folge initiiert. Die Schülerinnen und Schüler wurden mit der Aufgabe betraut, den von mir ausgesuchten Bildern Titel zuzuordnen. So kombinierte ich einen Filmausschnitt (Filmstill) aus Fellinis *Schiff der Träume* mit aus *Pirates of the Carribean;* ich hatte ferner Giottos Motiv *Flucht nach Ägypten* im Bildangebot, Patinirs *Überfahrt in die Unterwelt,* William Kentriges Werk *Bridge,* George Brechts *Swim Puzzle,* Helmut Kesbergs *Überfahrt (Lampedusa),* Marlene Dumas' *Gebroke de See,* daneben Bilder von der Tsunamikatastrophe, Johan Cretens *Große Welle,* Bilder von Meermonstern, von der Arche Noah, von Poseidon, samt bildnerisch umgesetzter Szenen aus dem Leben des Kolumbus und vieles mehr. Schon von hierher entbrannte eine sehr spannende Diskussion, es wurden Blicke geschärft und Kriterien begründet.

#33 Strukturieren mit gebundenen Portfolios

Das folgende Beispiel zeigt einen an die Schülerinnen und Schüler ausgegebenen Arbeitsbogen, der ein freies Arbeiten und Entscheiden über einen größeren Unterrichtszeitraum hinweg ermöglichte. Ein solches Vorgehen bedeutet in Anbetracht sehr differierender Bearbeitungszeiten und verschiedener Kompetenzstufen für die Lehrerin oder den Lehrer viel an Strukturarbeit im Vorhinein, wie sich auch an folgendem Beispiel zeigt:

Natur erfahren – Vielfältiger Umgang mit dem Naturprodukt Holz

Ein künstlerisches Portfolio von ....

Dein Portfolio besteht aus *7 verschiedenen Aufgaben.* Wähle jeweils *eine* Aufgabe von *jedem Buchstaben* (A, B, C, D, E, F, G). *Lies* dir dafür zuerst die *Aufgabenblätter* auf der Materialtheke durch.

Die Reihenfolge, in der du die Aufgaben bearbeitest, bestimmst *du.*

Aufgabe		Material	Hilfe-karten	in mein Portfolio einzuheften	Schüler/-in: vollständig	Lehrer/-in: gesehen
A	Die Feinheiten der Baumrinde **	Bleistifte Kiste „Baumrinde" DIN-A4-Papier	HK 1	Aufgabenzettel Zeichnung der Baumrinde	☐	☐
B	Mit meiner Fantasie **	Bleistifte	HK 2	Aufgabenzettel/Arbeitsblatt mit Bildausschnitt	☐	☐
B	Mein Fantasietier ***	Holzplatte Bleistifte Klarsichtfolien	HK 3	Aufgabenzettel/Arbeitsblatt Holzplatte (in Klarsichtfolie)	☐	☐
C	Holz unter die Lupe nehmen **	Kiste „Holzstücke" Lupe DIN-A4-Papier Farbkasten und Pinsel	HK 4	Aufgabenzettel gemaltes Bild	☐	☐
C	Das Holz und seine Farben ***	3 Holzarten Farbkasten und Pinsel	HK 5	Aufgabenzettel/Arbeitsblatt	☐	☐
D	Baumpate sein **	Beobachtungs-bögen 1–5 Kamera Kleber	HK 6	Aufgabenzettel Beobachtungsbögen 1–5	☐	☐
D	Das Alter eines Baumes **	Baumscheibe DIN-A4-Papier Bleistift	HK 7	Aufgabenzettel/Arbeitsblatt	☐	☐
E	Ich lege mir ein Wort ***	Malblock Kamera Kleber	HK 8	Aufgabenzettel/Arbeitsblatt	☐	☐
E	Ein Baum aus Ästen **	DIN-A4-Papier Kamera Kleber	HK 9	Aufgabenzettel	☐	☐
F	Ein bisschen Ordnung **	Kiste „Baumrinde" Bleistift	HK 10	Aufgabenzettel/Arbeitsblatt	☐	☐
F	Von weit her ***	Text „Strandgut" Weltkarte 1 Strandgut-Foto Kleber	HK 11	Aufgabenzettel/Arbeitsblatt	☐	☐

F	Eine neue Baumart **	Kiste „Holzstücke" Schale Acrylfarbe DIN-A4-Papier Schere	HK 12	Aufgabenzettel/Arbeitsblatt	☐	☐
G	Mit der Nase wahrnehmen **	Kiste „Holzstücke" Kiste „Rindenstücke" Arbeitsblatt „Wörterhaufen"	HK 13	Aufgabenzettel Arbeitsblatt	☐	☐

Fertig?

- Solltest du von jedem Buchstaben eine Aufgabe bearbeitet und noch Zeit haben, darfst du dir gerne noch weitere Aufgaben aussuchen.
- Fülle zum Schluss den Fragebogen auf der Materialtheke aus.
- Gib dein Portfolio der Lehrerin ab. Sie schreibt dir einen Kommentar zu dem Portfolio.

(aus dem Unterricht von Carola Kuchem)

#34 Lernumgebungen vorstrukturieren

Variieren Sie Lernumgebungen. Das bedeutet, die Räumlichkeiten auf lange Sicht gut zu strukturieren und vor dem Unterricht passgenau vorzubereiten. Das Beispiel Carola Kuchems zeigt, wie man im Mittel differenzierender Aufgabenstellungen (oder Aufgabenpools) selbst in eher gebundenem Unterricht (geschlossene Differenzierung) ein größtmögliches Maß an Wahlfreiheit zur Entfaltung individueller Lernwege eröffnen kann. So ist Kuchems Unterricht begleitet von übersichtlich gestalteten Materialtheken mit einer Menge an ausgeklügelten Hilfsangeboten.

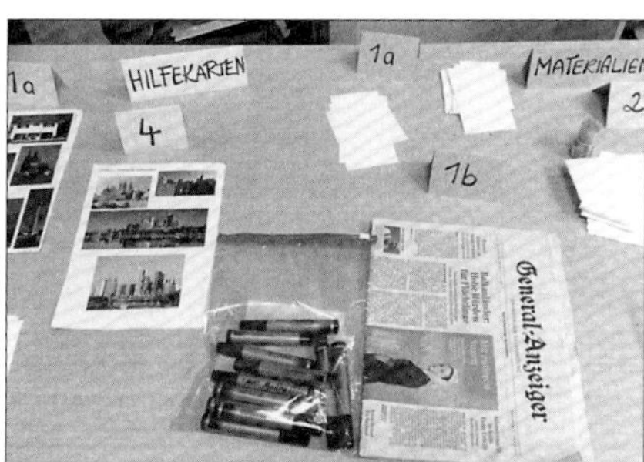

Strukturierter Materialtisch mit Anregungs- und Differenzierungsmaterial

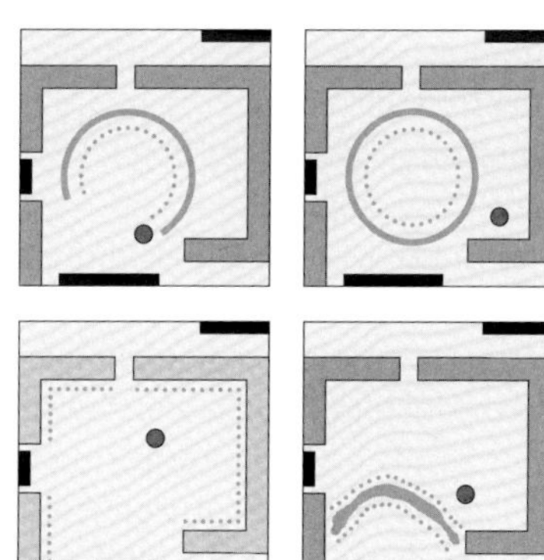

Eine variable Sitzordnung macht den Klassenraum zum Bühnenraum

Gestalten Sie die Sitzordnung und die Arbeitsstruktur des Klassenraumes passend zu den vielfältigen Rhythmen und Varianten des Unterrichtsgeschehens, damit ein dem Wechselspiel unserer Aufmerksamkeitszyklen gerechtes Verfahren variabler Sitzordnungen entstehen kann. Wie das funktionieren kann, zeigt Annika Kemmer, die vor einer jeden Stunde den Bau des Unterrichts antizipiert und ihn auf diese Weise zu einer Art Bühnenraum werden lässt (siehe Abbildung S. 149).

#35 Aufgaben strukturieren

Stößt man in der öffentlichen Debatte auf die Worte „individuelle Förderung", ist es kaum möglich, nicht als Erstes und ganz unmittelbar an das zum Herzstück individueller Förderung gezählte Thema „Aufgabendifferenzierung" zu denken. Doch wenden sich diskursprägende Autorinnen und Autoren in aktuellen Debatten um individuelle Förderung im Unterricht zunehmend von einem bis dato geltenden Leitverständnis ab, das erfolgreiche Differenzierung in erster Linie mit kleinteilige Bei- und Zugaben in Verbindung zu bringen pflegte. Innere Differenzierung stand lange Zeit, wie bereits eingangs gesagt, mit einem Arbeiten mit Zusatzaufgaben und Hilfekarten in einer untrennbaren Verbindung. Nun aber zeichnet sich ein grundlegender Wandel hinsichtlich der Problemfokussierung ab. Erkenntnisleitend ist nun die Einsicht, dass es durchaus auch mit einem einzigen Aufgabenblock möglich ist, den Lernenden unterschiedlicher Leistungsstärken ein passendes Angebot zu unterbreiten. Dazu brauche es nur eine hinreichend komplexe Herausforderung, eine problemorientierte Aufgabe, die allen Schülerinnen und Schülern in hinreichendem Umfang Ankerpunkte für eine Erarbeitung auf *ihrem* Niveau bietet. Eine solchermaßen komplex strukturierte Herausforderung soll es den Schülerinnen und Schülern erlauben, *ihr* Erarbeitungstempo zu wählen und über eine Aufgabe mit Bearbeitungsmöglichkeiten auf sehr unterschiedlichen Niveaustufen die *Komplexität ihres Problemlösungsweges* in erheblichem Umfang selbst mitzubestimmen.

Ein solches Vorgehen ermöglicht ein Arbeiten ohne eine im Vorhinein vorgenommene Differenzierung von Leistungsgruppen. Überdies werden die Hilfesuchenden nicht durch ihren Gang zum Hilfetisch als „die Schlechten" stigmatisiert. Solche verdichteten Aufgaben oder kleinteiligen Aufgabenpakete eröffnen den Schülerinnen und Schülern unterschiedlichster Begabungen und Zugänge selbstgewählte Möglichkeiten der Bearbeitung. Aber natürlich bildet die Kunst der Konzeption differenzierter und differenzierender Aufgabenstellungen weiterhin ein Zentrum im Themenfeld der individuellen Förderung. Dabei unterscheidet die Literatur zwischen

- Aufgaben mit unterschiedlichen Einstiegs- und Lösungsmöglichkeiten sowie Verarbeitungstiefen und
- Aufgaben mit gestuften Lernhilfen, die Individualisierung ermöglichen.

Aufgaben sind überdies abstufbar:
- nach Qualität (Schwierigkeitsgrad der Aufgaben),
- nach Quantität (Menge der Aufgaben),
- nach Material/Lerntypen,
- nach Neigung und Interesse der Schüler,
- nach Methodenvarianz der Erarbeitung und der Präsentation der Ergebnisse,
- nach Sozialform (Einzel-, Partner-, Gruppenarbeit),
- nach Lerntempo.

Wollen Sie individuell fördern, greifen Sie in ihrem Unterricht selbstbewusst und die Möglichkeiten variierend auf die folgende Vielfalt an unterschiedlichen Aufgabentypen zurück:
- *Gestufte Aufgaben:* Hier wird eine komplexe Aufgabe angeboten, die in Teilaufgaben oder Einzelaufträge mit kontinuierlich steigendem Anforderungsniveau zerlegt ist.
- *Du-kannst-Aufgaben:* Wahlmöglichkeit zwischen verschiedenen Aufgaben zum gleichen Thema oder verschiedenen Themen zur gleichen Aufgabe.
- *Blütenaufgaben* sind Aufgaben, in der die Hauptaufgabe zerlegt ist in Teilaufgaben, wobei die erste immer einen niedrigschwelligen Einstieg bietet und von hierher weitere, komplexere Aufgaben folgen sollen.
- *Parallele Aufgaben:* Hier finden wir Aufgaben mit ähnlicher Struktur, aber mit Unterschieden im Schwierigkeitsgrad, aus denen die Schülerinnen oder Schüler selbst auswählen können.
- *offene/selbstdifferenzierende Aufgaben:*
  - Vorgabe einer offenen Aufgabe mit Möglichkeiten, verschiedene Wege einzuschlagen. Es gibt unterschiedliche Lösungswege bzw. Lösungen und Bearbeitungstiefen.
  - Die Schülerin/der Schüler hat die Wahl zwischen verschiedenen Aufgaben zum gleichen Thema oder verschiedenen Themen zur gleichen Aufgabe.
- *Zusatzaufgaben:* Über die Grundaufgabe hinausreichende Aufgaben für die schnellen Schülerinnen und Schüler.

Dazu möchte ich im Folgenden beispielhaft eine genauere Beschreibung der einzelnen Aufgabentypen anbieten. Beginnen wir dabei mit dem Typus der *gestuften Aufgaben.* Differenzieren Sie eine Aufgabe nach unterschiedlichen

Anforderungsniveaus (AFB I: Reproduzieren; AFB II: Zusammenhänge herstellen; AFB III: Verallgemeinern und reflektieren). Zu diesem Zwecke nutzen Sie, wenn es an das Design von Arbeitsblättern zu Lernaufgaben (vor allem in der Sekundarstufe I) geht, durchaus die vielfältigen Möglichkeiten einer visuellen Kennzeichnung der unterschiedlichen Schwierigkeitsgrade, etwa indem Sie die üblicherweise verwendeten und vielen Schülerinnen und Schülern schon aus ihrer Grundschulzeit bekannten Sternchen einsetzen. Auch können Sie, dem Kunstunterricht angemessener, mit Pinselsymbolen oder stilisierten Farbtöpfen arbeiten.

Schwierigkeitsgrade

♦♦ mittelschwer

♦♦♦ herausfordernd

♦♦♦♦ für die Profis

Dabei ist an dieser Stelle unbedingt der Hinweis vonnöten, dass Sie darüber entscheiden, ob Sie Ihren Schülerinnen und Schülern zutrauen, ihr Niveau selbst einzuschätzen, oder ob Sie als Expertin/Experte selbst nach einer ausgiebigen Diagnose zum Beispiel der Zeichenkompetenz eine Zuordnung vornehmen und mit diesem Wissen gut vorbereitete Arbeitsblätter unterschiedlicher Bearbeitungstiefe gezielt zu verteilen gedenken. Auch müssen Sie als Lehrkraft dafür sorgen, dass die Schülerinnen und Schüler sich nicht allesamt auf die sehr einfachen Aufgaben stürzen und diese in kürzester Zeit und unter ihrem Niveau bearbeiten – was eine große Gefahr darstellt und schon so manche Stunde hat scheitern lassen. Ein differenzierendes Vorgehen mit den oben benutzten Schwierigkeitsgraden könnte so veranschaulicht werden:

- ♦♦: Zeichnen einer menschlichen Nase unter Zuhilfenahme eines kleinschrittig erklärten Vorgehens und versehen mit Beispielen.
- ♦♦♦: Zeichnen einer konkreten Nase am Modell (Mitschülerin oder Mitschüler) unter Hinzugabe konkreter Tipps (Position und Sitz einer Nase in einem durchschnittlichen menschlichen Gesicht, Beachtung der perspektivischen Richtigkeit).
- ♦♦♦♦: Verzicht auf Konturlinien und Erarbeitung von Formabgrenzungen mithilfe von Schattierungen, Abzeichnen der Nase aus ungewöhnlicher Perspektive etc.

Spezifizieren wir im Folgenden den Typus der *Du-kannst-Aufgaben* ein wenig genauer: Bei diesem Typus liegt der Schwerpunkt auf der Wahlmöglichkeit, die Schülerinnen und Schülern zwischen verschiedenen Aufgaben zu ein und demselben Thema oder aber auch zu verschiedenen Themen zur gleichen Aufgabe gewährt wird. Dabei ist anzumerken, dass es im Kunstunterricht nicht allein um die Wahl inhaltlicher Aspekte eines Themenfeldes gehen kann und dass Wahlfreiheit auch die Erarbeitungsmethode(-n) oder die Wahl lerntypgerechter oder problemgemäßer Medien (Malerei, Zeichnung, Film) betreffen kann. Du-kannst-Aufgaben scheinen ein im regulären Kunstunterricht aktuell recht gängiger Modus der Differenzierung zu sein. So kann man als Lehrerin oder als Lehrer versuchen, unter einem beliebigen Thema rund um das adressatengerechte Feld „Identität" wie beispielsweise „Ich – einfach stets verbesserlich" einen Pool unterschiedlich akzentuierter Aufgaben anzubieten, die sich um die Auswirkungen unserer Selbststilisierung drehen. Bei formalen Experimenten zu dem Thema Schönheitswahn beginnend kann eine solche Aufgabe bis hin zu einer künstlerisch-kreativen Auseinandersetzung etwa mit Fitnesstrackern führen. Es entstehen sehr unterschiedliche Lernprodukte sehr unterschliedlicher Erschließungstiefe. Als ein weiteres Beispiel für eine gelungene Du-kannst-Aufgabe sei das folgende Beispiel angeführt:

Lies den folgenden Text zu … . Bearbeite mindestens eine der folgenden Aufgaben. Dabei kannst du zum Thema des Textes

- eine Mind-Map erstellen,
- einen Zeitungsbericht schreiben,
- mit einer Partnerin oder einem Partner ein Interview entwerfen oder führen,
- eine persönliche Stellungnahme schreiben. (aus dem Unterricht von Annkathrin Gockel-Nelißen)

Als *Blütenaufgaben* haben wir Aufgaben bezeichnet, in deren Mitte eine Hauptaufgabe steht, um die sich Teilaufgaben unterschiedlichen Schwierigkeitsgrades anordnen wie bei einer Blüte. Ein solcher Aufgabentypus ist vor allem im Fach Mathematik als Differenzierungsverfahren sehr beliebt, wobei als typisch gelten kann, dass einer Einstiegsaufgabe 1, die Möglichkeiten eines eher leichten Zugangs zu einer Problematik bietet, Aufgaben komplexeren Typs folgen.

Denken Sie bei diesem Aufgabentypus beispielsweise an eine nach Reflexionstiefe und -komplexität gestufte Auseinandersetzung, wie sie in der gymnasialen Oberstufe etwa mit einem der zentralen Motive im Werk der Künstlerin Louise Bourgeois angebahnt werden könnte. Fordern Sie Ihre Schülerinnen und Schüler unter Vorlage eines Fotos der Monumentalskulptur *Maman* zunächst in einer einleitenden Eingangsaufgabe 1 dazu auf, ganz unmittelbar und direkt auf das sichtbare Motiv bezogen – und womöglich unterstützt durch Informationen über das Aufzuchtverhalten weiblicher Spinnen –, sich die von Bourgeois thematisierte Grundambivalenz des mütterlichen Bergens und Behütens zwischen wohligem Aufgehobensein und der Gefahr des Beherrscht- oder sogar Gefressenwerdens zu erarbeiten. Von diesem vielleicht durch Strukturskizzen gestützten Arbeiten am Phänomenalen (am Bild) ausgehend, sollen die Schülerinnen und Schülern in einer daran anschließenden Aufgabe 2 etwa durch Hinzufügen eines Infotextes oder Interviews über die schwierigen Kindheitserfahrungen der Künstlerin eine Verbindung zwischen dem konkreten Werk und der persönlichen Lage herstellen – das alles mit dem Ziel, dass die Lernenden die komplexen Motivlagen für die in diesem Falle von Bourgeois gewählte Metaphorik angemessener erkennen und deuten können. In einem dritten Schritt hingegen müsste es den Schülerinnen und Schülern gelingen können, diese so gewonnenen Erkenntnisse aufs Allgemeine zu übertragen, damit sie daran anschließend zum Beispiel entlang eines von der Lehrperson vorgegebenen Begriffs ebenfalls ambivalenten Charakters (wie zum Beipiel „Bonding") eine Umsetzung des Themas in eine eigene Formsprache vorzunehmen imstande sind.

Parallele Aufgaben, in der allgemeindidaktischen Literatur auch gerne als Aufgabenplantage bezeichnet, zeichnen sich dadurch aus, dass Aufgaben mit ähnlicher Struktur, aber mit Unterschieden im Schwierigkeitsgrad angeboten werden, was die Aufforderung an die Schülerinnen oder Schüler zur Folge hat, sich daraus selbst welche auszuwählen. Ein Beispiel:

Wähle aus den fünf dir zur Verfügung stehenden Aufgaben zum naturalistischen Sachzeichnen zwei aus, die du versuchst, meisterlich (im Sinne der im Unterricht erarbeiteten Kriterien) und mit aller Intensität umzusetzen, und wage dich darüber hinaus an eine Aufgabe aus dem Aufgabenpool, die dir auf den ersten Blick schwerfällt.

Bei *offenen und selbstdifferenzierenden Aufgaben* wie etwa in Phasen eines offenen Atelierunterrichts üblich, aber auch in Projektkursen oft angewandt, besteht im Unterschied zu geschlossenen Aufgaben die Möglichkeit, sehr unterschiedliche Wege der Bearbeitung einzuschlagen. Das folgende Beispiel zeigt, wie ich meine, aufs Beste den Unterschied zwischen einer geschlossenen (Wilsmann 2023) und einer offenen Aufgabe, hier konkretisiert am Beispiel „Farbe":

Geschlossene Aufgabe:
Mische 20 verschiedene Grüntöne und male damit die ausliegenden Kärtchen aus (eine Farbe pro Karte). Ordne die Karten anschließend von Dunkel nach Hell und klebe sie auf.

Offene Aufgabe:
Sammle 20 verschiedene Grüntöne (Stoffreste, Abfall, Zeitungsausschnitte, Papiere, selbstgemalte Farbkarten etc.). Überlege dir eine sinnvolle Ordnung und befestige deine Sammlung auf einem Untergrund. (Gockel-Nelißen 2019)

Zusatzaufgaben sind vor allem dadurch gekennzeichnet, dass es zum Beispiel eine (möglicherweise bereits differenzierte) Grundaufgabe für alle Schülerinnen und Schüler gibt, dass aber die schnellen Bearbeiter eine knifflige, spannende oder kreative Zusatzaufgabe angeboten bekommen. Immer einen Strauß an Zusatzaufgaben in der Hinterhand zu haben, ist aus meiner Sicht gerade im Kunstunterricht von äußerster Wichtigkeit, weil es kaum ein Fach gibt, in dem Bearbeitungszeiten derart differieren wie in dem unseren. Als ein konkretes Beispiel sei hier eine Zusatzaufgabe zu einer Stunde gezeigt, in der es sich im Kern um eine praktische Gestaltung von Stillleben nach bestimmten kompositorischen Ordnungsprinzipien gedreht hat.

Für besonders schnelle Gruppen
Erstellt mit dem Inhalt eurer Schultaschen und den Dingen, die ihr persönlich dabei habt, ein sarkastisch-lustiges Stillleben zum dem Titel „Die perfekte Schülerin" bzw. „Der perfekte Schüler".
Dokumentiert auch diese Komposition fotografisch. (aus dem Unterricht von Verena Wanders)

Schoppe, Andreas (2016): Aufgaben im Kunstunterricht. Motoren für Lernprozesse, Werkzeuge der Diagnose, Schlüssel zum Kompetenzerwerb, in: Kunst+Unterricht, 407/408, S. 6–14.

Wilsmann, Stefan (2023): Unterrichtspraxis: Selbstdifferenzierende Aufgaben, in: Kunst+Unterricht 475/476, S. 58–161.

#36 Mit Hilfekarten strukturieren

Ganz ähnlich wie bei der Aufgabendifferenzierung wird das Thema „Hilfekarten" wohl auch in naher Zukunft weiterhin zum Kernbereich individueller Förderung gezählt werden – und das zu Recht. Nicht von ungefähr sind Hilfekarten in recht kurzer Zeit zu den vielleicht beliebtesten Tools individueller Förderung im Kunstunterricht geworden. Ob in Erarbeitungsprozessen eingesetzt und diese flankierend, versprechen solche

Kärtchen den Lernenden nämlich, bei Nachfrage strukturierte Hilfen anzubieten. Immer dann, wenn Schülerinnen und Schüler in ihrem Arbeitsprozess nicht mehr weiterkommen oder wo sich Verständnisschwierigkeiten auftun, vermögen solche Hilfetools Blockaden aufzubrechen und, oft in der Größe von Karteikarten formatiert, den Lernenden im Falle auftauchender Erarbeitungsschwierigkeiten Hinweise zu geben, wie sie ihre Aufmerksamkeiten gezielt lenken können; Hilfekarten können darüber hinaus aber auch sehr konkrete Beispiele geben und Verfahren (etwa den Tiefdruck) ausführlicher erklären. Zuweilen dienen Hilfekarten alternativ dazu, den Schülerinnen und Schülern nicht frei verfügbare Zusatzinformationen bereitzustellen, die sie aber zu einer angemessenen Bewältigung eines Arbeitsauftrags unbedingt benötigen. Denn vergessen wir als für offene und progressive Lernformen Begeisterte nicht, dass sich nicht jeder Lerngegenstand zur induktiven Bearbeitung eignet.

Beachten Sie, wenn Sie sich für den Einsatz solcher Stütz- und Unterstützungskärtchen in Ihrem Unterricht entscheiden, dass das Wer, Was, Wann, Wo, Warum, Wie und Wozu des Gebrauchs von Hilfekarten im Vorhinein sehr gut reflektiert werden sollte. Denn ebenso wie Hilfekarten eine lernwirksame Funktion haben können, so können sie auch eine kontraproduktive Wirkung entfalten. Im schlimmsten Falle können Hilfekarten sogar dazu beitragen, dass eine herausfordernde Erarbeitung einer Aufgabe erst gar nicht zustande kommt.

Das war bei den im Folgenden gezeigten Hilfekärtchen aus dem Unterricht von Carola Kuchem, die als begleitende Dreingabe zu einem Bilderschließungsprozess gedacht waren, nicht der Fall. Hier, bei diesem hier von mir referierten Unterrichtsvorhaben, erwies sich das Verabreichen konkreter Vor-Bilder, wie von Kuchem geplant, nach einer ausführlichen Antizipation von erwartbaren Schwierigkeiten im Erarbeitungsprozess als äußerst hilfreich. Ziel war es, ein Gemälde Caspar David Friedrichs systematisch zu erschließen.

Hilfekarte für Gruppe 1: Eine Analyse der Struktur
Zu Aufgabe 1: Beispiel für eine Skizze zu Caspar David Friedrichs *Der Wanderer über dem Nebelmeer,* 1818:

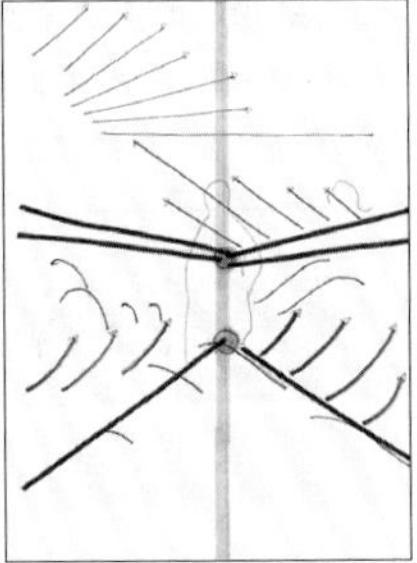

Zu Aufgabe 2:
Mögliche Wirkungen, die durch den Einsatz bestimmter Gestaltungselemente beabsichtigt werden:

- Gefühl von Ruhe, Harmonie, Ausgewogenheit
- Bedrohung, Angst, Furcht
- etwas wirkt mächtig, erhaben, mystisch, geheimnisvoll
- etwas erzeugt Weite, Nähe, Distanz, Enge,

- Bildgeschehen wird begrenzt/geöffnet
- Betrachter wird auf eine gewisse Weise gelenkt
- ...

Hinweis: Eine *Symmetrieachse* ist eine gedachte Linie, welche das Bild teilt und einen Spiegeleffekt erzeugt.

Hilfekarte für Gruppe 2: Eine Analyse der Lichtverhältnisse und der Farbverteilung

Zu Aufgabe 1: Beispiel für eine Skizze zu Caspar David Friedrichs *Der Wanderer über dem Nebelmeer,* 1818:

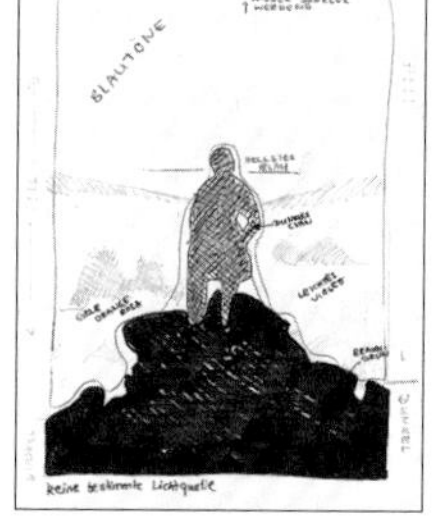

Zu Aufgabe 2:
Mögliche Wirkungen, die durch den Einsatz bestimmter Gestaltungselemente beabsichtigt werden:

- Gefühl von Ruhe, Harmonie, Ausgewogenheit
- Bedrohung, Angst, Furcht
- etwas wirkt mächtig, erhaben, mystisch, geheimnisvoll
- etwas erzeugt Weite, Nähe, Distanz, Enge,
- Bildgeschehen wird begrenzt/geöffnet
- Betrachter wird auf eine gewisse Weise gelenkt
- ...

Hilfekarte für Gruppe 3: Eine Analyse der Formen

Zu Aufgabe 1: Beispiel für eine Skizze zu Caspar David Friedrichs *Der Wanderer über dem Nebelmeer,* 1818:

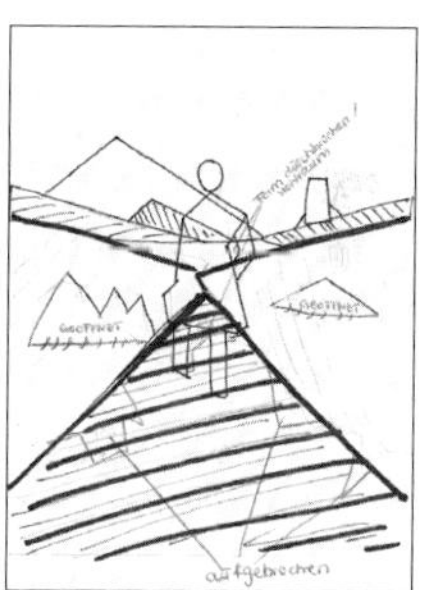

Zu Aufgabe 2:
Mögliche Wirkungen, die durch den Einsatz bestimmter Gestaltungselemente beabsichtigt werden:

- Gefühl von Ruhe, Harmonie, Ausgewogenheit
- Bedrohung, Angst, Furcht
- etwas wirkt mächtig, erhaben, mystisch, geheimnisvoll
- etwas erzeugt Weite, Nähe, Distanz, Enge,
- Bildgeschehen wird begrenzt/geöffnet
- Betrachter wird auf eine gewisse Weise gelenkt
- ...

(aus dem Unterricht von Carola Kuchem)

Nach meinem Dafürhalten kann es sehr sinnvoll sein, Hilfekarten so zu gestalten, dass sie nichts vom Bearbeitungsprozess vorwegnehmen. Vielmehr sollten sie wie in längerfristigen Kreativprojekten üblich – etwa in der sogenannten Latenzphase, wo zum Beispiel Vorwisse teilweise (bewusst) durcheinandergebracht und neu sortiert wird, dazu dienen, Schülerinnen und Schülern vor allem dabei zu helfen, neue, eigene Ideen zu generieren. Dann sind Hilfekarten eher Kreativkarten und „Inspirationshilfen" (vgl. Blank 2008; Dinkelmann 2008) und weniger Instrumente zur Vereinfachung eines Sachverhalts. Als Kreativ- und Inspirationshilfen vermögen sie den Lernenden dabei zu helfen, festgefahrene Situationen zu lösen und neue Wege anzubahnen. Konzipieren Sie als Lehrperson Hilfekarten entsprechend, treten Sie als „Maieutiker", also als eine Art Geburtshelfer von Ideen (Buschkühle 2017, S. 233), in Erscheinung. So wird die Hilfekarte von einem Simplifizierungsmittel zu einem Sprunginstrument zur Erreichung bisher ungeahnter Höhen.

Blank, Maike (2008): Kinderzeichnung und Kreativität Untersuchungen zu Testverfahren und Fördermöglichkeiten im Kunstunterricht, Essen.
Buschkühle, Carl-Peter (2017): Künstlerische Bildung. Theorie und Praxis einer künstlerischen Kunstpädagogik, Oberhausen.
Dinkelmann, Kai (2008): Kreativitätsförderung im Kunstunterricht, München.

#37 Strukturgeben durch Vormachen

Kaum eine Frage in der Kunstdidaktik dürfte strittiger sein als die nach der Legitimität des Vormachens einer Übung. Umstritten ist auch die Technik des konkreten Zeigens und Vorzeigens einer Technik durch die Lehrperson. Dabei handelt es sich beim Vormachen um eine unbezweifelbar sehr lernwirksame Hilfestellung, die unbedingt zu beachten ist. Doch nicht zuletzt der großen Sorge vor den Gefahren eines bloßen „Copy-and-Paste" wegen ist das Vormachen insbesondere in primär induktiv angelegten Kunstdidaktiken vor allem kritisch bewertet worden. Grundsätzlich ist die Sorge vor einem falschen Vormachen natürlich durchaus berechtigt. Doch vergessen wir nicht, dass Lehrerinnen und Lehrer im Kunstunterricht Expertinnen und Experten auf ihrem Gebiet sind; und dass das Beispielgeben von einem Großteil der Schülerinnen und Schülern zumeist mit großer Dankbarkeit aufgenommen wird. „Endlich mal eine konkrete Stütze", heißt es dann oft, und ich will nicht verhehlen, dass derartige Könnens-Dokumentationen vonseiten der Lehrkraft nicht selten auch von der gesamten Klasse oder dem gesamten Kurs mit einiger Bewunderung goutiert werden. Und schließlich kann, wenn der Knoten nach langem Ausprobieren sich einfach nicht lösen will und wenn dann gerade auch in technischen Dingen eine große Unklarheit besteht, wie ein gestalterisches Problem zu lösen sein könnte, die Prozessbeobachtung zum Beispiel von konzentriertem Zeichnen und der anschließend unternommene Versuch des Nachmachens enorme Leistungssteigerungen bewirken.

Bei aller Bewunderung für selbstentdeckendes Lernen: die psycho- und soziogenetischen Entwicklung der Menschheit verdankt sich zu einem großen Teil der Nachahmung (de Tarde 2003). Vormachen kann also helfen, die Qualität zu steigern und allen Schülerinnen und Schülern der Klasse oder des Kurses klarzumachen, was von ihnen erwartet wird. Manchmal kann Vormachen, etwa wenn es ums gute Zeichnen geht, also sinnvoll sein (Schoppe/Rompel 2017, S. 28). Und ich behaupte sogar: Schülerinnen und Schüler lieben das geradezu, denn gut zeichnen zu können, gehört auch heute noch zu einer gern bestaunten Expertise.

Vormachen kann dabei vieles heißen. Zum einen kann die Lehrerin oder der Lehrer tatsächlich am Platze der Schülerin oder des Schülers oder gar plenar an der Tafel etwas vorzeichnen. Auf diese Weise vermag man das konkrete Wie der Entstehung einer guten Zeichnung nachvollziehbar zu machen. Zum anderen kann die Lehrkraft aber auch zum Beispiel mithilfe etwa von Fingerlängen auf fehlerhaftes Beobachten hinweisen. So kann sie zeigend darauf hinweisen, wie Abstände richtig zu bemessen sind. Eine weitere Variante ist, den Schülerinnen und Schülern zusätzlich zu einer gestaltungspraktischen Aufgabe – etwa zum Thema Collage – konkrete Vor-Bilder auszuteilen. Das zu tun empfiehlt sich, um die Schülerinnen und Schüler zu einer besonderen Achtsamkeit im Umgang mit dem Material zu animieren oder um sie auf eine von der Lehrkraft im Grundsatz antizipierte Leistung aufmerksam zu machen. In manch einer Situation erweist sich das Hineingeben einer Vorlage als genau richtig. In einem solchen Fall kommt es denn meist statt zu zu unzähligen Copy-Paste-Effekten zu einer regelrechten „Qualitätsexplosion“.

Schoppe, Andreas/Rompel, Judith (2017): Aufgaben im Kunstunterricht. Didaktische Grundzüge und Beispiele einer praxisorientierten Unterrichtsplanung, Seelze.
Tarde de, Gabriel (2003): Die Gesetze der Nachahmung, Frankfurt/Main.

#38 Bilder als Strukturhilfen nutzen

Reflektieren Sie die Chancen und Grenzen des Einsatzes von Vorlagen in Ihrem Unterricht, vor allem zu Beginn einer Gestaltungsaufgabe. Gewiss ist dazu zu sagen, dass solche Vorlagen einen äußerst schlechten Ruf genießen, gelten sie doch als „Kreativitätshemmer“ und provozieren den Verdacht, nicht die individuelle Kreativleistung der Einzelnen oder des Einzelnen abzurufen. Doch vermag die Arbeit mit und an Vorlagen nach meiner Erfahrung auch ein sehr guter Anhalts- und Ausgangspunkt zu sein für eine ermutigende Auseinandersetzung, an die man sich ohne sie kaum je gewagt hätte – man denke hier an den Bereich des Collagierens von bereits bestehenden Bildern, ohnehin ein Praxisfeld und eine künstlerische Strategie mit enorm hoher Passung zu unserem Bereich der individuellen Förderung. Denn Collagen können ebenso wie ein Arbeiten mit vorgegebenen Materialien (z. B. aus sogenannten Schnippelbüchern) selbst sehr lernschwachen Schülerinnen und Schüler und gerade Kindern und Jugendlichen mit eingeschränkten Darstellungsfähigkeiten Anlässe zu kreativer Arbeit bieten (Bröcher 2010) und ermöglichen beispielsweise auf theoretischem Gebiet Ausflüge zu differenzsensiblen Künstlerinnen und Künstlern wie Hannah Höch und Max Ernst oder zur Gegenwartskünstlerin Mia Unverzagt. Das abgebildete Arbeitsergebnis eines Schülers ist ein gutes Beispiel für das, was ich meine: für gewöhnlich nur schwer zu einer gestalterischen Arbeit animierbar, boten die von der Lehrerin dargebotenen Collageelemente Liam eine hervorragende Stütze, sich an eine kreative bildnerische Umsetzung zu wagen.

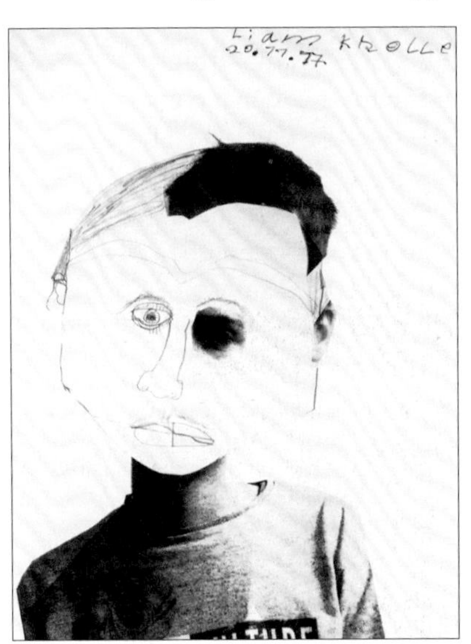

Collage eines kreativen, aber handwerklich teilweise eingeschränkteren Schülers

Auch von den Schülerinnen und Schülern mitgebrachte Fotoelemente können Stütze zu einer kreativen Weiterarbeit sein, Anlass für erste Gestaltungen, also: Schwellensenkungsinstrument.

Bröcher, Joachim (2010): Collage – unterstützt Bilder machen: Kunstunterricht bei eingeschränkten Darstellungsfähigkeiten und Misserfolgserwartungen: Spielerisch zu komplexen Bildkompositionen mit dem Mobilen Layout, Norderstedt; Grundtext auch zu finden unter: https://www.researchgate.net/publication/272477366_Collage-unterstutzt_Bilder_machen_Kunstunterricht_bei_eingeschrankten_Darstellungsfahigkeiten_und_Misserfolgserwartungen_Spielerisch_zu_komplexen_Bildkompositionen_mit_dem_Mobilen_Layout (zuletzt 20.05.2019).

Fischer, Judith/Gockel-Nelißen, Annkathrin (2018): Prinzip Collage „Das Leben kleben". Materialien zur Fortbildung.

Griebel, Christina (2017): Passung sehen, unangepasst leben: Collage als Denkfigur künstlerischer Bildung, in: Engels, Sidonie (Hrsg.), Inklusion und Kunstunterricht. Perspektiven und Ansätze künstlerischer Bildung, Oberhausen, S. 93–108, S. 93.

Niehoff, Rolf (2017): Collage/Prinzip Collage, in: Ders./Bering, Kunibert/Pauls, Karina, Lexikon der Kunstpädagogik, Oberhausen, S. 117–118.

Pazzini, Karl-Josef (1986): Collage. Eine Art – wenn nicht *die* Art – zu leben, zum Beispiel zu fühlen, zu denken, wahrzunehmen, zu handeln, in: Kunst + Unterricht, 100, S. 20–24,

Unverzagt, Maria: Zu den Collagen von Mia Unverzagt siehe ihre Homepage: http://www.fragment.de/.

SELBST-Konzept VI: Kunstunterricht sollte transparent sein

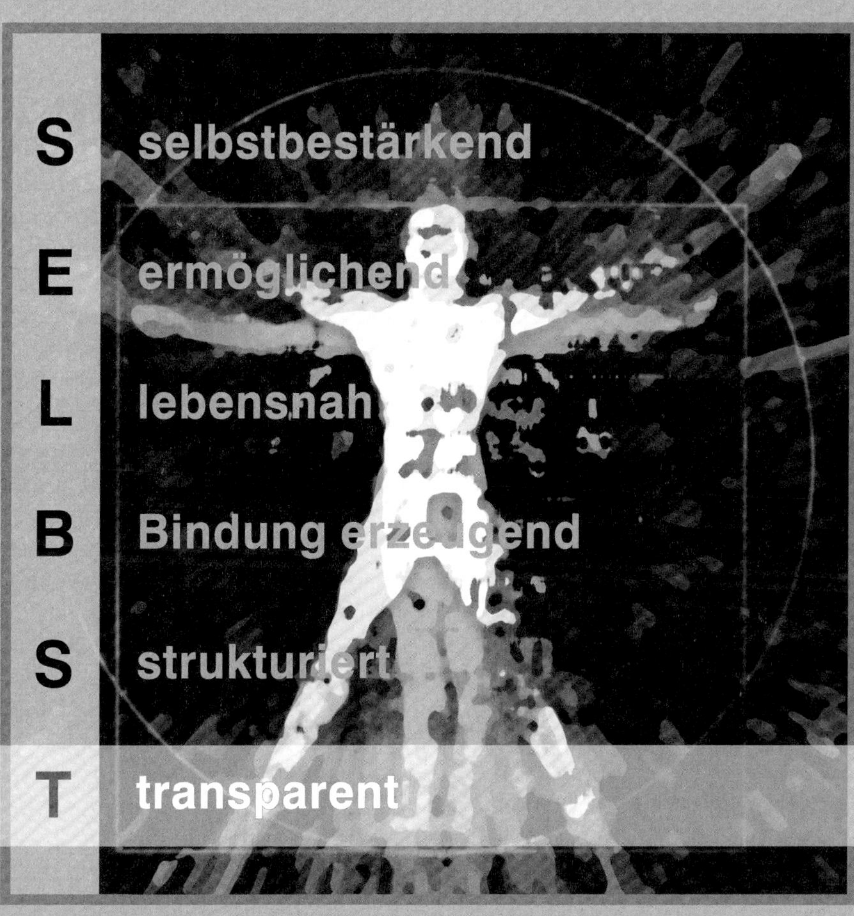

Vorüberlegungen

Transparenz war für die Menschheit immer schon sowohl Schreckensvision als auch Faszinosum. Als Vorstellung des gläsernen Menschen ohne Privatsphäre und Eigensinn gefürchtet, ist dem etwa über den Einsatz von Balsamterpentinöl oder Dammarharz möglichen Effekt des Durchscheinenlassens mehrerer Farbschichten, auch das ein Aspekt von Transparenz, spätestens seit der Ära Jan van Eycks ein großer Erfolg im Bereich der Malerei beschert. Denn eine solche Maltechnik setzt auf Vielfalt und bietet statt abgegrenzter Farbfelder in der Fläche Verbindungen, Übergänge: Transparenz. Diese Vielfalt dürfte sich schließlich noch einmal erhöht haben, als Caspar David Friedrich um 1830 dazu überging, kleine Serien von Bildern auf transparentem Papier zu verfertigen und auf diese Weise aus einem gewissermaßen zwei Bilder machen konnte: so bildet seine Diaphanie, wie man diese Art von Transparentbildern auch nannte, mit dem Titel *Gebirgige Flusslandschaft* mal eine Tag- und mal eine Nachtszene ab, je nach Lichtsituation.

Seit Jahren wandelt sich das Bildungswesen und damit verbunden auch der Kunstunterricht. Der Ruf nach einem Mehr an Transparenz hat damit zu tun. Dass hier in den letzten Jahren insbesondere bildungsexterne Interessengruppen mit dem Wunsch nach mehr Effizienz und einer direkteren Nutzenorientierung des schulischen Wissens eine starke Stimme besaßen, hat dabei die Forderung nach zusätzlicher Transparenz des Unterrichtsgeschehens dem Verdacht ausgesetzt, eine neoliberale Strategie zur Entkernung fachlicher Inhalte zu sein. Kollegiale Unterrichtshospitationen, Coachings, und Qualitätskontrollen haben zu einer Öffnung der Klassentür geführt. Ferner hat die Forderung der Fachaufsichten zu einer curricularen Ausschärfung kunstunterrichtlicher Inhalte geführt und damit einiges an Transparenz über das reale Geschehen hinter den Türen des Kunstunterrichts geschaffen. Zugleich haben viele dieser neueren Entwicklungen die Lehrenden verstärkt in ein Netz von sich gegenseitig beobachtenden Systemen eingebunden, die einander reziprok über ihr eigenes Tun Rechenschaft ablegen. So haben nicht nur die Abnehmer der späteren Schulabsolventen wie Universitäten und Unternehmensverbände im Vergleich zu früheren Zeiten eine größere Stimme, sondern auch Eltern. Und nicht zuletzt sind auch diejenigen, um deretwillen wir Kunstunterricht überhaupt erst veranstalten, die Schülerinnen und Schüler, darin bestärkt worden, teilzuhaben und auf mehr Transparenz zu drängen.

Einige Kunstdidaktiker treibt bei all diesem Wandel die Sorge nach ihrer eigenen Entmachtung um. Sie vertrauen dem „Selbstverständnis des Lehrers […], eine Sache *um ihrer selbst willen* möglichst gut machen zu wollen" (Krautz 2018, S. 231). Folglich sind sie gezwungen, alle externen Ansprüche als einen übergriffigen Versuch der Formatierung der autonomen Entscheidungskraft der Lehrenden abwerten zu müssen. Mit der zusätzlichen Einbeziehung von Wünschen und Bedarfen dezentraler Akteure gehe, so heißt es da etwa vonseiten des in Wuppertal lehrenden Kunstdidaktikers Jochen Krautz, eine Entdemokratisierung einher. Schließlich haben in einer Demokratie ja vorrangig Parlamente den Auftrag, Bildungsbehörden, Zentren für schulpraktische Lehrerausbildung sowie die Lehrerinnen und Lehrer damit zu betrauen, Bildung zu organisieren.

Ich plädiere hier für die exakt umgekehrte Sicht. So halte ich die Öffnung von Schule für die unterschiedlichen Begehren von Menschen für ein ausgewiesen demokratisches Moment. Denn die Ziele unseres Unterrichts nach außen und nach innen transparent zu machen, bedeutet ja nicht, die prinzipielle Angebotsorientierung schulischer Bildung aufzugeben, einer Bildung, die sich selbstredend keineswegs jeder Nachfrage anzupassen hat. Transparenz in dieser Sache bedeutet nur, in einer zunehmend durch Dezentralisierung und Pluralisierung geprägten Gesellschaft die Intelligenz(-en) der anderen ernst zu nehmen:

> *Verteilte Intelligenz* sorgt dafür, dass die Gesellschaft in unterschiedliche Regelkreise zerfällt, die je nach ihren eigenen Maßgaben reagieren und so durch Rückkopplungseffekte einen direktiven Zugriff auf die Gesellschaft ausschließen. (Nassehi 2018, S. 107)

Und sie sorgt ferner dafür, dass wir als Veranstalter unseres Unterrichts verstärkt versuchen, die Resonanzen zwischen den einzelnen Akteuren mit je eigenen, womöglich berechtigten Ansprüchen wahrzunehmen.

Vorstehende Überlegungen haben alles andere als den Zweck, zu einer unkritischen Begleitung spürbarer Prozesse im Bereich der Gesellschafts- und Schulentwicklung aufzurufen. Ohne Frage gilt auch nach meinem Verständnis der Satz: „Die überwiegende Zahl der Lehrer *will* ihre Sache gut machen" (Krautz 2018, S. 232). Doch kann ich hier keinen grundsätzlichen Widerspruch zur Forderung nach einer Offenlegung der eigenen Unterrichtsziele und -prämissen sehen. Insofern halte ich es hier mit Andreas Schoppe, der in seinem Buch *Schritt für Schritt zum guten Kunstlehrer* das transparente Handeln der Lehrerin oder des Lehrers, das „den Schülerinnen und Schülern Orientierung, Verbindlichkeit und Motivation" (Schoppe 2019, S. 86) zu vermitteln vermag, als Konstitutionsmerkmal eines guten Kunstunterrichts definierte. So sollten, folgt man Schoppe, Schülerinnen und Schülern immerzu im Bilde darüber sein:

- Was steht in dieser Stunde auf dem Programm und was lernen wir dazu? [...]
- Was machen und lernen wir im Verlauf der neuen anstehenden Unterrichtsreihe? [...]

- Welche Aufgaben der neuen Reihe dienen allein dem Lernen und bei welchen wird das Endprodukt benotet? [...]
- Was wird von mir grundsätzlich bezüglich meiner Mitarbeit und meines Verhaltens erwartet? [...]
- Welche Bewertungs-/Benotungskriterien gibt es für die anstehende Leistungsüberprüfungsaufgabe? [...]
- Wie ist die Materialsituation? Was muss ich selbst mitbringen oder besorgen und was ist in der Schule vorhanden? [...] (Schoppe 2019, S. 87)

Im Folgenden möchte ich eine Vielzahl weiterer Aspekte zum Thema Transparenz aufzeigen. Ich verfolge damit das Ziel, uns Lehrerinnen und Lehrern eine möglicherweise vorhandene Scheu vor einem für die Schülerinnen und Schüler etwas gläserner ausgestalteten Unterricht zu nehmen.

Krautz, Jochen (2018): Keine Alternative? Schule und Unterricht ohne Formatierung, in: Ders. (Hrsg.), Time for Change. Schule zwischen demokratischem Bildungsauftrag und manipulativer Steuerung, München, S. 225–241.

Nassehi, Armin (2018): Die letzte Stunde der Wahrheit. Kritik der komplexitätsvergessenen Vernunft, Hamburg.

Schoppe, Andreas (2019): Schritt für Schritt zum guten Kunstlehrer, Seelze.

Praxis-Tipps

#39 Planungstransparenz erzeugen

Grundsätzlich gilt immer schon für die Zeit weit vor Beginn einer Unterrichtsstunde oder -reihe, bei der Planung einer konkreten Aufgabe für *sich selbst* transparent zu haben, was man will und wie mögliche Schwierigkeitsgrade einer Aufgabe einzuschätzen sind.

Das im Folgenden vorzustellende Denkrad ist ursprünglich ein für die Lernenden erfundenes Reflexionswerkzeug, geeignet aber auch, um der unterrichtenden Lehrkraft Informationen „zum erlebten Anspruch einer Aufgabe" (Westfall-Greiter/Hofbauer 2017, S. 12) zukommen zu lassen. Hier soll diese Methode, unkompliziert abgewandelt, als ein Instrument vorgestellt werden, das sich hervorragend dazu eignet, sich selbst als Lehrerin oder Lehrer in der Planung ein Bild von möglichen Schwierigkeits- bzw. Tiefegraden eines unterrichtlich anzugehenden Kompetenzfeldes machen zu können.

Im Folgenden zeige ich ein Beispiel zur Planung einer Kurzreihe zum berühmten Richter-Fenster am Südquerhaus des Kölner Domes. Das Merkrad diente mir bei der Planung der Stunde dazu, die unterschiedlichen Anforderungs- und Schwierigkeitsbereiche der Aufgabe systematischer auszuloten, als das bei einem herkömmlichen und üblicherweise eher unsystematischen Reflektieren über ein Stundenziel der Fall gewesen wäre. Dabei finden wir hier anders als bei der dreigliedrig gestalteten Abschattierung von Schwierigkeitsgraden (AFB I – III) vier Anspruchsfelder vor.

B

Richter-Fenster im Kölner Dom: Denkrad zur Unterrichtsvorbereitung

Merken: Das Richter-Fenster wurde vom weltberühmten Künstler Gerhard Richter entworfen und 2007 fertiggestellt. Es befindet sich an der Südseite (Querhaus) des Kölner Doms. Auf einer riesigen Fensterfläche wurden 11.263 farbige Glasfenster in 72 Farben nach dem Zufallsprinzip eingebaut.

Neu denken: Die Schülerinnen und Schüler beziehen Richters Art der konkreten Umfeldanalyse und der hieraus resultierenden Form- und Materialwahl auf einen Ort ihrer Wahl und konstruieren ein orts- und passgenaues Kunstwerk.

Denken: Dass Gerhard Richter seit 1973 mit Farbtafeln, die er per Zufall kombiniert, arbeitet – wie bei Musterbüchern aus dem Malerhandwerk mit abstrakten Farbflächen –, ist Reaktion auf die Ernsthaftigkeit reduktionistischer Künstlerinnen wie Karl Albers und Kontrapunkt zum gestischen Arbeiten etwa des abstrakten Expressionismus. Mit diesen Farbtafel-Arbeiten lässt sich kritisch reflektieren darüber, ob abstrakte Kunst immer schon „Deko" ist und wie wir mit uns gegebenen Mustern, die uns begegnen, umgehen.

Kritisch denken: Richter geht mit seinem Domfenster sehr konkret ein auf die vorhandene Umraumbedingungen und die historische Genese: auf die gotische Lichtmetaphysik (Gott als Licht), auf die traditionelle Fenstermalerei, auf Gott als etwas Nicht-Darstellbares, darauf, dass sich aus all diesen Einzelelementen (Fenstern) – Pixeln gleich – alle Bilder der Welt konfigurieren lassen, und dass das Wie dieses Konfigurierens immer vom Einzelnen gesteuert wird: Muster und das, was für göttlich gehalten wird, sind, wie schon die Systemtheorie besagt, immer individuell, jeder Mensch ist so ein Schöpfer.

Ferner muss in der Planung darauf geachtet werden, dass wir als Lehrkräfte eine sehr transparente Vorstellung zu den folgenden, unseren zukünftigen Unterricht maßgeblich in seinen qualitätsbestimmenden Fragen entwickeln:

- *Was* soll gemacht werden? (Thema und Ziel von Aufgabe bzw. Teilaufgaben)
- *Worauf* soll besonders geachtet werden? (Hinweise und Kriterien für die Durchführung und ggf. spätere Bewertung der Aufgabe)
- *Wer* arbeitet mit wem? (Sozialform, ggf. Gruppenfindung und Spezialaufgaben innerhalb der Gruppe)
- *Womit* soll gearbeitet werden? (Materialien, Werkzeuge, Hilfsmittel ...)
- *Wie* soll das Ergebnis aussehen?
- *Wie* lange wird gearbeitet?
- *Wie* und von wem wird das Ergebnis präsentiert?

(Schoppe/Rompel 2017, S. 35; Schoppe 2019, S. 50)

Für sich beantwortet, geht es in einem nächsten Schritt darum, diese Fragen in eine konkrete Aufgabenformulierung zu überführen. Damit soll ein die Reihe begleitender transparenter Rahmen gestaltet werden, der von den Schülerinnen und Schülern immer wieder eingesehen werden kann (und sollte). Ganz wesentlich ist bei dieser Transformation vorher geklärter Ansprüche in ein Aufgabenblatt vor allem, dass dieses mühsam erstellte Papier von den Lernenden auch gewürdigt und in Ehren gehalten wird. Es wandert nicht nach oberflächlichem Überfliegen sofort in den Mülleimer. Passiert das, bedeutet das nicht nur eine Geringschätzung Ihrer Investition, was sich langfristig mit Blick auf die Lehrerinnen oder Lehrergesundheit in Form von Demotivation niederschlagen kann; es führt auch dazu, dass Sie in der Folgestunde nicht mehr gezwungen sind, nachzujustieren, wenn es um die Klärung der Anforderung anbetrifft.

Das Ziel, der Inhalt sowie der infrastrukturelle und zeitliche Rahmen können nun als geklärt gelten, die Aufgabe ist auf ein ansprechend gestaltetes Blatt gebannt, der Unterricht kann losgehen.

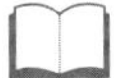

Schoppe, Andreas (2019): Schritt für Schritt zum guten Kunstlehrer, Seelze.
Schoppe, Andreas/Rompel, Judith (2017): Aufgaben im Kunstunterricht. Didaktische Grundzüge und Beispiele einer praxisorientierten Unterrichtsplanung, Seelze.
Westfall-Greiter/Hofbauer, Christoph (2017): Alle Register ziehen. Mit Lernregistern arbeiten, in: dies. (Hrsg.), Werkstatt. Lernkraft freisetzen. Den lernseitigen Blick schärfen, in: Lernende Schule (20), S. 1–15.

#40 Transparenz über Abläufe erzeugen

Versäumen Sie es zu Unterrichtsbeginn nicht, den Schülerinnen und Schüler den konkret geplanten Ablauf einer Unterrichtsstunde transparent zu machen. Stellen Sie insofern Ihr Vorhaben kurz vor. Das kann beispielsweise in Form eines knappen Ablaufschemas geschehen, wie in der Abbildung gezeigt.

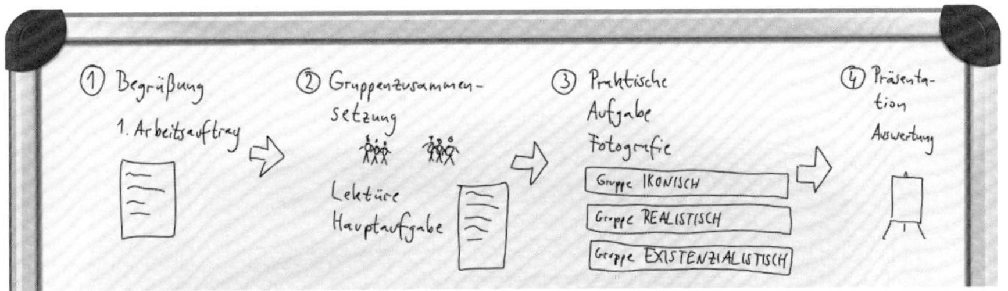

Ablaufschema für eine Unterrichtsstunde

Auch kann es in der Anfangsphase ratsam sein, den Sitz der von Ihnen geplanten Lerneinheit innerhalb Ihrer gesamten Unterrichtsreihe transparent zu machen. Sollte Ihnen eine solche Dauerverortung Ihrer Meinung nach zuviel an Unterrichtszeit rauben und einem „knackigen" Unterrichtsbeginn mit einer möglichst großen Menge an echter Lernzeit im Wege stehen, ist es auch denkbar, diesen *ersten Arbeitsauftrag* durch ein kurzes Zeigen auf den den Gesamtprozess begleitenden und im Klassenraum visuell gut sichtbaren Advance Organizer zu erledigen.

Dann, nach einem motivierenden *Einstieg* (vgl. Schoppe 2019, S. 76), der im Idealfalle in einem funktionalen Zusammenhang zur kommenden Erarbeitung stehen sollte, folgt die konkrete *Aufgabenstellung*. Diese sollte, wie das folgende Beispiel aus einer Stunde zur Erstellung eines „Sieben-Todsünden"-Stilllebens nach eigenem Geschmack und mithilfe eigener mitgebrachter Materialien, in großer Klarheit darüber, welche Ziele man mit einer Aufgabe anzusteuern gedenkt, formuliert sein:

Teillernziele der Unterrichtsstunde in Anlehnung an die prozessbezogenen Kompetenzen

1 Die Schülerinnen und Schüler erstellen im Plenum eine erste gemeinsame Komposition anhand von vorgegebenen klassisch barocken Gegenständen und *nennen* dabei das angewendete Ordnungsprinzip. (AFB I)

2 Die Schülerinnen und Schüler *variieren* eine Auswahl selbst mitgebrachter symbolhaltiger Gegenstände und deren Anordnung auf der Bildfläche zu einem Vanitas-Stillleben mit bewusster und wirkungsvoller Komposition. (AFB II – III)

3 Die Schülerinnen und Schüler *dokumentieren* diesen bildfindenden Dialog zwischen Gestaltungsabsicht, unerwarteten Ergebnissen schriftlich und fotografisch und erstellen so planvolle Skizze für ihre Weiterarbeit. (AFB II)

4 Die Schülerinnen und Schüler bewerten die entstandenen Stillleben und ihre fotografischen Skizzen. (AFB III)

(aus dem Unterricht von Verena Wanders)

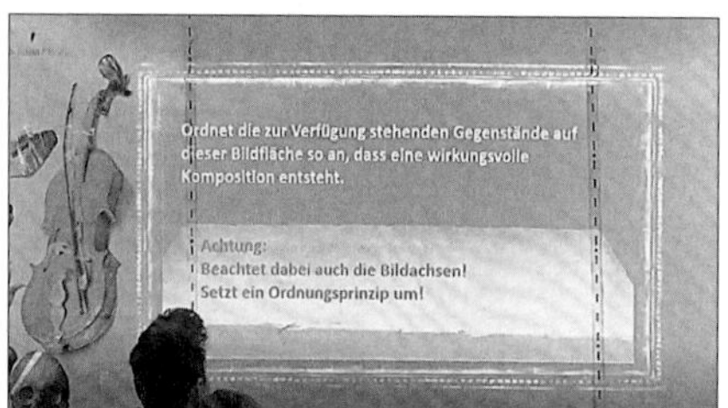

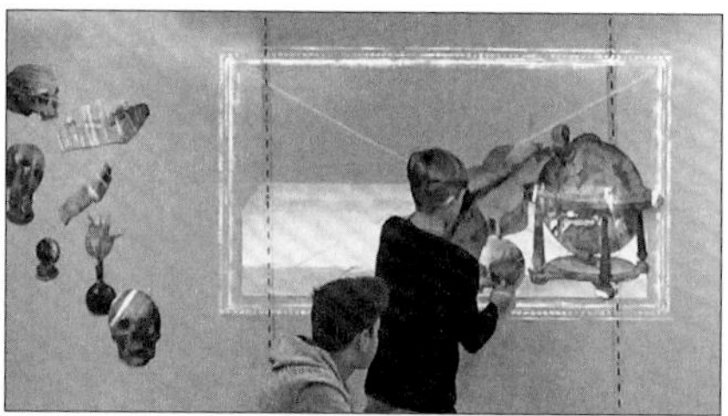

Ein gelungenes, da stark strukturiertes Stundenentrée, in dem ein Schüler Gegenstände eines Stilllebens intuitiv zuordnen und flächenlogisch anordnen sollte (aus dem Unterricht von Verena Wanders)

Schoppe, Andreas (2019): Schritt für Schritt zum guten Kunstlehrer, Seelze.

#41 Leistungsanforderungen transparent machen

Was den Bereich der Aufgabenstellung anbetrifft, ist es überdies von Relevanz, die Schülerinnen und Schülern bereits *vor* der Formulierung der Aufgabenstellung mit Elementen des später wichtig werdenden Erwartungshorizontes vertraut zu machen. Schließlich geht es ja darum, dass Ihre Lernenden sehr konkret erkennen können, was Sie demnächst von ihnen verlangen, um von hier her ihren Lernprozess gestalten und gliedern zu können (Hopstein 2024).

Das bedeutet konkret, dass Sie bereits in den eingangs einer Reihe oder Stunde unterbreiteten Aufgaben die kommenden (nach Niveau differenzierten) Anforderungen und erwarteten Erarbeitungsschritte (worunter keine

Ablaufanweisungen zu verstehen sind) klar kommunizieren. Zu diesem Themenfeld möchte ich das folgende Beispiel aus dem Unterricht André Kentenichs präsentieren, das eine Möglichkeit zeigt, schon in der Aufgabenstellung (Arbeitsblatt) die von der Lehrperson eingeforderten Leistungserwartungen transparent zu machen.

Die Simultanität – bekannt aus dem Kubismus: Arbeitsaufträge

Zeit: 60 Minuten. Gruppenarbeit (3–4 Personen)

1 Entwickeln Sie eine praktische Aufgabe zum Thema „Die Simultanität – bekannt aus dem Kubismus". Sie werden diese Aufgabe im späteren Verlauf der Reihe bearbeiten. Diese praktische Aufgabe sollte
- die *Simultanität*, die Ihnen aus dem analytischen Kubismus bekannt ist, beinhalten;
- eine *thematische Vorgabe* haben, beispielsweise Porträts, Landschaften, Stillleben oder einen anderen Impuls;
- eine *technische Vorgabe* besitzen, beispielsweise Collage, Fotografie, Video, Malerei (Aquarellfarben, Acrylfarben, Format usw.), Bildhauerei (Ton, Pappmaché usw.) usw. – bewerten Sie auch, inwieweit die technische Vorgabe dienlich in Bezug auf die Simultanität und Umsetzbarkeit (z. B. Kosten, Zeitaufwand) ist;
- einen *reflexiven Anteil* haben, der eine Stellungnahme zum erarbeiteten Werk beinhaltet;
- einen *zeitlichen Rahmen* vorgeben.

2 *Was soll bewertet werden?* Wie Ihnen bereits aus anderen Aufgaben im Fach Kunst bekannt ist, sind *Bewertungskriterien* ein fester Bestandteil einer Benotung. Betrachten Sie die von Ihnen erarbeitete Aufgabenstellung aus der Aufgabe 1 und entwickeln Sie Bewertungskriterien, die bei der Benotung herangezogen werden sollen. Achten Sie darauf, dass diese möglichst klar definiert sind, sodass eine Objektivität gewährleistet ist. Beispiele für Bewertungskriterien können sein:
- Anwendung der Simultanität.
- Thema Landschaft ist erkennbar.
- Das bildhauerische Werk ist dreidimensional, freistehend und zeigt eine handwerkliche Leistung.
- Das Format von 50 cm sollte nicht überschritten werden.
- Der Schüler/die Schülerin bezieht Stellung zum Werk indem er/sie seine/ihre ursprüngliche Idee, seinen/ihren Arbeitsprozess und Abweichungen von der ursprünglichen Idee erörtert.
- In wieweit soll Originalität/Kreativität/Idee bewertet werden?

3 *Welche Aufgabenstellung soll umgesetzt werden?* Stellen Sie Ihre praktische Aufgabe und Ihren Bewertungsmaßstab dem Kurs vor. Gehen Sie dabei auf Aufgabe 1. und 2. ein.

Zuhörer: Wie bereits erläutert, ist das Ziel, dass eine der Aufgaben tatsächlich bearbeitet wird. Bewerten Sie die Aufgaben kritisch im Hinblick auf

- die *Umsetzbarkeit* (Kosten, Material usw.),
- die *handwerklichen Kenntnisse* und
- den *zeitlichen Aufwand.*

(aus dem Unterricht von André Kentenich)

Hopstein, Gesine (2024): Lernförderliche Leistungsbewertung. Impulse aus der Kunstpädagogik, in: Kunst + Unterricht 479/ 480, S. 51–54.

#42 Transparente Aufgaben stellen

Ein Bündel an weiteren Informationen (etwa zum Materialgebrauch) kann zur Klärung dessen, worauf es in der Erarbeitungsphase ankommt, hinzukommen. Dabei ist es unabdingbar, dass alle Schülerinnen und Schüler alles von der Lehrperson Geforderte begreifen. Bauen Sie deshalb auf mehrkanalige Zugänge etwa mittels

- des Vorlesenlassens der Aufgabe,
- des Visualisierens der Aufgabe über eine während des gesamten Erarbeitungsprozesses gezeigte Folie,
- der Vorlage der Aufgabe in Form eines Arbeitsblattes.

Beim Erläutern der Aufgabe muss eine gespannte Aufmerksamkeit in der Klasse herrschen. Dies ist wichtig, um sicherzugehe dass alle auch alles verstanden haben. Schließlich hat eine Klärung von Fragen zum Arbeitsauftrag zu erfolgen und die Lehrerin oder der Lehrer gibt das Startsignal zum Arbeiten.

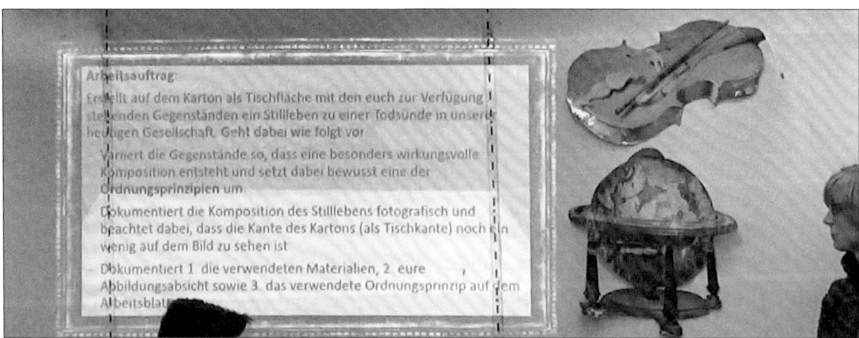

Visualisierung des Arbeitsauftrags per Folie

Bemühen Sie sich auch im Bereich der schriftlichen (Leistungs-)Aufgaben im Kunstunterricht um einen klaren Aufbau und um eine gute Gliederung. So sind gute Aufgaben in unserem Fach üblicherweise dreigliedrig angelegt, sprachlich klar formuliert und enthalten auf jeden Fall unterschiedliche Kompetenz- und Anforderungsniveaus. Klarheit und Transparenz bedeutet hier ganz ausdrücklich nicht, dass die Lehrkraft detaillierte und ausführliche Anleitungen und Beschreibungen dessen, was die Schülerinnen und Schüler in den Einzelschritten genau zu tun haben, vorzugeben hat, denn intelligente Aufgaben enthalten eine Verfahrensbeschreibung gewissermaßen bereits implizit. Außerdem sollten über im Unterricht zuvor eintrainierte und ritualisierte Abläufe weitgehend klar sein, was im Einzelnen wie zu tun ist. Sollten natürlich bei den Schülerinnen und Schülern Unklarheiten verbleiben, muss natürlich vonseiten der Lehrkraft nachjustiert werden.

Ein kurzer, einleitender Hinweis über das Grundproblem, das die Schülerinnen und Schüler angehen sollen, kann dabei hilfreich sein, den Gesamtrahmen des zu Bearbeitenden zu umreißen. Sprachlich klar und ohne Umschweife formuliert, hat die Aufgabenformulierung den von Josef Leisen im Praxistipp #45 formulierten Standards sprachsensiblen Unterrichts zu entsprechen. Danach sollten bei komplexer angelegten Aufgaben mit kulturellen oder sprachlichen Bezügen möglicherweise unbekannter Art unbedingt zusätzliche Infokästen nicht voraussetzbares Kontextwissen bereitstellen. Gestalten Sie die Aufgabe in Ihrem Kunstunterricht insofern barrierefrei. Auf unseren Kontext bezogen bedeutet das, dass Sie den Versuch unternehmen sollten, Hürden, die einem Verständnis im Wege stehen könnten, zu senken, und zwar nicht zu dem Zweck, das Niveau abzubauen, sondern damit jede und jeder die gestellte Aufgabe bewältigen kann.

Die Aufgaben im gestaltungspraktischen Bereich beginnen dann zumeist mit einem auf die Imaginationskompetenz und die Entwurfsfähigkeit des zu Prüfenden fokussierten Skizzenteil. Schließlich folgt für gewöhnlich ein oft meistbepunkteter Mittelteil, der die kriteriengeleitete Umsetzung *eines* praktisch-rezeptiven Werks einfordert. Schließlich fügt sich ein dritter Teil an, der die Reflexionskompetenz der Schülerinnen und Schüler in den Mittelpunkt rückt. Hier steht eine auf die entstandenen Produkte (keine separaten Theorieabfragen) bezogene und theoriegeleitete Abschlussbetrachtung von Produkt und Prozess im Zentrum des Interesses.

Ganz ausdrücklich ist an dieser Stelle dem weit verbreiteten Irrtum vorzubeugen, dass sich in einem derart gestaffelten Aufgabenkomplex im ersten Aufgabenteil die leichteste Schwierigkeitsstufe findet. Oft geht die Vermutung neu einsteigender Lehrkräfte dahin, dass sich an eine solch einfache Aufgabe 1 in Aufgabe 2 und 3 ein anspruchsvollerer Hauptteil mit einer nochmals anspruchsvolleren abschließenden Reflexion anschließt. Doch handelt es sich hierbei aus meiner Sicht insofern um einen Irrtum, als bereits der erste Bereich des Entwerfens oft sehr herausfordernde Transferelemente des höchsten Anforderungsbereiches enthalten kann. Demgegenüber kann es in der zentralen Aufgabe, die den größten Teil der Erarbeitungszeit einnimmt, durchaus weniger problemorientierte Fragen geben, die möglicherweise vornehmlich solche der technischen Umsetzung sind. Das abgebildete Beispiel zeigt etwa, dass in der vorangegangenen Ideenskizze zum späteren Werk alle komplexen Gedankengänge bereits vorweggenommen sind.

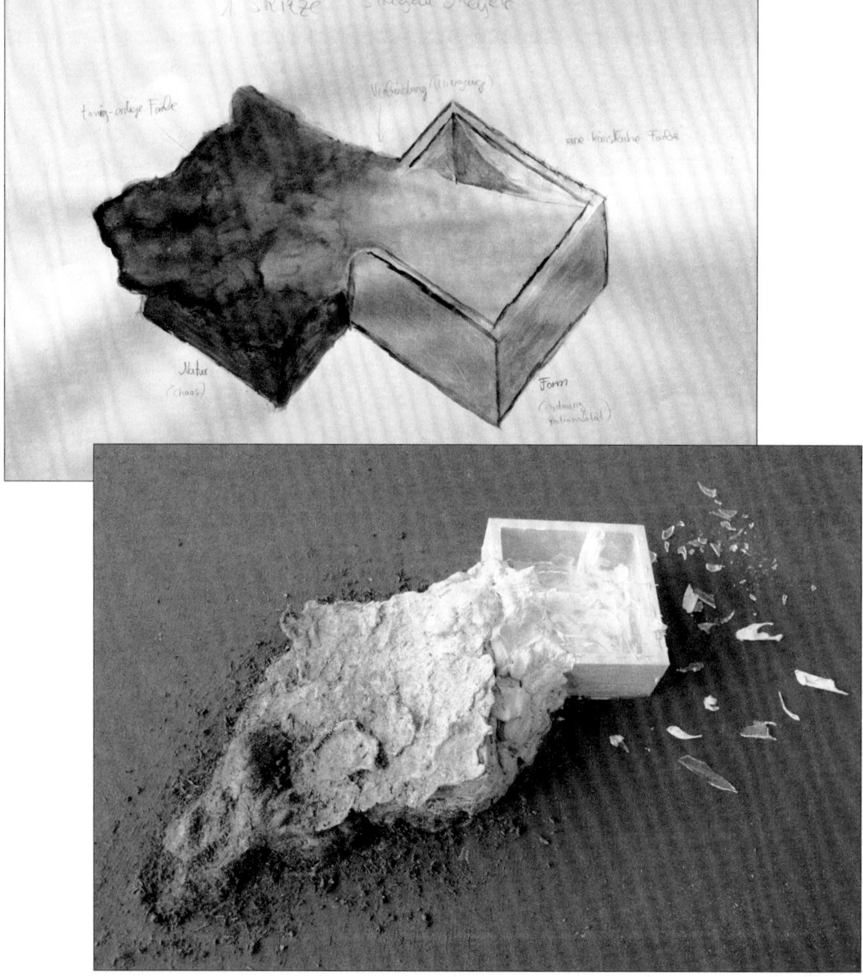

Die Ideenskizze enthält schon alle wesentlichen Elemente des fertigen Werks

Und apropos Leistungssituationen: Transparenz sollte natürlich nicht zuletzt auch, ganz grundsätzlich betrachtet, mit Blick auf den Leistungsstand der Schülerinnen und Schüler herrschen. Wobei sich mit letztgenanntem Punkt der Hinweis darauf verbindet, dass vonseiten der Lehrerin oder des Lehrers oft vergessen wird, dass Lernende prinzipiell jederzeit das Recht haben, über unsere Einschätzung zu ihrem Leistungsstand in Kenntnis gesetzt zu werden.

#43 Unterrichtsergebnisse transparent machen

Kaum ein anderes Mittel schafft eine größere Transparenz mit Blick auf die Bündelung des in einer Stunde intendierten Ziels als ein gut strukturiertes Tafelbild am Ende einer Sicherungsphase. Versuchen Sie, wenn Sie eine solche Form der Ergebnissicherung planen, wenn möglich bereits vor der Stunde die am Ende zur Ergebnissicherung gedachten Tafelbilder zu antizipieren. Im Falle einer spontanen Aufnahme von Erarbeitungsergebnissen laufen Sie nicht Gefahr, elementare Kategorien durcheinanderzubringen und zu einem formal uneinheitlichen und gegebenenfalls auch inhaltlich angreifbaren Schema zu gelangen, das den Schülerinnen und Schülern wenig Nutzen bringt.

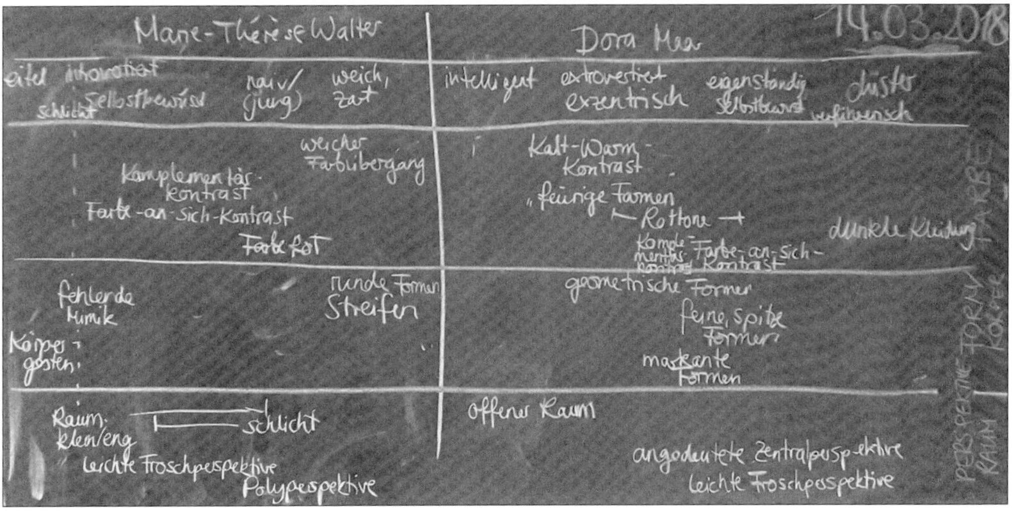

Sehr gelungenes Tafelbild am Ende einer Erarbeitungsphase zum Thema Frauenbildnisse bei Picasso (aus dem Unterricht von Carola Kuchem)

Nutzen Sie digitale Displays, dann ist es ohne Schwierigkeiten möglich, erarbeitete Ergebnisse beispielsweise über einen geräteinternen Scanmodus abzufotografieren. Erarbeitungsresultate können bei manchen Geräten direkt und mit nur einem Knopfdruck auf einen USB-Stick kopiert werden oder die Lehrkraft kann sie den Schülerinnen und Schülern über einen QR-Code direkt als Materialpaket zur Verfügung stellen. Wichtig sind aber neben Stunden- auch ganze Reihenüberblicke, die anders als die temporären Zwischensicherungen mittels Tafel oder Whiteboard beispielsweise während einer ganzen Unterrichtsreihe im Klassenraum hängen können und jeder Schülerin und jedem Schüler bei Bedarf einen Überblick über Sachfragen oder den Erarbeitungsstand einer Reihe ermöglichen. Der abgebildete Überblick erwies sich zum Beispiel als ein idealer Begleiter einer längerfristig konzipierten Lerneinheit zum Schaffen Francisco de Goyas und stand wie eine Art stummer Diener im Hintergrund, wenn es darum ging, die Schülerinnen und Schüler aspektbezogen Sonderausflüge in einzelne Problem- und Phänomenbereiche unternehmen zu lassen.

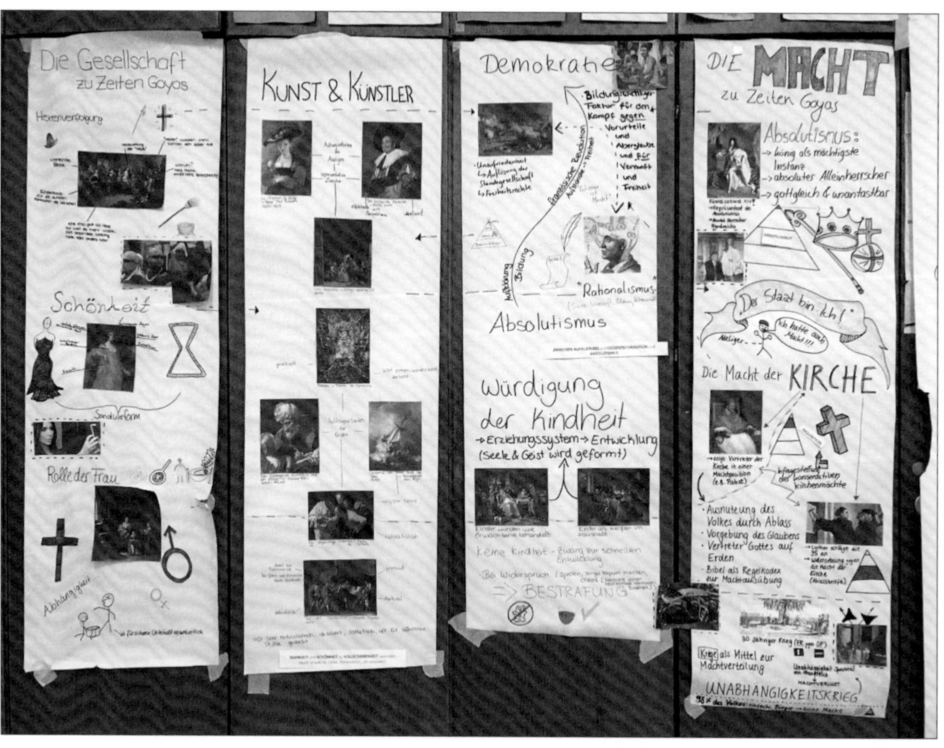

Ein kompletter Reihenüberblick (aus dem Unterricht von Martina Schmidtke und Fiona Nolte)

Transparenz mit Blick auf im Verlauf einer Reihe behandelte Themengebiete und über die per Sicherung festgehaltenen Erkenntnisaspekte kann man auch sehr gut durch die von der Lehrerin oder dem Lehrer initiierte Einrichtung einer Kurs-Cloud erreichen, in die die Endergebnisse einzelner Stunden (etwa abfotografierte Tafelbilder) eingestellt werden (hierbei ist es möglich, Schülerinnen und Schüler zu bestimmen, die diese Ergebniskompendien organisieren und pflegen). Auch bildnerische Produkte und beispielsweise im Unterricht erarbeitete Bildanalysen oder Strukturskizzen (wie in der Abbildung) können in einem solchen digitalen Speicher festgehalten werden.

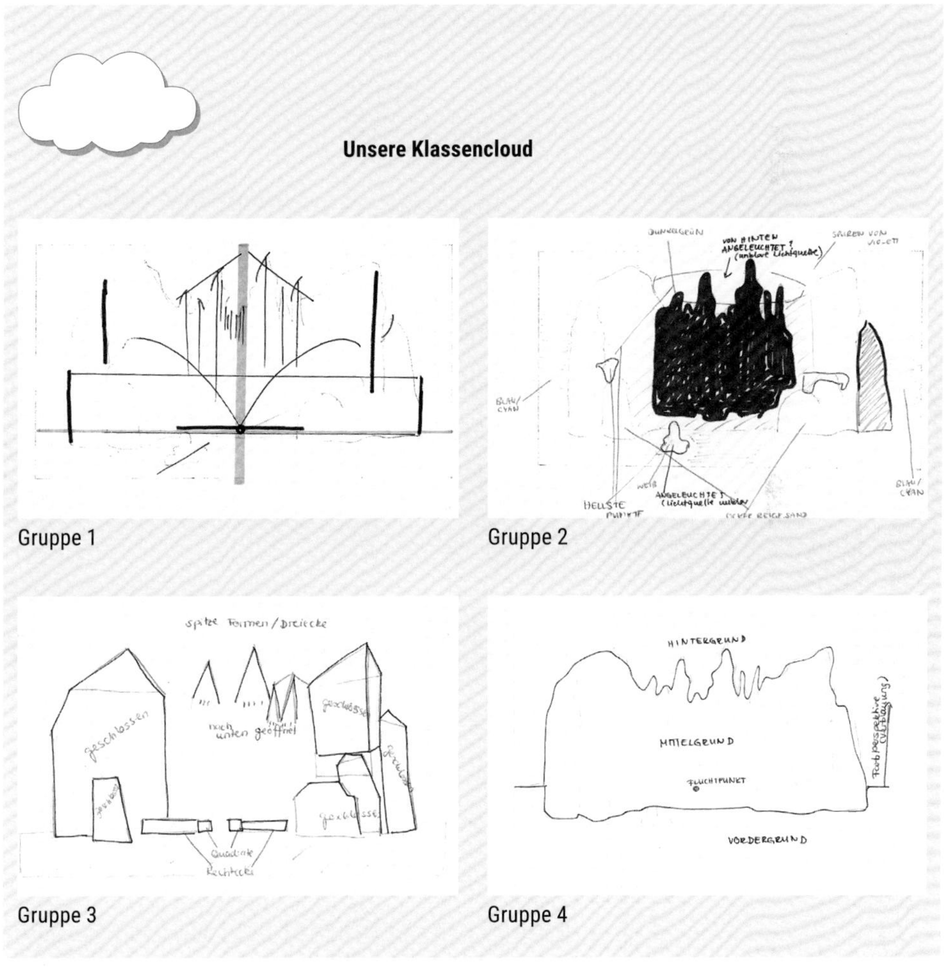

Ein Cloud-Speicher in Intra- oder Internet kann Ergebnisse einzelner Stunden zugänglich machen

Eine weitere Möglichkeit, Transparenz im Sinne eines gezielten Reihenüberblicks zu erzeugen, besteht darin, von allen Schülerinnen und Schülern nacheinander, etwa in alphabetischer Reihenfolge der Nachnamen, Stundenprotokolle erstellen zu lassen, die die im Unterricht erarbeiteten Ergebnisse beinhalten und nach jeder Stunde in für alle kopierter Form vorliegen. Aber auch der Einsatz von Merkheften, die stärker auf die eigene Verantwortung der Schülerinnen und Schüler für ihren Lernprozess setzen, ist denkbar, um Wissen zu strukturieren und für die Schülerinnen und Schüler etwa in Phasen der Klausurvorbereitung präsent zu halten. Hier ein gelungenes Beispiel für ein solches Merkheft:

M

Ein kleines Merkheft zur Bildkomposition (Kunstkurs Klasse 11)

Die Analyse der Struktur:

Gestaltungsmittel:	Wirkung:	Interpretationsansatz:
....	....	....
....	....	....

Notizen: ....

Die Analyse der Lichtverhältnisse und der Farbverteilung:

Gestaltungsmittel:	Wirkung:	Interpretationsansatz:
....	....	....
....	....	....

Notizen: ....

Die Analyse der Formen:

Gestaltungsmittel:	Wirkung:	Interpretationsansatz:
....	....	....
....	....	....

Notizen: ....

#44 Unerschließbare Symboliken transparent machen

Bei allem Bemühen um Hilfestellung haben Sie als Lehrkraft unbedingt Sorge dafür zu tragen, dass trotz fortgesetzter Suche nach Klarheit aller Suche nach Klarheit das den meisten Kunstwerken Eigentümliche nicht verlorengeht. Kunstwerke sind ihrem Charakter gemäß stets bis zu einem gewissen Grad enigmatisch und müssen genau das sein. Schließlich hängt paradoxerweise an ihrer Rätselhaftigkeit oder Uneindeutigkeit die Möglichkeit, bei den Betrachtern sehr individuelle innere Bilder und Bezugspunkte aufzurufen. Diese Besonderheit des Typus Bild zu realisieren ist Teil unserer notwendigen Sach- und Fachkompetenz (vgl. Helmke 2017, S. 111). Gleichwohl müssen wir – im Bewusstsein einer möglichen Gefahr der „Verplattung" von hochkomplexen Verweisungssystemen mancher Kunstwerke – in einigen Fällen wie in Klausuren erhellende Zusatzinformationen mitliefern, sollen die Schülerinnen und Schüler eine Chance haben, einen Zugang und Einstieg in eine ansonsten nur schleierhafte Sonderwelt ohne Ausgang zu erhalten. Wie so etwas aussehen könnte, das soll am Beispiel der Hilfshinweise einer Oberstufen-Klausur ersichtlich werden (siehe die Abbildungen der Klausur auf den folgenden beiden Seiten).

Helmke, Andreas (2017): Unterrichtsqualität und Lehrerprofessionalität. Diagnose, Evaluation und Verbesserung des Unterrichts, Seelze-Velber.

Kunstklausur LK Kunst 12 (Q1)

1. Erstellen Sie eine vollständige formale Analyse von Louise Bourgeois' Installation „Cell" (Ersteindruck, Einleitung, grundlegende Beschreibung, differenzierte Beschreibung unter Nutzung der Begriffe der Theorie der Skulptur/Plastik, subjektive Einschätzung/Wertung). Beginnen Sie mit einer (abstrakten) Lagezeichnung von oben, die die Anordnung der einzelnen Elemente verdeutlichen soll (AFB II und III).
   50 Punkte
2. Erläutern Sie die mögliche *Funktion* der Arbeit und gehen Sie in diesem Zusammenhang den Faktor Ambivalenz ein (Das „Toi et-moi"-Prinzip = Du-und-ich-Prinzip) (AFB III).
   15 Punkte

Hinweis: Die folgende Abbildung der Installation/des Environments in einem farbneutralen Raum ist nur zu Zwecken der besseren Erkennbarkeit von Einzelheiten ausgewählt worden. Für gewöhnlich befindet sich diese Arbeit in abgedunkelten Innenräumen wie in der Hauptansicht (S. 2) dargestellt.

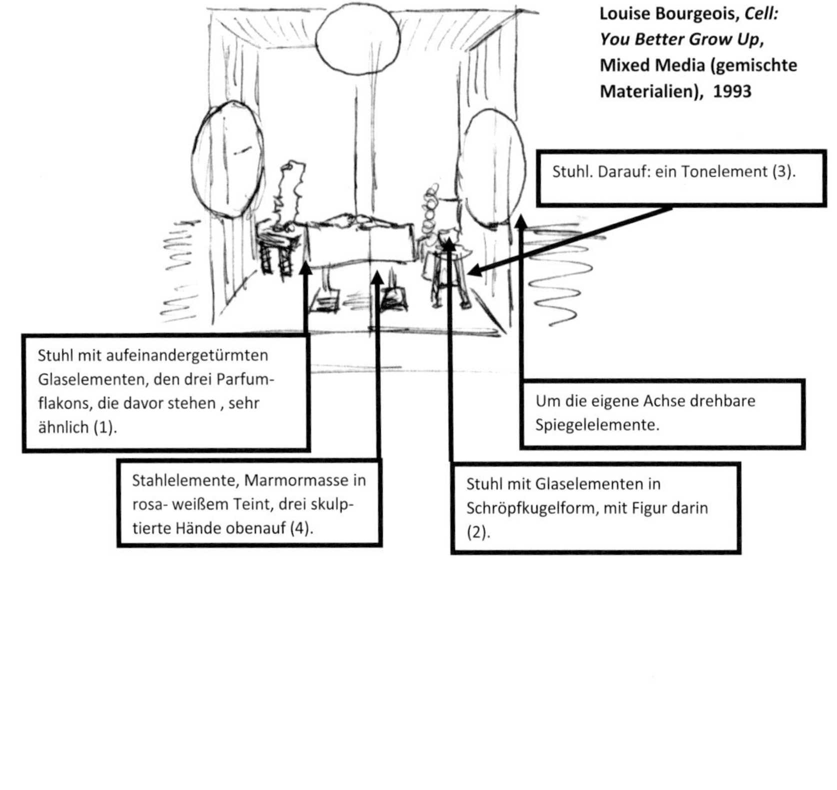

Louise Bourgeois, *Cell: You Better Grow Up*, Mixed Media (gemischte Materialien), 1993

Beispiel für eine Oberstufen-Klausur mit Hilfshinweisen

Hauptansichten

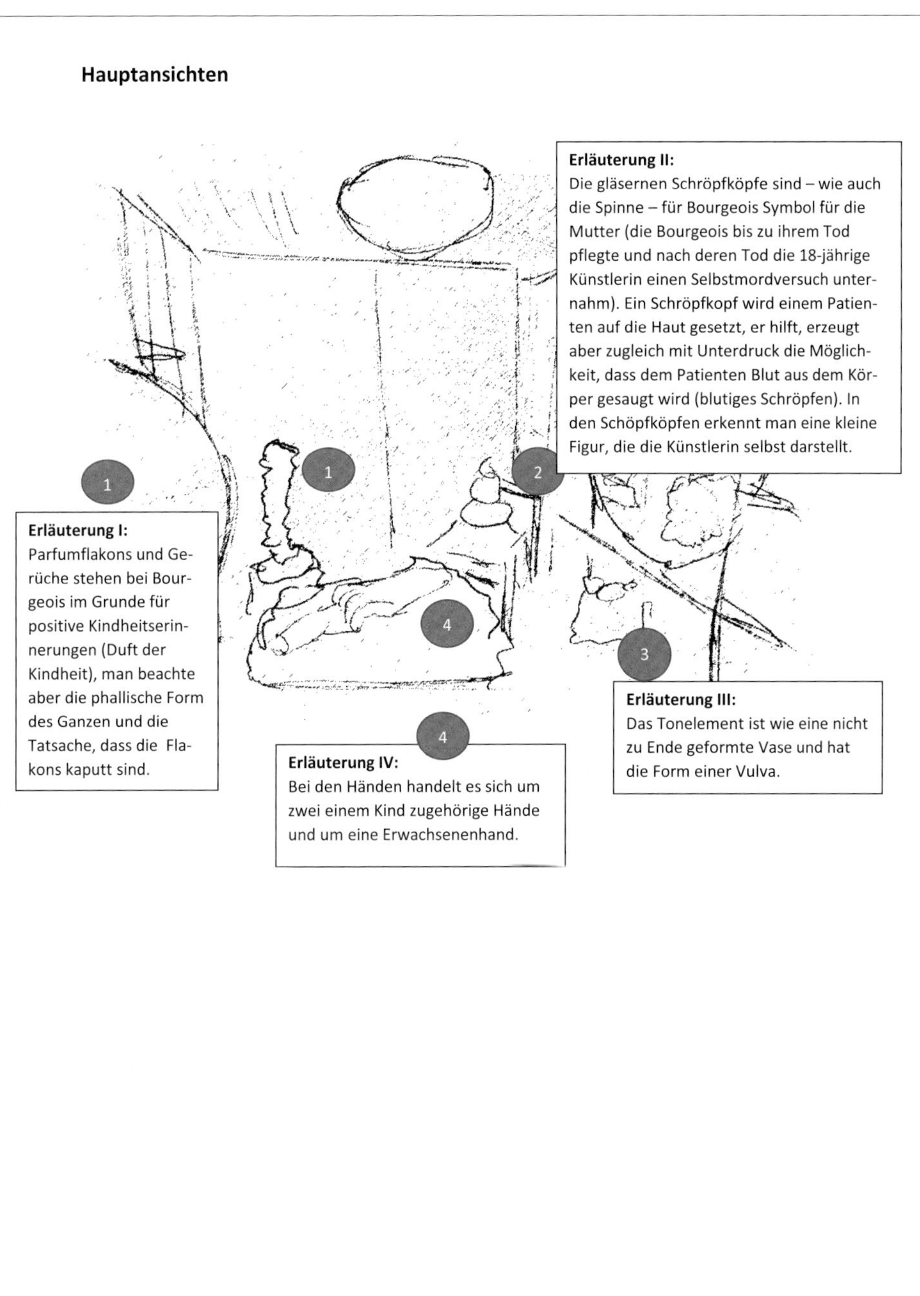

#45 Auf transparente Sprache achten

Anders als bei der vom französischen Soziologen Pierre Bourdieu vor Jahrzehnten als in hohem Maße exklusiv erachteten Bildungssprache alten Typs (Bourdieu/Thompson 2012; Höhne 2013) soll die neue standardorientierte Bildungssprache, wie wir sie im Unterricht zu vertreten haben, fachlich angemessen, klar und explizit *nicht ausgrenzenden Charakters* sein. Wie Josef Leisen (2013 u. a.) ausführt, müssen Lehrkräfte ihren Unterricht entsprechend sprachsensibel gestalten, um die Sprachkompetenz ihrer Schülerinnen und Schüler weiterzuentwickeln. Eine in diesem Sinne „transparente" Fach- und Bildungssprache wird in aller Regel nicht darauf hinauslaufen, die Unterrichtssprache zu vereinfachen (der sogenannte defensive Ansatz in der Sprachförderung), sondern den Lernenden ihrer Sprachkompetenz angemessene zusätzliche Sprach- und Verstehenshilfen zu verabreichen, damit die gestellten Aufgaben erfolgreich zu bewältigen sind (der sogenannte offensive Ansatz).

Innerhalb der Fachdidaktik Kunst sind es Anja Nowak, Birgit Sieverding und Thomas Kleynen, die hier in den letzten Jahren Pionierarbeit geleistet haben. Das Team hat die fruchtbaren Anregungen und Vorlagen Josef Leisens aufgenommen und nach konkreten Übertragungsmöglichkeiten auf den Kunstunterricht gesucht. Dabei verwendet diese Gruppe den auch in anderen Fächern bekannten Terminus des Scaffolding. Sie nutzt ihn als eine zentrale Metapher: Es gelte, den Lernenden ein unterstützendes Gerüst bereitzustellen, damit sie in die Lage versetzt werden, den eigenen Lernprozess selbstständig zu beschreiten. Dabei setzen die Autoren unter anderem auf einen Wechsel der Abstraktionsebenen und Darstellungsformen, also auf ein Hin- und Herübersetzen zwischen Bildhaftem und der gesprochenen wie geschriebenen Sprache: etwa mithilfe der Wortfeldmethode, mit Adjektivlandkarten, Concept-Maps, mit Ideen zu einer typografischen Umsetzung komplexer Bildwerke, mit der Methode „Tagebucheintrag" oder aber auch durch an und in Bilder angefügte und eingefügte Denk- und Sprechblasen.

Wichtig beim Erarbeiten komplexer Wissensfelder ist das Verständnis der Schülerinnen und Schüler, was die Möglichkeiten der Systematisierung von Komplexität anbetrifft. Über Strukturlegemethoden, Mind-Maps und andere Möglichkeiten zur Veranschaulichung eines Themengebietes werden Strukturen eines Wissensgebietes visuell erfassbar und bleiben, zum Beispiel in den Klassen- oder Kursraum gehängt, über die gesamte Dauer eines Reihenablaufs deutlich sichtbar präsent.

Dabei empfiehlt sich auch der Einsatz der sogenannten Grafiz-Methode (Grafik + Notiz, auch GTS-Notizmethode genannt). Denn auch sie stellt ein Mittel dar, einen Text mit selbst erstellten Grafiken, Symbolen und Icons

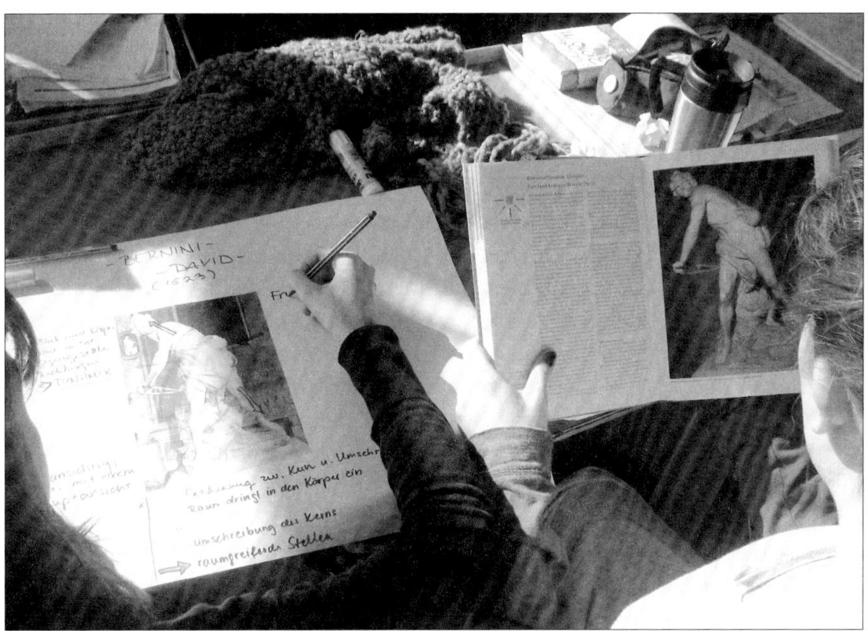

Grafiz-Methode

zu verstehen. Solche visuellen Marker helfen beim Erschließen eines Textes und beim langfristigen Behalten seines Inhaltes. Die Grafiz-Methode eignet sich auch zur Begleitung längerfristiger ästhetischer Projekte, weil es mit ihr möglich wird, die involvierten Prozesse zu strukturieren. Für den Kunstunterricht hat sie sich aus meiner Sicht besonders bewährt, weil sie die visuell begabten Lerntypen auf besondere Weise anspricht.

Bourdieu, Pierre/Thompson, John B. (2012): Was heißt Sprechen? Zur Ökonomie des sprachlichen Tauschs, Wien.

Höhne, Thomas (2013): Der Habitusbegriff in Erziehungswissenschaft und Bildungsforschung, in: Lenger, Alexander/Schneickert, Christian/Schumacher, Florian (Hrsg.), Pierre Bourdieus Konzeption des Habitus. Grundlagen, Zugänge, Forschungsperspektiven, Wiesbaden, S. 260–284.

Kleynen, Thomas/Nowak, Anja/Sieverding, Birgit (2019). Sprach_los. Kunst sprachsensibel Unterrichten, Fortbildungsmaterialien.

Leisen, Josef (2013): Handbuch Sprachförderung m Fach. Sprachsensibler Fachunterricht in der Praxis, Band 1: Grundlagenteil, Stuttgart.

Penzel, Joachim (2019): Sprachsensibler Kunstunterricht I, in: http://integrale-kunstpaedagogik.de/assets/ikp_um_sprachsensibilität__joachim-penzel__2019.pdf (zuletzt 31.05.2019).

Schlussbetrachtung

Individuelles Fördern im Kunstunterricht heißt: den Kunstsinn fördern

Alle von mir in diesem Buch aufgezeigten Beispiele sollten zeigen, dass die Möglichkeiten und Instrumente zu einer angemessenen individuellen Förderung im Kunstunterricht ebenso verschieden sind, wie es die von uns zu unterrichtenden Kinder und Jugendlichen selbst sind. Nutzen Sie die große Vielfalt der möglichen Instrumente unterrichtlicher Binnendifferenzierung im Kunstunterricht. Viele der in diesem Buch von mir vorgestellten Aspekte des Themas „individuelle Förderung" sind Ihnen wahrscheinlich aus allgemeindidaktischem Kontext bekannt gewesen. Das betrifft sowohl Methoden zur Verabreichung konkreter Hilfestellungen und bezieht sich gleichermaßen auf Fragen zur Schaffung von Ausnahmeregelungen wie auf verschiedene Tools zur Verbesserung der allgemeinen Adaptivität von Unterricht. Das verdeutlicht, dass Kunstunterricht gerade auch mit Blick auf die Möglichkeiten individueller Förderung immer vor allem eines ist: Kunst*unterricht.* Es ist genau dieser Aspekt, den die von mir sehr geschätzte Kunstdidaktikerin Anna Maria Loffredo zu folgender Frage angeregt hat:

> Warum sollte ausgerechnet die Kunstdidaktik der Mathe-, der Politik-, der Religions-, der Sprachdidaktik usw. inklusionsorientierte Aspekte guten Unterrichts absprechen können? Die glorifizierte Offenheit von Kunst per se als positiv und weniger fachkritisch als beliebig zu interpretieren, kann sich erst recht in inklusiven Lernsettings mit besonderem Fokus im leistungsschwachen Förderschülerbereich gegenläufig als eine Leistungsschere auswirken. (Loffredo 2016, S. 21).

Diesem Befund ist umstandslos zuzustimmen. Doch ist diesem Gedankengang im nächsten Schritt hinzuzufügen, dass wir als Kunstlehrerinnen und Kunstlehrer zugleich, wie ich meine, gut daran tun, die dem Kunstunterricht eigenen und in den Spezifika einer ästhetischen und sinnlichen Erziehung begründeten besonderen Qualitäten zur Förderung von Vielfalt nicht vollständig aus dem Auge zu verlieren. Das nicht zu dem Zweck, einen arroganten Sonderanspruch für unser eigenes Fach zu reklamieren. Sondern einzig aus Gründen der für einen lernwirksamen Fachunterricht unbedingt notwendigen Wahrung und Bewahrung der fachlichen Richtigkeit. Gewiss gibt es sehr viel Einendes zwischen dem Unterricht im Fach Kunst und dem Unterricht in anderen Fächern festzustellen. Doch wird dadurch nicht die *diffe-*

rentia specifica unseres Faches nichtig, die mit dem in den vorangegangenen Kapiteln ausgeführten notwendig individuellen Charakter von Bildern sowie der Logik von Bildzugängen und Bildfertigungsprozessen zu tun hat und die ebenso die in anderen Unterrichtsfächern möglicherweise weniger relevanten Förderbereiche rund um unsere sensomotorische und leibbezogene Fähigkeiten tangiert.

Hiervon überzeugt, rege ich ferner dazu, dass wir uns als Kunstlehrerinnen und Kunstlehrer über all die bis zu diesem Zeitpunkt bereits genannten Aspekte hinaus künftig auch auf die Ausbildung dessen konzentrieren, was klügere Zeitgenossen als ich den 11. Sinn, den Kunstsinn, genannt haben. Wobei das Wort „Kunstsinn" weniger für eine Art Koordinationsstelle der Einzelsinne steht oder gar, als eine Form von „Über-Sinn", sich mit einem Plädoyer für die Förderung eines Mehrkanallernens verbindet (Vester 1997; Buschkühle 2017, S. 317). Der Gebrauch des Terminus „11. Sinn" nutzt mir vielmehr als eine Hilfe beim Versuch der Akzentuierung einer besonderen, da explizit künstlerischen Forschungsperspektive, die ein grundsätzlich anderes Design aufweist als es manch andere, etwa innerhalb der Wissenschaft übliche Forschungs- und Weltproblematisierungsperspektiven tun. Die Wissenschaft baut auf die „*Generalisierbarkeit* von Aussagen". Hier zählt empirische Forschung. Doch ist es der Kunstpraxis weniger um Gesetzmäßigkeit und Verallgemeinerbarkeit zu tun. Ihr geht es vielmehr um das Erkennen und Produzieren von Besonderem. Insofern zählt ihm von allem alles, was *nicht* Durchschnitt ist. Kunstsinn, so akzentuiert, impliziert die Fokussierung von Singulärem. Weshalb auch kunstsinnig zu agieren allem voran die *Beachtung von Individuellem* beinhaltet. Kunstsinnig agieren heißt Anbahnung von individueller Förderung zu einer ausdrücklichen Beförderung von etwas, das als absolut individuell zu bezeichnen ist. Gilt dieser Satz, gilt auch, wenn man bedenkt, dass aus einzigartigen Produkten und formalen Lösungen bisher nie dagewesener Art im Rezeptionsprozess wieder etwas Weltumschlingendes zu werden vermag, eine lingua franca, die alle Menschen verstehen (Schmidt 2014, S. 121 ff.; Bianchi 2018, S. 54)? Ich denke ja.

Und ich frage, die Dinge von hier aus betrachtend, ganz am Ende dieser Arbeit: Gewinnt nicht gerade dieser Fokus auf das Singuläre in unserer Gegenwart – den ich als einen besonderen und als einen im künstlerischen Tun aufscheinenden ausgewiesen habe – in einer postindustriellen und insbesondere durch eine Abkehr von Standardprodukten gekennzeichneten Ära an immer größerer Bedeutung? Gewiss und völlig unbestritten werden auch zukünftig noch Modi kohärenten Denkens und Verfertigens von Produkten wichtig sein. Denn ohne Operationen, die auf Konsistenz gebaut sind, und ohne auch die vielen stabilen Gewebe rational zurechenbarer Prozesse, die unser Handeln stabilisieren, wäre eine Gesellschaft wohl kaum überlebensfähig. Und doch wird der Erfolg unserer Gesellschaft, meiner festen Überzeugung nach, in naher Zukunft in ganz erheblichem Maße von der Fähigkeit der Menschen abhängen, völlig Neues erzeugen zu können, neue Individuen, und zwar in Form von Produkten, Gestalten, Ordnungen. Das heißt: Waren bislang unsere Fähigkeiten zu einem wertrationalen Kalkül „die" erfolgsversprechenden Garanten individuellen Wohlstands und kollektiven Glücks, werden meiner Prognose zufolge künftig zusätzlich zu diesen unhinterfragt wichtigen Kompetenzen, die die Fähigkeiten betreffen, Dinge kontextgebunden und realistisch beurteilen zu können, eben auch die Fähigkeiten der Individuen wichtiger werden, die sich darauf beziehen, wie diese mit „fiktionalen Erwartungen" umgehen und wie sie diese am Ende in eigenständiger Weise zu entwickeln vermögen:

> Der Begriff der „fiktionalen Erwartung" bezieht sich auf die Bilder, die ein Akteur in seiner Vorstellung heraufbeschwört, wenn er über zukünftige Zustände der Welt nachdenkt, auf die Art, wie er sich Kausalbeziehungen und die Handlungen ausmalt, mit denen er die Ergebnisse beeinflussen will. (Beckert 2018, S. 23 f.)

Dabei ist mir an dieser Stelle wichtig festzuhalten, dass wir es mit dem aus dem Lateinischen stammenden von *fingere*, „formen", „gestalten" abgeleitete *fictio* (ebda., S. 107) im Wort „fiktional" keineswegs mit reiner Fantasie und hohlem Budenzauber zu tun haben, ganz ebenso wenig wie ein Kunstunterricht erdentbundene Fantasy produziert, sondern bei aller ihm inhärenten Freiheit immer eine kriterienorientierte bewusste Gestaltung in Auseinandersetzung mit verschiedenen Optionen, Möglichkeitsräumen und Materialien unterschiedlicher Konsistenz anzuleiten versucht. Und wagt man es, die in schöpferischen Prozessen und mit Kunstsinn generierten „realistischen Visionen" auch etwa auf Fragen der Gestalt einer künftigen humanen Welt zu beziehen, ist es wichtig darauf hinzuweisen, dass derartige fiktionale Erwartungen, an welchem Ort auch immer sie entwickelt werden, darauf ausgerichtet sind, zu Wirklichkeit werden zu können.

Ist es, so frage ich am Ende dieses Buches, heutzutage angesichts der aktuellen weltpolitischen Herausforderungen wie beispielsweise der Klimakrise, des Artensterbens oder mit Blick auf die bislang noch nicht hinreichend umgesetzten Inklusion nicht sogar besonders notwendig, bisher nie Dagewesenes anzudenken, neue Gestalten modellhaft zu kreieren, um schließlich und endlich etwas einzigartig Neues in der Hand halten zu können? Denn immerhin, so könnte man festhalten, gibt es tumbes Denken entlang von binären Codierungen ja bereits in übergroßen Mengen – man denke hier etwa an den Bereich der künstlichen Intelligenz, so wie sie sich in einem Computer verbirgt. Nach meiner Auffassung muss es angesichts all der genannten

Herausforderungen unsere Aufgabe als Kunstlehrerinnen und Kunstlehrer vor allem sein, einen kleinen Teil dazu beizutragen, junge Menschen dazu zu befähigen, mit ihrem an und durch die Sinne geschulten Denksinn, der ohne Bild, genauer: ohne ein Selbst-Bild, nicht auskommt, Sinnhaftes zu kreieren. Denn zu einer menschlichen Intelligenz zählt immer auch des Menschen „Bild, das er sich jeweils davon macht, wer oder was er ist, und woraus jeder Mensch Anweisungen darüber ableitet, wer oder was er sein soll. Das soll hier als *Menschenbild* angesprochen sein“ (Gabriel 2018, S. 313). Dass das große Themen sind, ist mir bewusst. Was mich aber, gestützt durch die vielen Begegnungen der letzten Jahre mit all den wunderbaren Schülerinnen und Schülern und in Kenntnis von deren ungeheuer kreativen Gestaltungsprodukten, keinen Millimeter von meiner Überzeugung abrücken lässt, dass das Fach Kunst wie kaum ein anderes zu ihrer erfolgreichen Bearbeitung einen erheblichen Beitrag leisten kann.

Beckert, Jens (2018): Imaginierte Zukunft. Fiktionale Erwartungen und die Dynamik des Kapitalismus, Berlin.

Bianchi, Paolo (2018): Einen Kunstsinn suchen und finden. Wir könnten porös sein wie ein Schwamm, in: KUNSTFORUM 253, S. 44–57.

Boltanski, Luc/Esquerre, Arnaud (2018): Bereicherung. Eine Kritik der Ware, Berlin.

Buschkühle, Carl-Peter (2017): Künstlerische Bildung. Theorie und Praxis einer künstlerischen Kunstpädagogik, Oberhausen.

Gabriel, Markus (2018): Der Sinn des Denkens, Berlin.

Kittelmann (2018): „Wollte es nicht in einer Farbe. So sieht es geiler aus.“ Wer oder was ist eigentlich schwierig? – eine Anregung zum Andersdenken über schwierige Schüler, in: Billmayer, Franz (Hrsg.), Schwierige Schülerinnen & Schüler im Kunstunterricht, Hannover, S. 95–104.

Loffredo, Anna Maria (2016): Kunstunterricht und Inklusion. Eine bildungstheoretische und fachdidaktische Untersuchung gegenwärtiger Anforderungen an ausgewählten Unterrichtsbeispielen für die Primar- und Sekundarstufen, Oberhausen.

Schmidt, Burkhart (2014): Fragen nach der Wissenschaftlichkeit des Forschens in den Künsten und im Gestalten überhaupt, in: Zitko, Hans (Hrsg.) (2014): Theorien ästhetischer Praxis. Wissensformen in Kunst und Design, Köln, Weimar, Wien.

Vester, Frederic (1997): Denken, Lernen, Vergessen. Was geht in unserem Kopf vor, wie lernt das Gehirn, und wann lässt es uns im Stich?, Stuttgart.

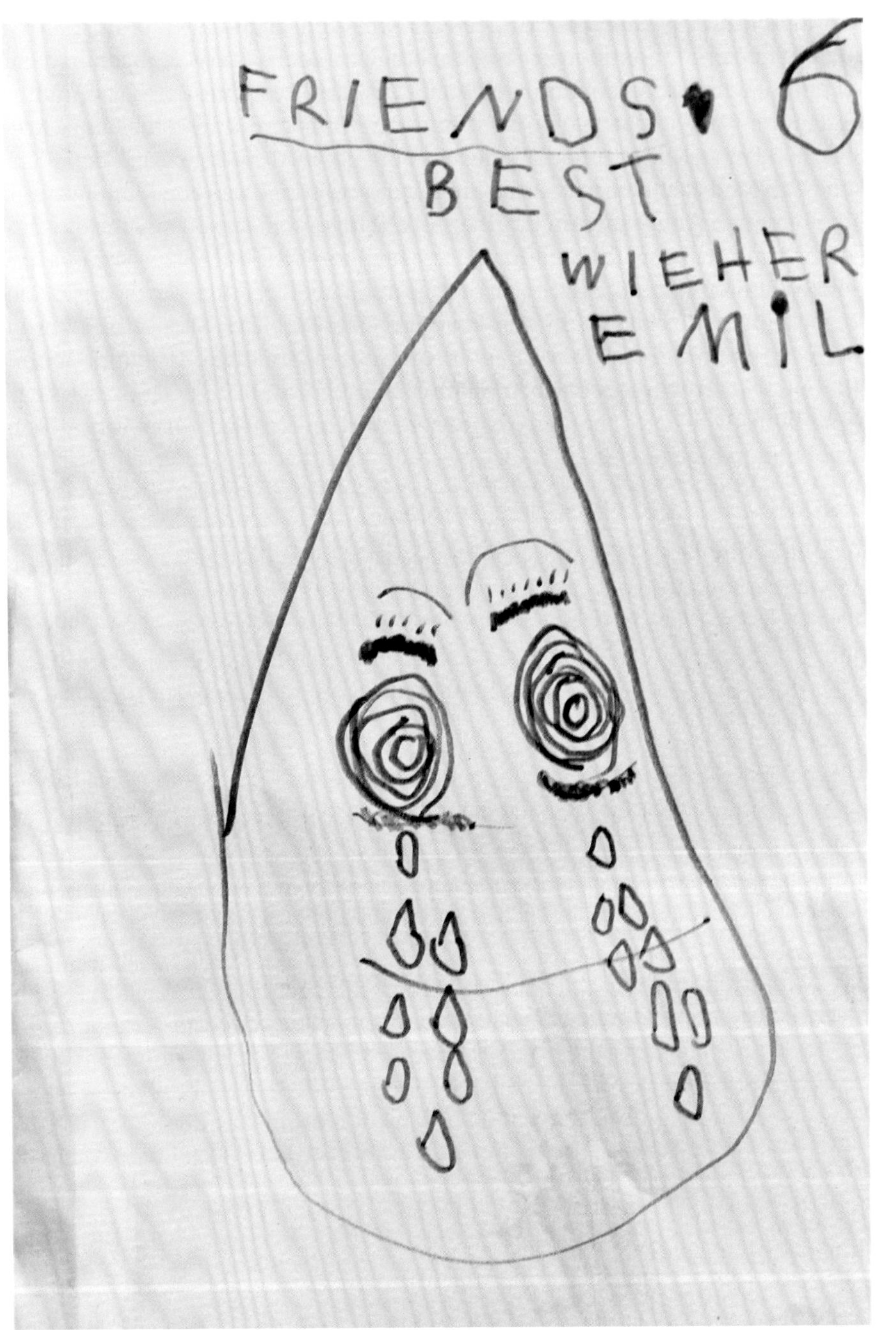

Bild aus der eigenen Kindheit: Zeichnung meiner Tochter Karla (6)

Danksagung

Dieses *aus* der unmittelbaren Schulpraxis kommende Buch ist gedacht *für* Praktikerinnen und Praktiker. Dieser Umstand allein dürfte erklären, warum sich mein erster Dank an die Schülerinnen und Schülern, die ihre Produkte bereitwillig zur Verfügung gestellt haben, richtet, vor allem an Angelina Bayer, Anna Cambier, Jaurès-Marie Dijoh, Anouk Felscher, Susanne Jung, Svea Meinicke, Ute Möller, Jens Solino, Maura Steinbach und Viola Weigmann.

Überdies hat eine ganze Armee von fleißigen Lehramtsanwärterinnen und -anwärtern sowie seit Jahren praktizierender Lehrerinnen und Lehrern ganz erheblich zum Gelingen dieses Buches beigetragen, darunter Svea Becker, Ricarda Giefer, Nora Hansen, Fiona Nolte, Emanuel Vieira da Silva und Andrea Wagner, in besonderem Maße aber gilt auch Annika Kemmer und Verena Wanders zu danken sowie meinem lieben Ex-Schüler und jetzigen Kollegen André Kentenich. Ich danke ferner Katharina Stangl, Wulpekula Schneider und Sabine Leßmann, die mir als Pionierinnen inklusiver Kunstpädagogik in Bonn bereitwillig Auskünfte zu Fragen aller Art erteilten. Von ganz besonderer Bedeutsamkeit für das Entstehen dieses Buches waren die unersetzlich wertvollen Tipps meiner Kolleginnen und Kollegen aus der Fachmoderation, in alphabetischer Reihenfolge: Judith Fischer, Hanna Kock, Anja Nowak, Petra Schmitz, Birgit Sieverding und Erika Richter. Im Brennpunkt dieses Geschehens stehend und den wichtigen fachlichen Austausch maßgeblich koordinierend und mit inhaltlichen Impulsen anreichernd, gilt es dabei vor allem meinen Fachdezernenten Stefan Holtschneider zu erwähnen, ohne dessen Inspirationen und ohne dessen ermutigende Worte es wohl nie zu einer Arbeit wie dieser gekommen wäre. Danke dir dafür, Stefan.

Ein großes Dankeschön richtet sich auch an die vielen kooperativen und kreativen Kolleginnen und Kollegen im gesamten Rheinland, die mich mit Rat, Tat und vor allem mit einer Menge an sehr gutem Material und hervorragenden Unterrichtsanregungen zu unterstützen wussten: im Aachener Raum wären da zum Beispiel Tanja Schauerte und Ralf Stratmann-Kurzke zu erwähnen, in der Bonner Gegend der in Königswinter tätige Klaus Schröder, in Köln die Kolleginnen Birgit Krämer und Claudine Mertens sowie die Kollegen Gerd Hötter und Joß Schaub. Ein besonderer Dank gilt auch meiner wunderbaren und seit Jahren mit dem Thema „individuelle Förderung im Kunstunterricht" eng befassten Kollegin Angelika Stratmann. Überdies erwies sich Frau Dr. Christine Raschke, deren Engagement für denkmal-aktiv und für ein außerhäusiges Lernen immer größere Früchte trägt, als ein weiterer Kraftpol dieses Unternehmens. Und auch Werner Bloß gilt Dank.

Unterstützung von universitärer Seite aus erhielt ich insbesondere durch Carl-Peter Buschkühle, der mir schon zu einem sehr frühen Stadium dieser Arbeit Solidarität zuteil werden ließ und das Vorhaben resonant zu unterstützen wusste. Ferner danke ich für die Unterstützung durch Professor Mario Urlaß und bin für die sehr wertvollen Tipps und Hinweise dankbar, die ich von Georg Peez erhalten durfte. Als unkompliziert und unglaublich hilfsbereit, was Nachfragen anbetrifft, habe ich, wieder einmal, Wolfgang Ullrich erlebt. Ein dickes Dankeschön auch an ihn. Ein ganz besonderer Dank geht dabei an die Adresse von Professor Kunibert Bering und an Herrn Rolf Niehoff, die über Jahre meinem Denken eine Stütze waren.

Nicht zuletzt habe ich auch meiner Schulleitung an der Bertolt-Brecht-Gesamtschule Bonn zu danken, allen voran Margarete Ruhnke, Frank Szmala und Malte Kirchhoff, weil sie mich über die vielen Jahre hinweg in allen Verrücktheiten und in allen Lebenslagen unterstützten. Und dann wäre da noch mein Fachkollege Thomas Butzlaff zu nennen: ohne die vielen tiefen Gespräche mit ihm wären die meisten Seiten dieses Buches wohl leer.

Dann ein riesiger Dank auch für die ermutigende Unterstützung des Verlags, für die vorzügliche Betreuung durch meinen Lektor Stefan Hellriegel und Frau Dr. Gabriela Holzmann.

Wären am Ende noch vier Personen ganz besonders hervorgehoben: Annkathrin Gockel-Nelißen, die mich vorbehaltlos und uneigennützig in allen Phasen unterstützt hat, Thomas Kleynen, der künftig den Didaktikerhimmel erobern wird, Carola Kuchem, die individuelle Förderung täglich wie selbstverständlich in ihrem Unterricht implementiert, und, ganz besonders, Andreas Schoppe, Freund, Unterstützer, Kraftgeber. Danke dir für alles, Andreas.

Und ganz zum Schluss noch ein dickes Dankeschön an meine Familie. Ohne die unendliche Solidarität meiner Frau und ohne die Kraft meiner beiden Kinder Karla und Leo stünde hier wohl kein einziges Wort. Ihnen ist folglich dieses Buch gewidmet.

Bildquellen

Alle hier nicht nachgewiesenen Abbildungen stammen aus dem Archiv des Autors und werden mit herzlichem Dank an die jeweiligen Urheber abgedruckt.

S. 19, 61, 91, 119, 143, 161: © jiris/stock.adobe.com
S. 46, Baumrinde: © Nik_Merkulov/stock.adobe.com
S. 167, Grafik Smartboard: © dejanpo/stock.adobe.com